O Método
da Fronteira

RUI CUNHA MARTINS

O Método
da Fronteira

Radiografia Histórica de um Dispositivo Contemporâneo
(Matrizes Ibéricas e Americanas)

El método de la frontera. Radiografía histórica de un dispositivo contemporáneo (matrices ibéricas y americanas) fue originalmente publicada en castellano en 2007. Esta traducción se publica con el permiso de Ediciones Universidad de Salamanca.

O Método da Fronteira. Radiografia Histórica de um Dispositivo Contemporâneo (matrizes ibéricas e americanas) foi originalmente publicado em castelhano em 2007. Esta tradução é publicada com a autorização da Universidade de Salamanca.

© Rui Cunha Martins, 2007

AUTOR
Rui Cunha Martins

IMAGEM DA CAPA
The way it works, 2008 © José Luís Santos

EDITOR
EDIÇÕES ALMEDINA, SA
Av. Fernão Magalhães, n.º 584, 5.º Andar
3000-174 Coimbra
Tel.: 239 851 904
Fax: 239 851 901
www.almedina.net
editora@almedina.net

PRÉ-IMPRESSÃO | IMPRESSÃO | ACABAMENTO
G.C. GRÁFICA DE COIMBRA, LDA.
Palheira – Assafarge
3001-453 Coimbra
producao@graficadecoimbra.pt

Abril, 2008

DEPÓSITO LEGAL
273970/08

Os dados e as opiniões inseridos na presente publicação
são da exclusiva responsabilidade do(s) seus(s) autor(es).

Toda a reprodução desta obra, por fotocópia ou outro qualquer
processo, sem prévia autorização escrita do Editor, é ilícita

---

Biblioteca Nacional de Portugal - Catalogação na Publicação

MARTINS, Rui Luís Vide de Cunha

O método da fronteira : radiografia histórica de um dispositivo
contemporâneo (matrizes ibéricas e americanas)
ISBN 978-972-40-3454-6

CDU 341

Para F. e C.

ÍNDICE

Agradecimentos	11
Prefácio	13
Introdução	17
A. MODELO	21
1. A matéria autoral	23
1.1. *Ius confinandi* e plausibilidade	24
1.2. O eixo da contingência	31
1.3. Fronteira e referência	34
2. A matéria fundacional	41
2.1. *Traço*, limite, narração	42
2.2. A historiografia, mapa cognitivo da memória	58
2.3. Fronteira e refundação	66
2.4. Soberania como projecto	81
3. A matéria doutrinária: o significado da ilimitação	85
4. As três teses matriciais do modelo moderno de fronteira	111
4.1. Tese da designação	112
4.2. Tese do fundamento	116
4.3. Tese da disponibilidade	119
B. DISPOSITIVO	123
5. Regimes de adaptabilidade	125
5.1. A deriva "interior", ou a fronteira no centro	126
5.2. *Frontier*, expansão e virtude	129
5.3. *Uti possidetis* e miscigenação	135
5.4. A consagração demarcatória do elemento híbrido	143

6. Regimes de reprodutibilidade
    6.1. Os critérios da fronteira interna   153
    6.2. A alucinação do regionalismo nacionalista   154
    6.3. Integração (as novas regras da atracção)   161
    6.4. A escala "transfronteiriça" como celebração do objecto   178
7. Três desafios contemporâneos ao dispositivo da fronteira   187
    7.1. O desafio da historicidade ou do contexto   193
    7.2. O desafio da pós-estatalidade ou da articulação   194
    7.3. O desafio da democraticidade ou da demarcação   217
    228

Bibliografia

    233

AGRADECIMENTOS

Fernando Catroga dá-me, desde há muito, o privilégio de uma interlocução de que sou o principal beneficiário; neste livro, dá-me ainda a honra de um prefácio. Estou-lhe profundamente agradecido. Como o estou, também, a Jeffrey Andrew Barash, Joaquim Gomes Canotilho, Manuela Tavares Ribeiro, Anselmo Borges, Francisco Azevedo Mendes e Ruth Gauer, junto dos quais recolho, invariavelmente, pistas lúcidas e seguras. Devo juntar-lhes o nome de Fernando Gil, que continua a ser inspiração permanente.

Reservo uma palavra de especial gratidão para os meus orientandos dos Cursos de Doutoramento e de Mestrado da Universidade de Coimbra e das outras instituições universitárias com as quais colaboro. As suas linhas de pesquisa e as inquietações que comigo repartiram revelaram-se, para mim, preciosa fonte de reflexão. Agradeço, por isso, à Alexandra Kunze, ao Alexandre Pereira da Silva, à Ana Flor Neves, ao Ângelo Fonseca, ao Aquilino Varela, ao Augusto Jobim, ao Carlos Armani, à Carolina Pinto, à Clarice Schongen, ao Edely Pereira, à Ivone Centeio, à Joana Tornada, ao José Luís Santos, ao Laerson Bruxel, ao Marçal Paredes, ao Márcio Barbosa, ao Mateus Filipe, ao Maurício Cruz, à Paola Roletta, ao Pedro Coutinho, ao Ricardo Portugal, ao Rogério Garcia e ao Sandro Trotta. Não direi que este livro é para eles; habituei-os mal e temo, por isso, que achem escassa a oferta.

PREFÁCIO

A obra que se vai ler surpreende e fascina pela sua sedução retórica – habilmente, o conceito de fronteira organiza a estratégia de convencimento do texto, como se de uma personagem se tratasse – e pelo seu poder argumentativo e polémico. Poder-se-á sustentar que o próprio título remete para um fundo cartesiano, porque pratica a crítica e se afirma como método. Fá-lo, porém, à luz de um ponto de vista epistémico e que põe sob suspeita todas as alucinações dedutivistas, sistémicas e prognósticas. Por isso, e não por acaso, se convoca o saber historiográfico para ser utilizado, não como meio subalterno de ilustração do universal, mas para contextualizar, interpelar e suscitar a teoria, e como teste de falsificabilidade dos vários profetismos escudados em visões evolucionistas e teleológicas do sentido da história e que acenam, comumente, para consumações que a *res gestae* se tem encarregado de desmentir. Ora, depois de tantas mortes anunciadas – incluindo a da própria fronteira e do seu progenitor por excelência: o Estado –, tem-se assistido, não ao fim da história, mas ao fim das teorias do fim da história. Pelo que talvez seja mais prudente estar atento à emergência do novo e ao que, em vez de se extinguir, se vai transmutando.

Destaca-se, e bem, o matiz demarcatório da fronteira, linha (Heidegger) que, se emancipa por identificação, também pode oprimir por exclusão. Prova de que a margem é irrepresentável como linha recta infinita, a geometria de todos os historicismos de vocação globalizadora. Este perfil supõe a planura do espaço e põe o tempo a trabalhar para a mediação e para a ultrapassagem, a fim de se dar credibilidade às promessas homogeneizadoras, metafísica onde o *por vir* só poderá desembocar na in-diferença. Daí, a dificuldade que este modelo tem para lidar com as tensões diferenciadoras e a sua boa adequação ao discurso legitimador dos poderes dominantes.

Em suma: aconselha-se a pensar a fronteira fora de todas as essencialidades e determinismos da irreversibilidade, logo, como manifestação multímoda, plástica, sobredeterminada por historicidades não síncronas e pela permanente necessidade de a diferença negociar as suas vitais reciprocidades no complexo e conflituoso mundo das relações hierarquizadas de poder. Ela é um Proteu que não pode ser pensada sob o signo de Narciso. Se o espelho confirma o lado "externo" da nossa "fronteira interior" (Herder), não se pode esquecer que o "outro", ao olhar para o rosto, também identifica e demarca, perspectiva que confere à *fronte* uma significação que não pode dispensar a alteridade. Dir-se-á que o olho coisifica, pois só alcança o que aparece. Mas o olhar também pode "ver" o não visível. Revela-o as sensações imediatas que promanam do relacionamento introspectivo, sejam as de teor hostil, ou, ao contrário, as de natureza empática. Como Rui Martins, citando Simmel, bem salienta, a configuração da fronteira encontra-se melhor objectivada na imagem da "porta" do que na da "ponte". É que, por esta, tanto se pode vir de lado nenhum, como se ir para nenhures; aquela, se pode estar fechada e trancada, também se abre à hospitalidade e à comunicação.

Nesta ordem de ideias, a reelaboração e radicação dos sentimentos de pertença seriam impossíveis sem o conflito entre a tendência para a fixação e a sua hodierna propensão beduína para a metamorfose, fenómeno que a globalização e os seus efeitos – mormente os movimentos imigratórios – acentuaram. Assim sendo, percebe-se por que é que a indagação das modalidades de relacionamento do concreto com o universal e das diferenças com a equidade não pode estar sob a égide do círculo e da linha recta e infinita, ou ser desenhada em esferas concêntricas, como se a articulação da reciprocidade pudesse ser a que determina o isolamento no âmago do pluralismo das *matrioskas* russas.

Por outro lado, tem sido correctamente contraposto ao conceito de globalização o de mundialização. Todavia, não se pode olvidar que um mundo é sempre o efeito de um centro, tópico que, na uniformidade do espaço e do tempo, projecta fronteiras de sentido, criando "mundos". E estes exigem o estatuto de *inter-locutores*. Rede impossível de cerzir no "universalismo universal", ou no "cosmopolitismo infinito" e apátrida, horizontes oferecidos por alguns daqueles em que não é difícil detectar réstias de má consciência pelas culpas do eurocentrismo. Ora, sem *lugar* e *contexto*, os indivíduos – como os antigos gregos expulsos da polis – ficarão insulados e condenados a vaguear no etéreo e a serem as novas almas penadas da cidadania.

FERNANDO CATROGA

INTRODUÇÃO

As ideias fulcrais deste livro estão contidas no último subcapítulo. Ao leitor mais impaciente bastar-lhe-á instalar-se directamente no final do trabalho para obter a chave explicativa de muitas das opções tomadas no decurso da análise. Aí, o leitor verá sustentado, de modo seguramente mais evidente do que nos capítulos precedentes, que a fronteira, operador político por excelência, é hoje mecanismo não amputável, não redutível a uma simples condição de obsolescência histórica e política, e, sobretudo, não dispensável; deparar-se-á também com a insistência, talvez ousada, na ideia de que a demarcação é a necessidade vital de um mundo que, precisamente, se apresenta como irrestrito e que, encerrando a fronteira um potencial demarcatório inestimável, ela pode ser mecanismo de resistência contra o totalitarismo das sociedades incapazes da produção de limites. Mas deparar-se-á também com uma advertência: a de que, de acordo com essa providência cautelar da democracia segundo a qual devemos poder defender-nos daquilo que nos defende, a fronteira é, basicamente, imprevisível e merece, por conseguinte, tanto as nossas reservas quanto a nossa atenção. É possível que, nessa altura, esse leitor sinta a necessidade de se libertar do carácter um tanto ou quanto axiomático do discurso final deste livro, optando por averiguar, por ele próprio, com que mecanismo, ou com que painel de mecanismos, se está de facto a lidar ao colocar a problemática da fronteira. E é possível que, nesse ponto, ele opte por partir, na direcção inversa, rumo ao cerne físico do livro, em busca das razões que explicam a aposta do autor em semelhante chave explicativa. É desejo do autor que, nesse seu trajecto, o leitor possa identificar a tese subjacente ao presente trabalho.

A tese desenvolvida neste trabalho é a seguinte: o conceito de fronteira que hoje a contemporaneidade desafia a vários níveis corresponde a uma amálgama de propriedades e de funções que hoje são confrontadas com o problema da sua operatividade. Este conjunto de mecanismos não conheceu incorporação simultânea no corpo do conceito. A história da fronteira, a haver uma, será precisamente a dessas sucessivas incorporações e a do modo como elas permitiram desenhar um modelo plurifacetado e em adaptação permanente, gradualmente afeiçoado à condição de *dispositivo*. O próprio da historicidade da fronteira é a passagem de um estatuto de modelo, agregando elementos e tradições várias, tal como recortado desde a modernidade, a um estatuto de *dispositivo* (cadeias de variáveis relacionadas entre si, produzindo, nessa interpenetração, determinadas linhas de força e determinadas linhas de fractura, mas resistindo a apresentar-se como entidades dotadas de contornos bem definidos), que a contemporaneidade nela haveria de reconhecer, mobilizando-a, e que a actualidade se encarrega de questionar – ainda que mobilizando-a também. Se é dessa passagem e dessa capacitação gradual da fronteira que este livro trata, ele não envereda, porém, pela preocupação historicista de descrever, passo a passo, as ocorrências do trajecto. Importa perceber este aspecto: estando em causa surpreender a aquisição gradual de competências funcionais por parte de determinado mecanismo, o recurso aos quadros históricos (estratégia que serve de base à totalidade do livro) é feito a partir da exemplaridade que se lhes reconhece para expressar, justamente, e para o expressar melhor do que qualquer outra estratégia analítica o poderia fazer, a incorporação de determinada qualidade ou função que, nesse momento, a fronteira, enquanto mecanismo, modelo ou dispositivo, acrescenta ao seu potencial; uma estratégia que, como se percebe, é alheia a preocupações de inventariação ou de exaustividade, apostando em aplicar o máximo rigor ao nível da selecção desses quadros históricos e da respectiva capacidade de articulação com aquilo que a problemática necessita em cada momento. O leitor inteligente agradecerá a opção.

Este livro poderia chamar-se "como a fronteira pensa". Mas não me agrada particularmente a expressão, além de que duvido da sua eficácia enquanto título. A pertinência da ideia continua, ainda assim, a parecer-me sustentável. É próprio daquilo que tem *método* dar-se a esse bem raro que é o esforço de inteligibilidade e de procura de sentido. A razão moral (seja a do conservadorismo nostálgico, seja a do politicamente correcto) preocupar-se-á decerto com o que sucede no decurso desse voluntarismo pensante e não deixará, cautelosamente, de entrar em linha de conta com os efeitos do acto para medir-lhe a virtude. Nesse sentido, dificilmente poderá caucionar a actividade pensante de um dispositivo, como a fronteira, manifestamente temível na amoralidade do seu carácter imprevisto. Tenderá, por isso, a conduzir a análise na óptica do julgador distanciado, sentenciando, como se o pudesse fazer, a respectiva extinção. Como noutras situações, este resguardo do moralismo é sinónimo de irresponsabilidade: pois se o dispositivo não foi declarado extinto, até em nome da sua imputada perigosidade haverá que empenhar nele o melhor do pensamento crítico. E, já agora, se a imaginação e a vontade democrática o permitirem, retirar dessa "contaminação" pelo imprevisto o que ela puder garantir em matéria de operatividade. Dir-me-ão, talvez, que esta estratégia de valorização do elemento funcional da fronteira transporta o conceito e a sua avaliação presente para uma dimensão excessivamente técnica. Estou disposto a concordar que sim; mas não para o lamentar; seja-me permitida a sinceridade de dizer que essa objecção coincide mesmo, no caso vertente, com o meu objectivo. Quanto mais conheço o assunto, mais me parece que ele é demasiado sério para o depurar das dimensões pragmáticas. Tenho a convicção de que o leitor mais heterodoxo se reconhecerá nesta posição.

Por fim, uma derradeira observação. Este livro é parte de uma trilogia. Parecerá arrojado dizê-lo, mas é de facto assim. Este *El método de la frontera. Radiografia histórica de un dispositivo contemporâneo (matrices ibéricas y americanas)*, agora editado em Espanha, foi desenvolvido em quase simultaneidade com dois outros projectos paralelos que se inscrevem no mesmo âmbito temático. Um deles, intitulado *O "risco" e o "traço". A Política nas fronteiras do Direito*, surge em edição brasileira e procura reflectir sobre o lugar da estética demarcatória num contexto de fronteiras instáveis como o são as de um mundo jurídico obrigado a dialogar com os seus referentes histórico-políticos. De alguma forma, arranca do ponto onde este livro termina. O outro, intitulado *A dogmática do limite: tratado sobre o tempo e a norma*, tem edição prevista em Portugal. Aí se ensaia uma reflexão sobre o conceito de limite, esse "material" a que se reporta todo o trabalho da fronteira, a qual, segundo estou em crer, mais não é, afinal, do que a expressão histórica tomada pela noção de limite. Não será, por certo, obra do acaso que a geografia editorial destes trabalhos reproduza um triângulo tão carregado de sentido como é o recortado por Portugal, Espanha e Brasil. A explicação mais simples para esse facto é a que remete para o próprio trajecto profissional, universitário e afectivo do autor. Mas é provável que ao leitor mais curioso esta explicação não baste. Poderá então perscrutar nas páginas deste livro em busca de mais satisfatória resposta. Tenho a certeza que a encontrará.

AI MODELO

1.

A MATÉRIA AUTORAL

Toda a fronteira tem "autor". Mas a *designação* deste não está isenta de tensões: a demarcação e o reconhecimento desse "lugar" autoral (*referência*) andam a par de elementos de imprevisibilidade e dispersão (*contingência*), relacionando-se ora em termos de absorção ora em termos de irredutibilidade. Por isso, a tensão entre contingência e referência pode dizer-se *constitutiva* da fronteira. Em absoluto rigor, uma fronteira é, por definição, a tentativa – nunca totalmente conseguida – de sinalizar uma sede ordenadora e produtora de um sentido que, por não se encontrar dado à partida, impõe a tarefa *continuada* da respectiva elucidação. À vista desarmada, trata-se de uma missão condenada ao fracasso; porque, de facto, não há como concluir uma tal tarefa, a fronteira-referência não logrará jamais impor-se completamente sobre a fronteira-contingência. Só que o ganho não vem daí, a fronteira tem uma dimensão de percurso que a habilita a realizar-se no *progressivo*. E, nesta perspectiva, é a tarefa (não necessariamente o resultado) que define o lugar do autor.

No campo político, é precisamente a definitiva associação desta tarefa de referenciação à própria ideia de fronteira que instaura o que poderemos chamar, genericamente falando, o modelo moderno de fronteira. Quando a modernidade histórica produz a síntese das várias modalidades de fronteira até então mais ou menos dispersas, cerzindo a tradição doutrinária e as experiências medievais do fenómeno com os fundamentos teóricos disponibilizados pelos primeiros teorizadores da soberania, poucas dúvidas há sobre as virtudes de um trabalho permanente de insinuação de uma referencialidade soberana expressa na fronteira. De tal modo que uma boa activação das *propriedades fundacionais*, vinculativas e legitimantes reconhecidas à fronteira parece surgir então como que na dependência de uma tal tarefa. Na primeira modernidade já a consciência disto parece clara, traduzindo um raciocínio sequencial que pode esquematizar-se assim: a eficácia da fronteira depende da sua capacidade para instruir matéria de legitimação, isto é, para manifestar virtudes fundacionais > essa capacitação fundacional, por seu turno, depende de um bom desempenho ordenador (isto é, referencial) do respectivo centro produtor de limites > esse desempenho produtivo, entretanto, depende de um programa de redução, efectiva ou pressuposta, dos elementos contingentes radicados nos limites > e, enfim, esse programa "normalizador" corresponde, verdadeiramente, à marca identificativa de uma *autoria* por detrás da construção e da vigência da fronteira. Em suma: a matéria autoral é condição primeira da matéria fundacional.

1.1. *IUS CONFINANDI* E PLAUSIBILIDADE

O que é suposto fazer um Autor? Em sede de problemática da fronteira o autor começa por ser aquele que articula. Em maior ou menor grau, será também – virá gradualmente a sê-lo, admitamo-lo – aquele que decide; mas, precisamente, em questão de limites e de termos ele decide articulando. Gerir, compor, articular, referenciar, são expressões que assentam bem ao seu desempenho. Todas elas traduzem o carácter informalmente negocial que historicamente anda associado ao *ius confinandi*. Bem entrados os "tempos modernos", ainda o direito relativo aos processos demarcatórios envolvendo diferentes comunidades políticas não dispensa acolher as directrizes tardo-medievais nesta matéria, prolongando no tempo dois princípios basilares. Um, é o de que o enquadramento jurídico dos litígios relativos a termos e fronteiras beneficia em apostar numa estratégia de "balanceamento" cautelar entre as modalidades consagradas de prova e as modalidades de aferição "empíricas"; o resultado é a permanente tensão entre *prova* e *evidência*, que os juristas parecem pouco interessados (mais do que pouco capacitados, a distinção não é aqui inócua) em eliminar, resignando-se então, ou, como mais parece, optando mesmo por gerir essa tensão a partir da noção, tida por mais operativa, de *plausibilidade*. Outro princípio é o de que as decisões alcançadas pelo direito no âmbito de semelhantes processos devem, preferencialmente, estruturar-se sobre as peças instrutórias conotadas com o consenso, o que, em termos tendenciais, produz uma sobrevalorização do critério da antiguidade e da tradição (sobremaneira da tradição feita *communis opinio*) por entre as *specie probationes* disponíveis.

Comecemos pelo primeiro destes princípios. Os processos demarcatórios, na medida em que accionam modalidades de diferenciação e leituras demarcatórias várias relativamente às quais há que tomar decisões e efectuar escolhas, trabalham, sobretudo, em torno da noção de *plausibilidade*. Tais processos, assim sendo, acabam por depender estreitamente da forma como esta última foi sendo sucessivamente entendida. Ora, conforme explica Fernando Gil, na Idade Média parece ser o conceito de *probabilidade* aquele que mais responde pela noção de plausível: "ele pode apontar, quer para a aprovação da proposição, quer para a probidade das autoridades que a aceitam, quer para a prova dos argumentos, quer, depreciativamente, para aquilo que é "meramente" provável". Entretanto, "nos séculos XVII--XVIII, é o conceito de *verosimilhança* que melhor apreende a ideia de plausível"[1]. Em qualquer dos casos, isso é o fundamental, estamos perante a manutenção longa de uma noção (a de plausibilidade) respeitante, sobretudo, à aceitação das proposições, donde, como explica aquele autor, "dialéctica" e não demonstrativa, com o que isso implica para um *ius confinandi* cujos regimes de prova não deixarão, por consequência, de surgir particularmente marcados por alguns dos sentidos classicamente adscritos à própria ideia de plausibilidade: a noção de "longo prazo", que sustenta os valores da regularidade e da estabilidade, tornando plausível aquilo que se repete; a mobilização da tópica aristotélica do *preferível*, à qual se pode recorrer para optar entre versões concorrenciais dotadas de idêntica credibilidade; ou a satisfação com níveis de credibilidade não coincidentes com os pólos do verdadeiro e do falso mas inscritos na linha

---

[1] Gil, 1986, 105.

gradativa entre um e outro, a exemplo dos desdobramentos de grandeza em torno da designação de "credível"[2].

Deste modo, pode dizer-se que os meios de prova utilizados pelo direito em assuntos demarcatórios, ao trabalharem sobre a ideia de plausibilidade, acabam por entregar a matéria da delimitação e da fixação de termos confinantes ao universo da *evidência*, ou, pelo menos, tendem a permitir um elevado grau de contaminação da matéria probatória por uma série de indicadores empíricos e algo extrínsecos ao formalismo jurídico, os quais podem ser tomados como expressão da persistência do registo da evidência no quadro desse mesmo formalismo. É próprio daquilo que é evidente apresentar-se de modo auto-legitimante, dispensando a prova justamente no sentido em que dispensa mecanismos exteriores de avaliação da sua própria verdade e em que se deixa ler em *marcas indubitáveis*. "A evidência *lê-se* na marca, *impõe-se*. Daí que, na Baixa Idade Média, o facto notório, *notorium* ou *notum per se*, atestava uma *evidencia* interna (*in suo nomine*) que tinha como efeito automático a dispensa de uma citação do acusado. O processo parava aí. Baldo definiu o *notorium* como um facto "colocado diante dos olhos (*ante óculos situm*), ou como uma verdade radicada (*radicata*) no espírito dos homens, de um modo tal que não poderia ser arrancada (*evelli*) ou ocultada". Este panorama prolonga-se modernidade adentro: "a constância do nó conceptual da evidência é absolutamente impressionante. Na retórica como na filosofia ou no direito, ele conservou-se mais ou menos inalterado ao longo dos tempos"[3].

Nesta perspectiva, a centralidade a que já aludimos do critério da antiguidade e da estima da tradição, no sentido até em que se trata de modalidades de prova que se fazem superiorizar às mais canónicas formas de aferição dos factos, é bem uma expressão concreta desses vestígios de *evidência* residentes e persistentes no regime probatório do *ius confinandi*. Este aspecto constitui, de resto, o segundo dos princípios que atrás

---

[2] *Idem*, 106.
[3] Gil, 1994, 10.

apontámos como basilares no âmbito da matéria jurídica relativa a termos e limites e é dele que passamos a dar conta. Contamos, para isso, com o apoio do notável trabalho desenvolvido por Paolo Marchetti sobre regimes jurídicos de prova e direito demarcatório nos alvores da modernidade[4]. Os dados que ele colige encontram eco naquilo que conhecemos sobre o assunto a partir de escalas ibéricas de investigação[5]. E mesmo se a perspectiva em que nos colocamos e os objectivos do presente trabalho não são coincidentes com os dele (como se verá, partir-se-á aqui, de alguma maneira, do local onde ele termina), os pontos fundamentais a reter, para o nosso propósito, são vários.

Desde logo, não restam dúvidas quanto ao facto de o discurso jurídico sobre os limites ser "absolutamente indiferente à declinação de uma espécie de teoria geral dos limites, [preferindo remeter] para uma série de termos e limites construídos mediante o reenvio a práticas consolidadas no tempo sob a forma de regras autopoiéticas [deixando transparecer uma estrita vontade] de conjugar a dimensão estabilizante do curso do tempo com a função legitimadora das *regullae iuris*"[6]. O mesmo é dizer, um esforço de conciliação entre o objectivo de dirimir as controvérsias (objectivo primordial) e esse outro de clarificação dos factos (objectivo, se necessário fosse, sacrificado ao anterior). "Neste contexto, como não deixava de sublinhar Baldo degli Ubaldi, não existiam *specie probationis* dotadas de um carácter demonstrativo particular. Era acima de tudo a partir de um quadro complexo de elementos, ainda que dotados de um valor probatório mínimo, que o direito devia reconstruir a paisagem política"[7]. A plausibilidade feita meta, ou pouco menos, eis a inferência possível. Logo sustentada, aliás, pela análise desses específicos elementos a que se recorria como modalidades de prova. Marchetti elenca os seguintes: os limites antigos; os símbolos taxonómicos de separação; os documentos escritos; o exercício de jurisdição; e as provas "de viva voz" (testemunho e

---

[4] Marchetti, 2001.
[5] Martins, 2000.
[6] Marchetti, 2001, 146-147.
[7] *Idem*, 147.

fama). O que assume particular significado é que a manifesta diversidade "técnica" entre eles não é bastante para impedir que todos se apresentem de alguma forma subsidiários do peso atribuído à *antiquitas*.

Vejamos, seguindo as considerações do citado autor, cada um destes elementos. Em relação à primeira modalidade, é óbvio que assim seja. Num conflito sobre deslocamento ou indecisão de termos e limites contíguos, a boa decisão apontava para que a posse mais antiga fosse preferida frente à mais recente, decisão tanto mais válida quanto, por maioria de razão, algum dos contendores pudesse sustentar razões de antiguidade onde o próprio direito pudesse ser fundado. Emanações do valor reconhecido ao princípio segundo o qual, conforme se regista em meados do século XVI, "in probandis confinibus, maxime antiquis, probatio exacta non requiritur". Quanto à prova aferida a partir dos elementos de expressa visibilidade, como os símbolos demarcatórios e a taxonomia por eles proposta, mesmo sendo com frequência tida em conta pelos juristas (constituindo uma espécie de "operação preliminar no quadro da *oculorum inspectio*"), a impressão que se colhe é de que asseguraria uma clarificação probatória débil, visto que este recurso não dispensava a sua própria "contextualização no âmbito de uma tradição local que podia apresentar variações – e era a tal tradição que se devia atender". Outro tanto se diga do recurso à documentação escrita: a postura de princípio, aqui, era a do indubitável relevo atribuído a este tipo de prova na resolução da controvérsia; na prática, contudo, o "relaxamento" das regras probatórias ditava que "não era o valor da escritura em si que vinha instruído de uma evidência particular, era sobretudo o facto de que através dela se constituíra [ao longo do tempo] uma generalizada convicção da veracidade da situação concreta". Por seu turno, também a utilização do *exercitium jurisdictionis* para definir o traçado de determinados confins (isto é, a possibilidade de definir dada pertença territorial a partir da detecção da base territorial alcançada pelo exercício da respectiva competência jurisdicional) surgia como modalidade "derivada" de uma avaliação de antiguidade: porque, neste caso, é a própria prova que carece ser provada, no âmbito de uma espécie de *probatio probanda* em que a posse da jurisdição que supostamente permitiria sustentar alguma das razões em litígio exigia, ela própria, transitar em juízo a fim de se apurar das condições da sua legitimação. Por fim, prova testemunhal e fama, provas de "viva voz". Se é verdade que também esta linha probatória se coadunava, aliás de modo directo, com o lugar privilegiado do factor tempo nos conflitos relativos a termos e limites (e mais ainda sempre que os diferentes institutos do testemunho oral e da *communis opinio*, tecnicamente destrinçáveis, tendiam a sobrepor-se, impondo a primazia do rumor alicerçado no tempo), ela deverá contudo ser tida por mais do que isso, reconhecendo nela o verdadeiro nó probatório nesta matéria: "se há um dado que emerge incontestavelmente é o papel central concedido à *fama* na determinação dos confins das comunidades políticas. [...] Na incerteza das relações de posse o recurso à *generalis opinio* parecia o elemento mais consistente na base do qual podia fundar-se a legitimidade das pretensões avançadas pelas partes em conflito"[8].

A respeito da *fama* profere Marchetti um raciocínio dotado para nós do maior interesse. Segundo ele, importará distinguir dois tipos de fama. De um lado, "uma *fama* douta, vigente em testemunhos antigos e em narrações consideradas dignas de fé *ab antiquis*, que podia integrar como elemento de prova uma contenda sobre termos nos casos em que a trama territorial dos litígios decorresse em escala larga, centrando-se mais sobre espaços amplos do que sobre definições diminutas de direitos e prerrogativas exercitados sobre escalas reduzidas. [...] Tratava-se, nesse caso, de uma memória histórica culta". Entretanto, deverá considerar-se, por outro lado, que "é porém a uma outra memória que os juristas faziam referência quando se tratava de definir em detalhe os contornos políticos das comunidades confinantes. É uma memória empírica, oral, da qual os homens eram depositários. [...] É a recordação dos gestos, dos hábitos e dos trabalhos quotidianos que determina a legitimidade dos termos confinantes. A história deixa de ser um elemento exterior aos lugares que narra e torna-se ela própria o elemento capacitado para determinar os traçados liminares dos territórios"[9].

---

[8] *Idem*, 174 (para as restantes citações deste parágrafo, Marchetti, 2001, 148, 157, 167).
[9] Marchetti, 2001, 175.

Da memória histórica à memória empírica, parece ser este, por conseguinte, o movimento tendencial desenhado pelo *ius confinandi*. A questão que a partir daqui se nos coloca é a saber até que ponto pode a memória histórica sair incólume desta inflexão (inflexão consciente, via direito). E, naturalmente, até que ponto pode a memória empírica, também ela, subsistir na sua diferença a partir daquela aproximação, de resto secular. É crível, com efeito, que o referido movimento tenha um retorno. Não, por força, um "retorno" situado *a posteriori*, entendido como consequência dos tempos de aproximação ou apropriação calculada, mas sim, com certeza, um "retorno" entendido como eco permanentemente em aberto, concomitante da comunicação estabelecida e, nessa medida, interferente sobre os próprios modos do contacto e sobre o seu sentido.

A ser assim, o processo de interacção mediante o qual as memórias de diferente tipo edificadas a pretexto da fronteira definem o respectivo posicionamento e a respectiva funcionalidade, quer dizer, em que definem, no âmbito dos canais estabelecidos e do jogo político que lhes está associado, o respectivo *potencial fundante*, deverá obrigatoriamente constar de um estudo como o nosso, atento à historicidade do fenómeno fronteiriço. Disso nos ocuparemos no capítulo seguinte (*a matéria fundacional*). De imediato, porém, importará ficar ainda por algum tempo com a *matéria autoral*, questão em relação à qual, deve dizer-se, as considerações feitas no parágrafo anterior são de igual modo instrutivas. Porque o facto é que a gestão dos limites assegurada pelo direito nas circunstâncias observadas, propicia, nesse mesmo gesto de disponibilidade para com as tradições locais mais arreigadas e para com as diversas memórias empíricas, ou seja, nesse recurso aos critérios da tradição e da fama que redunda, afinal, na consagração da pluralidade de ordenamentos político-jurídicos em presença no terreno, propicia – dizia – a entrada em força da *contingência* na área do *ius confinandi*. Será isso decisivo? Em que perspectiva? Brigará isso com o exercício das competências gestionárias sediadas no autor? Ou será este capaz de se entregar à tarefa que dele se espera, procurando articular alguma inevitabilidade dos elementos contingentes com a sua própria propensão a beneficiar do estatuto de *referência*?

1.2. O EIXO DA CONTINGÊNCIA

É possível colocar à prova este assunto, na sua dimensão política, observando a realização da aludida tarefa a partir de um caso concreto, historicamente situado e já investigado, o da fronteira hispano-portuguesa nos alvores da modernidade ibérica[10]. No âmbito da intersecção entre os eixos da contingência e da referência, comecemos por avaliar o lado contingente, tal como ele se infere a partir daquela investigação. Os pontos a reter são, a esse nível, os seguintes:

(i) em termos genéricos, é possível verificar que a fronteira não constitui obrigatoriamente, na raia hispano-portuguesa, um factor de especificidade tal que pelo simples facto da sua existência se possa explicar o carácter diferencial eventualmente aí alcançado pela realidade histórica: a manifesta dificuldade na hora de estabelecer um padrão comportamental com base na vigência da fronteira, a extrema variabilidade das situações sócio-políticas detectadas na zona da fronteira e, sobretudo, a possibilidade de que, consoante os casos, a fronteira seja, ou não, o elemento explicativo determinante e que, sendo-o, essa função determinante se possa manifestar de variadas formas, são expressão de uma irredutível dose de "contingência";

(ii) com efeito, a investigação efectuada, por exemplo, com base na larga série de tensões sociais documentadas nos espaços integrantes da raia hispano-portuguesa informa, de modo cabal, sobre a impotência uniformizadora da "variável fronteira": medíocre representatividade relativa dos conflitos explicitamente respeitantes à fronteira ou de situações tensionais com ela directamente relacionáveis; e ausência de particularidades significativas por comparação com o que se conhece para zonas excêntricas à área fronteiriça de inquérito; ou seja, os pontos postos a descoberto por esta investigação induzem a convicção de que as tensões detectadas são parte de configurações de maior amplitude, *não necessariamente* marcadas pela lógica fronteiriça;

---

[10] Martins, 2000.

32 | O MÉTODO DA FRONTEIRA

(iii) esta verificação é importante a dois níveis: por um lado, significa que a fronteira, independentemente dos efeitos pragmáticos decorrentes da sua vigência, não logra instituir-se enquanto factor dotado da capacidade de interferência bastante para irradiar sobre o quadro de conflitos da raia hispano-lusa uma especificidade que, partindo dela, se sobreponha aos restantes factores configuradores da conflitualidade da zona; e, por outro, significa também, acto contínuo, que, na medida mesma em que sofre a concorrência desse conjunto multiforme de factores, a fronteira não verte sobre essa raia um tipo de influência uniformizadora, não equipara entre si os vários espaços dessa raia pelo simples facto da sua presença, não inibe a existência de diferenças-apesar-da-situação-fronteiriça-comum, em suma, não elimina — incrementa até — a contingência. (O que fazer com esta? Será assunto do ponto 1.3.);

(iv) em consequência do que acaba de ser dito, é possível sustentar que a raia hispano-portugesa apresenta um défice mimético de sentido intrafronteiriço: os elementos que autorizam esta ideia colhem-se, sem esforço, da constatada dificuldade da fronteira em se impor como *mecanismo forte* de normalização, como o atesta a facilidade com que, ao contrário, sobram as evidências de diferenças regionais e locais resistentes a uma uniformização de comportamentos ditada pela idêntica implantação fronteiriça (pode falar-se, inclusive, do surgimento de uma série de "fracturas internas" contíguas à fronteira estatal mas desalinhadas com a sua presença), e como o atesta o facto de os próprios mecanismos destinados a conferir alguma ordem à multiplicidade de lógicas em presença (porque o facto é que, constatada a inexistência de uma prática uniforme e previsível de activação das distintas modalidades delimitadoras, a uma comum necessidade de demarcação fronteiriça não corresponde, forçosamente, o recurso a uma mesma solução demarcatória) acabarem por reforçar, quer pela irregularidade da sua própria implantação, quer pelas suas inevitáveis concessões para com realidades históricas que lhes são anteriores, aquele défice;

(v) de igual modo se pode falar de um défice mimético de sentido transfronteiriço: esparsos, remetendo para diferentes níveis de problematização, aparentemente alheios a uma explicação de conjunto que "rasgue" numa interpretação de fundo o seu sentido, os indícios da irregular paridade entre os dois lados da fronteira não são por isso menos evidentes, como o não é, pelo menos nesta perspectiva, uma aparente menor preocupação de Castela com Portugal do que de Portugal com Castela, no quadro de práticas de delimitação e de estratégias de relacionamento fronteiriço que parecem expressar, antes de tudo, em cada um dos lados, o perfil socio-político da respectiva entidade englobante e menos, ou só de modo residual, um perfil comummmente definido pela presença de um mecanismo repartido por ambas as entidades.

As ilações a retirar desta dimensão do problema são para nós óbvias: não se dirá que a fronteira desenvolve, por efeitos miméticos, uma *referencialidade* centrada em si mesma, homogeneizadora de comportamentos, mas dir-se-á, e é lícito, que a fronteira *articula* uma heterogeneidade de experiências e trajectórias, isto é, que ao não trazer associado a si um campo de experiência homogéneo, gerador, por seu turno, de um horizonte de expectativas previsível, mas, ao contrário, pressupor modalidades de relacionamento plurais e incoerentes, mesmo sobrepostas, oferece-se aos actores sociais como instrumento por eles mobilizável de acordo com a situação respectiva, estruturando os seus processos de "negociação" com a realidade.

É precisamente neste ponto que importa perceber como se articulam esta incontornável contingência de base e uma não menos incontornável emergência de estratégias discursivas promotoras da ideia de uma raia potencialmente homogeneizante e, nesse sentido, propensas a escamotear esse lastro de contingência e essa amplitude "negocial". A designação de um *referente* equivale, em primeira instância, a uma redução mais ou menos drástica da heterogeneidade.

1.3. FRONTEIRA E REFERÊNCIA

Prossigamos dentro da mesma escala analítica, mobilizando os dados fornecidos pelo estudo de caso que temos vindo a seguir[11]. Agora, porém, incidindo sobre o eixo da referência. Eis os aspectos relevantes a esse propósito:

(i) decorre do funcionamento da fronteira um aspecto que se reveste do máximo significado, qual seja o da inesperada carga de "centralidade" que dela emana: a tendencial dificuldade de conceber estratégias relacionadas com a fronteira fora do enquadramento do poder central (ao ponto de poder dizer-se, a propósito, por exemplo, da vocação aristocrática para se expandir em direcção às extremidades fronteiriças ao sabor do alargamento do reino, que não existe apetência marginal ou fronteiriça que não o seja, em paralelo, uma irradiação do poder soberano) surge com certeza como o indicador relevante deste aspecto; e se isso diz bem do papel do centro enquanto configurador das dinâmicas produzidas nas margens do sistema político-territorial, de igual modo sugere o lugar arbitral por ele assumido em matéria de referenciação;

(ii) dessa posição arbitral consta a disponibilidade para lidar com os elementos de contingência residentes na fronteira em termos da sua tendencial incorporação nas políticas ordenadoras emanadas do centro, mais do que em termos da sua completa erradicação: recorde-se, por exemplo, o modo como a consciência régia da vertente ordenadora contida na própria ideia de limite (a consciência régia da fronteira já por então é nítida: a ideia de limite e, em particular, a vertente clarificadora da ideia, encontrava-se suficientemente fixada para ser um ideal perseguido por uma monarquia portuguesa que logo se terá dado conta do potencial ordenador desses limites e que o procura aplicar à escala do reino) é acompanhada, em simultâneo, de uma consciência da sua vertente de instabilidade funcional (porque nem sempre as modalidades perseguidas em ordem à consumação pragmática dessa consciência e desse ideal funcionalmente

---

[11] Martins, 2000.

delimitador chegavam a alcançar aquela nitidez, problema derivado do carácter acentuadamente estratigráfico de uma mnemónica fronteiriça produtora de limites sobrepostos e de tradições concorrenciais); o resultado terá sido uma particular capacidade para aceitar a dose de ambiguidade sempre implicada em assuntos de delimitação, ainda que sem renunciar ao potencial fundante de uma delimitação bem instruída (reconhecimento de diferentes lógicas de delimitação, por um lado, mas insistência na fixação de um limite, por outro; os séculos seguintes herdam esta matriz);

(iii) entretanto, a um outro nível – e porque a conotação centralizante da realidade fronteiriça referida em *i* não pode prescindir do exercício paralelo de funções estatais levado a cabo pelos próprios poderes localmente implantados – deparamos, de modo um tanto inusitado, com um cariz "conservador" da fronteira, na medida em que, de acordo com as indagações feitas, por exemplo, ao nível administrativo e sócio-económico, a activação do mecanismo "fronteira" não pressupõe a abertura de um campo de possibilidades e de desempenhos desalinhados com a repartição de competências em presença, nem alheios à ossatura social enquadradora desse mesmo intercâmbio — reifica-as: os beneficiários do estímulo económico proporcionado pela fronteira parecem ser, afinal, com toda a naturalidade, os grupos mais bem colocados para se aproveitarem das actividades que ela propicia e que tratam portanto de a estimar como "mecanismo" eventualmente activável, como um recurso passível de potenciação; quer dizer, o processo de consolidação da fronteira estatal é cada vez mais, nesta óptica, um factor de consolidação, também, da lógica organizativa dos poderes em presença, que nela encontra uma via mais de potenciação; o mesmo é dizer, em suma, que os circuitos enquistados de referencialidade socio-política tiunfam, neste ponto, sobre um eixo da contingência que não logra expressar-se enquanto metamorfose socio-política;

(iv) em paralelo com estas tendências, tem lugar, na arena política (nomeadamente em sede parlamentar), um gradual investimento discursivo na ideia de uma *diferença* sediada na fronteira: trata-se, na verdade, da constituição de verdadeiros repertórios argumentativos, produzidos pelos representantes parlamentares dos poderes locais com o fito de reivindicar tratamento de excepção justificado pela inserção fronteiriça das comunidades, apostando, uns, para esse efeito, em trabalhar a argumentação a partir de uma lógica de dissociação, isto é, em acentuar a *diferença* entre um espaço do reino globalmente considerado e um espaço definido pela sua proximidade à fronteira do reino, e insistindo outros, agora por associação, na invocação de uma uniformidade original da situação fronteiriça e, sobretudo, na invocação de uma *comum* situação fronteiriça do lobby solicitante, para simular um efeito congregador e a pressuposição idealizada de uma homogeneidade à escala da raia hispano-portuguesa; mas, como quer que fosse, forjando por ambas as vias, e mais ainda pela conjugação das duas, o *carácter referencial* da fronteira, suporte, por seu turno, da insinuação de uma identidade fronteiriça.

Vejamos o que pensar destes indicadores. Nos alvores da modernidade, por conseguinte, ao menos no contexto preciso da nossa escala analítica, a fronteira surge investida de virtualidades *referenciais*. Por essa altura, já o discurso local de inspiração municipal e a anuência régia que o acompanha aparentam desmentir as insuficiências congregadoras e o défice mimético inerentes à fronteira, estimando-a, em contrapartida, como sede irradiadora de pressupostos de uniformidade, numa atitude que parece menos devedora de uma crença na adequação desse potencial de coesão à respectiva realidade, historicamente inscrita, do que do reconhecimento de um valor argumentativo suficientemente poderoso residente na fronteira e, ele sim, dotado de capacidade de intervenção sobre aquela realidade. Uma capacidade de intervenção produtora, diria Benedict Anderson, de uma *comunidade imaginada*[12] sediada na raia, estruturada em torno de uma comum proximidade à fronteira, e mobilizável de acordo com uma série de estratégias "proto-identitárias" capazes de "negociar"[13] com as restantes escalas de identificação pertinentes um lugar para uma escala raiana e fronteiriça, suporte indispensável de qualquer veleidade argumentativa. Os preceitos por norma activados em casos que tais são

---

[12] Anderson, 1983.
[13] Usamos a expressão no sentido por ela tomado em Strauss, 1978, 119-128.

conhecidos: elaboração de discursos holísticos; inventariação e culto de um elenco de diferenças face ao exterior; pretensa elisão de divergências internas. Compreende-se porquê: a identidade não é um dado mas antes uma realidade contextual e em constante transformação[14], e, por isso, os mecanismos identitários, correspondendo a fenómenos em fluxo, são forçosamente o resultado de processos de identificação envolvendo diferentes escalas (locais, nacionais ou transnacionais)[15], a cuja articulação terá de se reportar qualquer ambição holística ou qualquer projecto fundante da diferença.

Importa estar ciente destes aspectos, até para aceitar o facto de a construção desta referencialidade fronteiriça não ter de se desenvolver obrigatoriamente em oposição às restantes escalas identitárias. É assim evidente, desde logo, que as populações da raia não omitem em circunstância alguma a sua inserção no todo do reino: no século XV, concretamente, a consciência dessa inserção pode considerar-se assente, e não serão de certeza as divergências no seio da actual historiografia em torno da assimilação maior ou menor da ideia de "pátria" por essa altura que põem em risco a evidência desta percepção. Na verdade, fazer desse assunto o cerne do debate equivaleria a descurar níveis de problematização mais axiais, como sejam, precisamente, o das restantes escalas identitárias desenvolvidas paralelamente àquela e o das formas de relacionamento entre elas. E, a este respeito, os dados disponíveis apontam de facto no sentido de uma vivência simultânea de diferentes âmbitos identitários, na qual a participação em esferas referenciais mais englobantes não impede o carácter intrinsecamente localista das comunidades (e vice-versa), o que deve tomar-se por expressão da tremenda capacidade dos actores sociais para *negociarem*, em cada momento, o seu espaço de inclusão.

Tudo o que vem de ser dito assume uma importância nuclear na presente reflexão. A identidade, por certo, é sempre "ilusão identitária". Por trás dela espreita o holismo, a pretensão homogénea, a redução do múltiplo. Nela,

---

[14] Silvano, 1997, 146.
[15] Nunes, 1995, 20-26.

os processos de delimitação face ao exterior andam juntos com suspeitos contorcionismos metonímicos que, no interior, assimilam as partes ao todo. Alerta bem Deleuze: toda a delimitação e todo regime de oposição diferencial se constrói sobre "um formigar de diferenças livres, selvagens ou não domadas [...] que persistem através das simplificações do limite ou da oposição"[16]. Na verdade, assim é. Mas não será precisamente isso que torna imprescindível a consideração desta matéria pela historiografia? Não será precisamente esta dimensão da fronteira como pretexto de coesão identitária, esta dimensão *discursiva* da fronteira, que importa estudar? Jean-François Bayart coloca o problema com grande precisão. Para ele, "não se trata de negar a terrível eficácia das identidades que são vividas como primordiais. Tanto devemos estar convencidos da origem artificial da crença numa pertença étnica comum, quanto devemos admitir que essa crença é operatória e que a "associação racional" é susceptível de se transformar em "relações pessoais", em "consciência de comunidade". De uma certa maneira, as identidades primordiais existem, mas enquanto actos de consciência e como regimes de subjectividade, não enquanto estruturas. Em lugar de serem factores explicativos, necessitam elas mesmas de ser explicadas"[17].

Sobra um aspecto. O da detecção da sede verdadeiramente municiadora dessas insinuações referenciais e identitárias. A discursividade parlamentar produz repertórios argumentativos em ordem ao reconhecimento da diferença. Já o rei está no lugar da atribuição dessa diferença. O rei não é propriamente, ou não é apenas, um produtor de repertórios. Articula-os. Ora, na esfera política, a articulação é a pedra-de-toque da autoria.

Cabe aceitar sem surpresa, por isso, a imagem de um soberano-articulador entregue à tarefa de integrar num todo coerente as suas diversas fronteiras. A fronteira primordial, a castelhana, e aquelas que lhe interessam tanto e cada vez mais que esta: as fronteiras internas, organizadoras do que o reino é; e as fronteiras da expansão, estruturantes do que o reino é porque

---

[16] Deleuze, 1997, 71.
[17] Bayart, 1996, 101.

organizadoras daquilo que ele projecta ser. Se, no Portugal do *Quatrocento* e do *Cinquecento*, esta tríplice existência não redunda definitivamente num espartilho de outros tantos projectos para o reino e de outras tantas lógicas da sua construção, e se a tendência para a sua conjugação articulada acaba por se superiorizar, conjunturalmente que seja, aos bem conhecidos movimentos selectivos em direcção a uma só, é porque aquela fonte de articulação não descurou o único nível de investimento ideológico capaz de dar conta, em simultâneo, de todas elas: o investimento memorial. É através dele que o Autor força a sua legitimação enquanto Fundador. Não por acaso, a *fundação* pode ser descrita como uma *alucinação do referente*.

2.

A MATÉRIA FUNDACIONAL

A memória é vulnerável, diz Ricoeur. Pois é aí mesmo onde assenta a sua vulnerabilidade — nesse intercruzamento entre a sua dimensão epistémica e "veritativa" e a sua dimensão pragmática, "a do uso da memória" — que ela apresenta particular interesse para o nosso propósito. Sustenta aquele Autor que é desse intercruzamento que há-de arrancar qualquer inquérito sobre as relações entre a memória e a história. Compreende-se porquê. Na medida em que tende a exercer uma *função correctiva* sobre a memória, a história re-escreve essa mesma memória, e, ao fazê-lo, ao limitar-se afinal a não calar a sua apetência *selectiva*, a história aviva na memória a componente do esquecimento, sem a qual não existe, verdadeiramente, um *uso da* (nem *abuso da*, nem *trabalho sobre a*) memória; é que é "pela selecção da recordação [poder-se-á dizer também pela gestão do esquecimento] que passa essencialmente a instrumentalização da memória"[18].

Estas breves considerações, por si só, autorizariam a trazer de imediato a historiografia para o cerne das presentes reflexões. Com efeito, a propensão do campo historiográfico para se constituir em *mapa cognitivo* da memória oferece, à partida, sérias garantias de uma aproximação interessante à problemática que aqui se pretende desenvolver: a da disponibilidade de uma fronteira (que aqui será, de novo, a hispano-portuguesa, estimada na respectiva configuração das vésperas e dos inícios da modernidade) para ser *negociada*, *construída* e *reificada* como inscrição do memorável. Nem por isso, contudo, se pode fazer do campo historiográfico o cenário exclusivo de uma mnemónica participante (e fundante) da estruturação

---

[18] Ricoeur, 1998, 17; Ricoeur, 1996-1997, 7

42 | O MÉTODO DA FRONTEIRA

das fronteiras; pelo menos do campo historiográfico tradicionalmente concebido, que aparenta esgotar-se na produção cronística. Pois se é certo que este tipo de discurso se revela, a este nível, particularmente interveniente (vê-lo-emos, mais adiante, ao analisar o *lugar* da fronteira na historiografia portuguesa contemporânea da expansão marroquina e atlântica)[19], convirá ter em conta que esse trabalho rememorativo decorreu em paralelo com a activação de outros *expedientes de memória*, designadamente ao nível das práticas de delimitação fronteiriça. E se é possível que, de um ponto de vista formal, estes expedientes escapem a algo como um "campo historiográfico", já será de todo ilegítimo descurar — e isto me parece mais relevante — a sua historicidade.

2.1. *TRAÇO*, LIMITE, NARRAÇÃO

Vejamos estas questões a partir do concreto. É minha convicção que o sentido a dar ao conjunto de informes documentais dispersos relativos à delimitação da fronteira hispano-portuguesa nos alvores da modernidade, abrangendo autos de demarcação, autos de verificação de limites, alusão a práticas de colocação de marcos e malhões, processos de inquirição de testemunhas e ordenações régias a esse respeito, é no contexto da sua dimensão memorial que se alcança. Estando em causa a definição de termos entre Portugal e Castela, importava, como se dirá em inícios de Quatrocentos, que as partes "possessem malhooes nos departimentos dos thermos [para] a *perpetua memoria* da coussa"[20]. Uma fixação memorial tanto mais eficaz quanto se revestisse do carácter de ocorrência pública, a exemplo do que ocorrerá, em meados do século, quando os marcos de entre Olivença e Castela são mudados e recolocados "com grande ajuntamento de jeente"[21]. Estamos pois face a um material que remete para um conjunto heterogéneo de práticas gestuais, narrativas e normativas, moderadamente

---

[19] Veja-se o ponto 2.3. do presente estudo.
[20] Martins, 2000, 240.
[21] *Idem*, 241.

ritualizadas — no sentido em que o elemento da *repetição*, condição e fautor do rito, surge aí de modo intermitente[22] —, mas nas quais a clara imbricação entre domínio memorial público e privado e, sobretudo, a impossibilidade de isolar verdadeiramente um momento correspondente a este último, traduzem uma vivência da recordação como *acto de alteridade*: "a memória pessoal inicia a sua construção através do ouvido (a história que o outro conta), e, no acto de recordação, a exigência de fidelidade que lhe é inerente leva a que se apele sempre para a *recordação do outro*; e só a sua inserção em narrações colectivas — comummente reavivadas por liturgias de recordação — lhe dá sentido"[23].

Alicerçada naquela convicção, a presente análise assume-se devedora de uma hipótese de trabalho que, do ponto de vista da investigação histórica, poderemos formular nos seguintes termos: a fixação de marcos e malhões como forma de delimitação fronteiriça, e desde que tomada enquanto prática de *objectivação memorial*, pressupõe menos a distinção entre uma *protomemória* e uma *memória propriamente dita* — na

---

[22] Admitimos que essa intermitência tanto pode dever-se a uma efectiva lacuna de regularidade no cerimonial de fixação, verificação e eventual refixação dos marcos (possibilidade que os ordenamentos régios impondo às estruturas administrativas locais a obrigatoriedade de uma repetida vigilância sobre os marcos e sobre o seu estado, ao sugerirem que a tarefa era descurada, vêm reforçar), quanto a uma lacuna da própria lógica de preservação documental a esse respeito, cujo carácter esmagadoramente régio omitiria a dimensão cíclica e repetida da prática, iluminando apenas a espaçada atenção da Coroa a esse respeito (pois a verdade é que, em épocas posteriores, as "visitas aos marcos" se inscrevem declaradamente no quadro cíclico do cerimonial das localidades rurais). É provável que estes dois níveis explicativos acabem por actuar conjugadamente, numa altura em que os aspectos formais da ritualização concernente à celebração do território, por ocasião da demarcação dos seus limites, estariam apenas grosseiramente consolidados. Constatação que, longe de minorar a importância, inclusive simbólica, das práticas demarcatórias ligadas à fronteira pré-moderna — porque é evidente que o território do reino se (re)constrói por altura de cada colocação e verificação, mesmo irregular, dos signos materiais de separação territorial, e que, com o reino, se (re)constróiem as identidades de quem vê demarcado, mesmo irregularmente, o seu espaço de acção —, ceve colocar de sobreaviso a investigação para o facto de a ausência de um formalismo rígido poder ser (dever ser) compensada por outra modalidade identitariamente eficaz. Penso, em particular, na modalidade narrativa.

[23] Catroga, 2001, 24-25.

terminologia de J. Candau[24], mas com correspondência na distinção, de inspiração freudiana, entre "compulsão de repetição" e "trabalho de rememoração" —, do que um processo de sociabilização do próprio vestígio que é o marco, e que, operando no seio de *quadros sociais* contextualizantes, é sempre, e já, um trabalho memorial "propriamente dito", consciente, colectivamente implicado, e capaz de dotar de sentido aquele vestígio na própria medida em que, e só na medida em que, a sua inscrição física no solo se faça acompanhar da sua inscrição narrativa em autos demarcatórios; como se o défice técnico da carência repetitiva ao nível gestual fosse colmatado pelo carácter performativo da própria narratividade, feita registo ucrónico.

Vejamos onde nos conduz esta hipótese. É a noção de *traço* que ela começa por mobilizar. Na base de todo o monumento, explica Renaud Dulong, "está o vestígio involuntário ou intencional deixado pelo passante, um resíduo de acontecimento do qual se poderão apropriar os vindouros, levados a ler os sinais por razões variadas, [sendo que] o fenómeno reside, não nos restos de vida incrustados na forma ou na matéria, mas na aptidão dos humanos — e de certos animais — para detectá-los e para conferir-lhes um sentido. Comandado pelo desejo, o olhar selecciona um qualquer item e destaca-o da paisagem como marca de alteridade". A operatividade do *traço*, frisa ainda Dulong, reside precisamente neste último ponto, ou seja, na sua capacidade para se impor como mediação entre uma testemunha ocular e os sinais que ela regista, impedindo a fusão acrítica entre ambos e garantindo, pela sua estrutura dual — o *traço* tem uma "estrutura dual": ele é "materialidade pedindo leitura" — o distanciamento mínimo que suscite a descodificação como trabalho consciente[25]. Comunicacionalmente consciente, precisar-se-á. Pois, como afirma Fernando Catroga, "se todo o monumento é *traço* do passado, a sua leitura só será *re-suscitadora* de memória se a perspectiva gnosiológica (típica da leitura historiográfica, patrimonial e museológica),

---

[24] Candau, 1998, 11-19.
[25] Dulong, 1998, 197-198.

for secundarizada pela mediação da afectividade e da compartilha ritual". Isto porque, acrescenta, "comemorar é sair da autoconsumação autárcica da memória e integrar o *eu* numa linguagem comum, isto é, em práticas simbólicas e comunicativas. A mediação do *traço* surge portanto como condição necessária para que a recordação não degenere em imaginação, de modo a que, como apelo á *representificação*, aquela seja também enunciação ordenadora do caos *événementiel* e conferidora de sentido à vida dos indivíduos e dos grupos em que eles se integram"[26].

Marcos, malhões (ou, noutro contexto, as marras), algum logro haverá em analisá-los apenas a partir dos símbolos que neles se inscrevem, sejam as típicas cruzes, sejam as quinas reais, sejam outros. É que "o que é realmente importante para as pessoas não é tanto o significado do símbolo, mas o próprio simbolismo que existe em manufacturar a marra com a enxada, cavando a terra e pungindo a terra", dado que através deste acto o território de alguma forma se reconstrói de novo[27]. Esta visão das práticas demarcatórias como uma forma de refazer o território e os seus limites, permite-nos retirar as devidas consequências do facto de a demarcação dos concelhos raianos servir normalmente de base à própria fronteira nacional, que assim se constrói sobre esses limites locais. Permite, com efeito, vertendo a leitura antropológica de C. A. Afonso[28] sobre o nosso contexto histórico específico, considerar que a colocação dos marcos no limite dos termos concelhios constituía também, na raia quatrocentista, um momento de instanciação, em que o grande se realiza no pequeno, o Reino se instancia no concelho, e a construção dos limites locais permite não apenas colaborar na construção, mais ampla, das fronteiras nacionais, mas refazê-las, à escala local, por ocasião de cada verificação periódica ou de cada reconstrução dos marcos. O *traço* é fautor de memória; evoca-a, ressuscita-a até, mas, sobretudo, solicita ser trabalhado por ela, espera que ela disponibilize um sentido que ele só publicamente pode ter.

---

[26] Catroga, 2001, 13-35.
[27] Afonso, 1994, 43.
[28] Idem, 217-219.

46 | O MÉTODO DA FRONTEIRA

Quererá isto dizer que o *traço* não dispensa uma dimensão *ritual* e que o trabalho memorial assim perspectivado converge no fenómeno holístico, municiando-o? De certa forma assim é (com o que defrontamos um nível de problematização caro às relações entre memória e identidade[29]). Não ao nível dos efeitos pragmáticos, visto que, conforme assinala Gerholm, a pretensão uniformizadora do rito não elimina a possibilidade de diferentes experienciações do mesmo ("existe uma versão "correcta" de como o rito deve ser performativamente assegurado e até, possivelmente, do que devem ser os seus efeitos; mas não existe algo como a correcta *experiência* dele")[30], mas sim, com certeza, ao nível dos efeitos presumidos. O rito presume. Aspira à uniformidade por via de uma modelagem rememorativa, socialmente instruída, de duplo recorte: compactação endógena acompanhada de diferenciação face ao que se presume como exterioridade. Claro que, para o escopo que é o nosso, o interesse da questão não se esgota aí. Ele passa, forçosamente, pela concessão do estatuto de "problema" aos *quadros sociais* que contextualizam a *objectivação da memória* garantida pelas práticas para-litúrgicas que, como as actividades demarcatórias, estimam os sinais de inscrição da fronteira como *traços*, isto é, como potencial de re-presentificação dessa fronteira e garantia simultânea da sua perenidade. A interrogação pertinente é então a seguinte: quais as instâncias de referencialidade que, passe o pleonasmo, *referenciam* — enquanto fontes de ordem, de inspiração, de ambas, ou de outra qualquer forma que pressuponha um desempenho organizativo, produtor de sentido — o trabalho memorial implicado nos processos de delimitação fronteiriça?

Fundamentalmente, uma. A instância régia.

---

[29] Reenvio, a este propósito, para o obrigatório Hallbwachs (1994), para o esforço de revisão levado a cabo por Namer (1987), e ainda para Connerton (1989), Candau (1998), Barash (1998) e Catroga (2001).

[30] Gerholm, 1998, 195.

O *"terceiro corpo"*

O "centro" como produtor de sentido, portanto. Não com carácter de exclusividade, até porque, em rigor, os marcos são assunto concelhio, tanto quanto régio, e, desse ponto de vista, são bem a expressão da esporádica cumplicidade entre ambos que igualmente se detecta a outros níveis de construção da fronteira hispano-portuguesa[31]; mas, tudo indica, com carácter de prevalência. Não há porque estranhar que assim seja, conhecida que é a capacidade da monarquia portuguesa quatrocentista na altura de manipular o jogo da recordação e do esquecimento. De imediato assoma a imagem desse D. João II a dois tempos: o que, em 1482, ordena a realização anual (pelo 2 de Março), em todas as cidades de Portugal, de uma procissão evocativa da batalha ocorrida seis anos antes em Toro, essa vitória-que-não-o-foi-de-facto mas que assim, até como resposta à simétrica comemoração castelhana, é recordada como êxito português; e o que, em 1490, decide pelo fim de tal festividade, impondo o cancelamento das procissões celebrativas do evento, por forma a não melindrar uma monarquia castelhana entretanto em rota de aproximação[32]. Olvidar Toro, portanto. Ou a consciência implícita, já então, de que o esquecimento "pode ser o triunfo de uma censura indispensável à estabilidade e à coerência da representação que um indivíduo ou que os membros de um grupo se fazem deles mesmos"[33]. É verdade que o episódio remete para um domínio explícito do fenómeno memorial, objectivado pela função comemorativa, e diferente, portanto, do universo das práticas demarcatórias, onde ele ocorre de modo mais implícito; mas esse aspecto está longe de impedir, também nestas, a interferência régia. Desde logo porque é o rei que impõe a verificação regular dos marcos fronteiriços pelas estruturas municipais raianas, responsabilizando-as pelo seu incumprimento, como é ainda ele que ordena o processamento escrito dos autos demarcatórios. Acresce, em abono do pepel interferente da monarquia, aquele que é com certeza o

---

[31] Martins, 2000, 149-236.
[32] *Idem*, 245-246.
[33] Candau, 1998, 123; Cfr. também Hallbwachs, 1994, 290.

aspecto nuclear da questão, ainda que nem sempre tido na devida conta: estamos a lidar com sociedades em que o rei pode funcionar como pilar de ordenamento do tempo e dos actos rememorativos.

É uma ideia tributária de Marshall Sahlins. Nas "sociedades heróicas" por ele estudadas, "a monarquia [funciona] como um princípio cósmico da ordem". A expressão mais evidente desse tópico é dada pela predisposição dos indivíduos para organizar a sua própria biografia em função da actividade do rei, estabelecendo os respectivos patamares cronológicos com base nos sucessos vividos pela monarquia e assim se servindo dos feitos dos reis e dos chefes como forma de inscrição no tempo das suas próprias memórias[34]. A ideia é fecunda. O facto de os grupos se organizarem como projecções sociais da personalidade heróica, isto é, concretamente, em acordo com a figura régia, traduz um desígnio de organização do tempo que não pode deixar de evocar, salvaguardadas as devidas distâncias, a idêntica sensação de ordem introduzida pela instituição régia que se colhe dos autos de demarcação da fronteira com que lidamos.

No primeiro de Março de 1353, no termo de Campo Maior, é tirada inquirição a respeito da demarcação de termos entre esse concelho e o de Badajoz. Motivo: "recreciam de cada dia contendas", diz o rei, entre alguns concelhos e moradores do seu senhorio e os seus congéneres de Castela. A ausência dos emissários castelhanos destacados para o efeito não impede a parte portuguesa de proceder, naquele dia, à audição de testemunhas. São catorze. Todas se acordam no essencial: os termos em causa haviam sido definidos há muito; de então para cá não haviam sido alterados; as actuais tentativas de mudança carecem de justificação. Desde quando, exactamente, aquela definição primitiva dos limites? Não se esperem datas redondas; a exactidão possível é a de um episódio na vida de um rei: desde "quando el rey Dom Denis cobrou Campo Maior, e que esto ha sassenta anos, segundo seu entendimento", consta da declaração

---

[34] Sahlins, 1998, 49-64. O Autor procura, segundo as suas próprias palavras, "demonstrar o porquê de, para sociedades de certo tipo, as histórias de reis e batalhas serem justificadamente privilegiadas pela historiografia. A explicação está numa estrutura que generaliza a acção do rei como forma e destino da sociedade" (Sahlins, 1988, 12).

de uma das testemunhas. E estas informações, como as sabem? Depende. Uma delas "ouvira dizer a seu padre que, em sendo Campo Maior de Castella, que sempre per ali fora o termo e per ali o logravam" e que ele próprio "que avia cincoenta anos mais que per ali vira lograr o dicto termo". Mas, para a maior parte dos inquiridos, o percurso retrospectivo a que a inquirição os obriga apela a uma rememoração estratigraficamente ordenada em torno da sucessão de monarcas e senhorios que se haviam sucedido sobre o espaço em causa. Longe, retrospectivamente longe, lhe permitem ir os cem anos que Domingo Andrés, "o velho", levava como morador nessa terra: "e seendo Badalhouce [Badajoz] del rey Dom Affonso, seu padre del rey Dom Sancho, que [ele, a testemunha] vio lograr a Campo Maior [hu elle naceu e vivia] o termo per estes logares... [...]... e per estes logares o vio lograr en tempo del rey Dom Sancho e en tempo del rey Dom Fernando. E outrossi despois que Campo Maior foy del rei Dom Denis e em tempo de Dona Branca e no tempo del rey Dom Affomso nosso senhor que ora he"[35]. O tempo que medeia entre o presente e esse passado-representificado pela recordação é pois um tempo vertiginoso em que se escoam, num *continuum*, reis e infantes. A *história heróica*, lembra Sahlins, procede numa lógica de "fila indiana", em que "cada um dos índios que caminham alinhados uns atrás dos outros pelo atalho, trata de pisar a sombra do que segue à sua frente para dar a impressão de que caminha Um Só Índio Gigante"[36].

Compreende-se, neste contexto, que sejam também os reis a referenciar, naquela vertigem, um qualquer ponto da memória individual ou colectiva que interessa fixar. "Vasco Affonso Procygãao, jurado aos Sanctos Avangelhos, preguntado como sabia per hu partya o termo antre Campo Maior e Badalhouce, dysse que ele, testemunha, ouvira dizer [a] Affonso Anes, seu padre, que seendo Campo Maior do bispo Dom Gil [de Badajoz], que reqreceu guerra antre el rey Dom Denis e el rei Dom Fernando, e que entrou em aquela guera [em] que cobrou el rey Dom Denis Campo Mayor". Esta

---

[35] Martins, 2000, 247-249.
[36] Sahlins, 1998, 50.

guerra, que é, em primeira instância, uma guerra de reis, torna-se aqui, no contexto deste olhar retrospectivo, um referencial ordenador da memória raiana, sinalizando-a e, desde então, integrando-a. A guerra é um bom condutor de memória: pela mesma altura, as testemunhas à demarcação de Olivença sinalizam o respectivo relato com base no tempo em que "o rei veio de Tarifa" (da batalha de Tarifa), ou "desde que o rei foi a Tarifa"; no século seguinte, em 1435, por entre os inquiridos em processo semelhante relativo ao mesmo local, haverá quem defenda a entrada em vigor de dada lógica demarcatória "desde o tempo em que se tomou Cepta [Ceuta]" (e não a partir de uma sinalização temporal referenciada individual ou localmente); outros situarão por altura das "tréguas más" o momento em que souberam as delimitações. Produção de *memórias fortes* — não será esse mesmo um dos atributos do ritual ligado à Coroa, como quer que ele se manifeste? Bem explicava uma outra testemunha do processo trecentista atrás mencionado que "se nembrava do tempo de quando fora Campo Maior [com o seu termo e os seus lugares] entregue a el rey", junto com Ouguela, porquanto "vira esparger a moeda do rei pellos dictos logares"[37].

Para o nosso intuito, estas alusões prototípicas bastam. As cautelas por princípio devidas à adequação da tese de Sahlins ao nosso armazém empírico não devem nem podem omitir a óbvia vitalidade de uma aproximação entre ambos os registos e a operatividade das suas hipóteses como forma de *pensar* o nosso material. Creio, ainda, que a pertinência desta aproximação resiste mesmo às correcções feitas recentemente por Jean-François Bayart àquela tese. Com efeito, para este Autor, dado que "a produção das identidades, quer dizer, também, a produção das culturas, é relacional, [e que] ela traduz uma relação com o Outro tanto quanto uma relação com o Próprio, [então], a este título, ela decorre sem dúvida menos de um *lugar institucional privilegiado do processo simbólico*, como nas hipóteses de Marshall Sahlins, ou do *coração das sociedades*, que das suas *franjas*"[38].

---

[37] Martins, 2000, 249.
[38] Bayart, 1996, 102.

A MATÉRIA FUNDACIONAL | 51

Ora, do ponto de vista da sociedade quatrocentista, deve dizer-se que não apenas a primazia do rei (o que é diferente da sua exclusividade) como articulador e inspirador de processos identitários, e em particular dos que se desenvolvem a pretexto da fronteira, faz sentido, como também que as duas vias interpretativas acusadas pela observação de Bayart nem sequer são incompatíveis: basta pensar na possibilidade de os contextos identitários sediados nas "franjas", por inegáveis e actuantes que sejam, se desenvolverem, apesar disso, no âmbito da sua tendencial apropriação por parte de um "centro" dotado de uma capacidade de abrangência razoavelmente eficaz. Numa tal perspectiva, os nossos autos de demarcação corresponderiam então a esse momento de apropriação pelo qual a Coroa, actuando como "lugar institucional privilegiado" (como se diz querer Sahlins), passaria a enquadrar o processo de delimitação fronteiriça por via da incorporação, no seu próprio discurso e na sua própria rede de práticas, dos discursos e práticas produzidos, em contexto local, nas "franjas da sociedade" (como quer Bayart). Uma leitura que, bem vistas as coisas, só pode chocar correntes interpretativas de inspiração "localista", renitentes, como explica John Knight[39], em aceitar a possibilidade de que, desde a sua génese, entidades englobantes como a nação tendam a consumar a sua pretensão homogeneizadora com base na sua articulação, por estratégica que seja, com espaços locais tidos por escala virtualmente reprodutora daquela pretensão.

Como quer que seja, aquele tipo de dicotomia arrisca-se a estar inquinado à partida. Desde logo porque insiste em omitir a capacidade negocial das próprias comunidades locais, ou das "franjas", omitindo, acto contínuo, a possibilidade que estas têm de "participar" também nesse momento nevrálgico dos discursos oficiais que é a sua recepção, no âmbito da qual os actores sociais podem proceder a uma apropriação selectiva desses discursos, assim comprometendo, precisamente em virtude dessa selectividade, o respectivo carácter estereotípico, e perturbando, pelo menos, a dimensão ideológica cuja eficácia normalizadora dependa do efeito de estereótipo.

---

[39] Knight, 1994, 229.

Por outro lado — e é isto que me parece de vital importância no caso em análise — o rei-sinalizador da memória a que nos referimos não referencia apenas um "lugar institucional". Esse rei, princípio cósmico de ordem, funciona numa dimensão que está para lá da que é dada pela soma dos "dois corpos" veiculados pela teologia política e historiograficamente consagrados por Ernst Kantorowicz[40]; e está também para lá do "rei que nunca morre", dimensão afinal acoplada à anterior ao instituir-se enquanto prolongamento de uma *dignitas* (*dignitas non moritur*) já ali residente. Remete pois para uma outra dimensão, a que poderemos chamar um *terceiro corpo do rei*, digamos assim, designando algo de não redutível ao institucional e de não doutrinável pela teologia política, pelo simples facto de que o pólo configurador desta dimensão se desloca do legislador para o receptor: trata-se de uma propriedade da figura régia que se manifesta a partir de um local exterior a ela, na medida em que a sua expressão releva de um apelo para essa figura, seja em nome da operatividade ordenadora *que se lhe reconhece*, seja, mais genericamente, por via do uso *que se confere* à sua memória.

Este "terceiro corpo" — do qual é crível que participem igualmente as crenças desenvolvidas em torno dos objectos materiais atribuídos aos monarcas, a exemplo da que noticia José Mattoso para com o escudo do rei-fundador no Portugal quatrocentista[41] —, não sendo impulsionado por preceitos doutrinários, o que o garante e o alimenta? Da perspectiva em que nos situamos (a do trabalho memorial desenvolvido a pretexto da

---

[40] Kantorowicz, 1985.

[41] Mattoso, 1987, 227. Diz Mattoso que "o escudo de Afonso Henriques, rodeado de uma lenda que lhe atribuía uma origem divina, tornou-se o elemento essencial das armas régias e depois da própria nação portuguesa. (...) De facto, não podemos deixar de atribuír uma grande importância ao objecto material do escudo que durante séculos se guardou também em Santa Cruz de Coimbra, junto ao túmulo do nosso primeiro rei, e que foi a base concreta que inspirou a estilização das "cinco quinas". E indica, a propósito da "veneração que rodeou o objecto material do escudo guardado em Coimbra", que "no princípio do século XV, segundo o testemunho do *Livro dos Arautos*, também se encontra referência ao mesmo escudo, juntamente com o eco de uma crença que lhe atribuía uma espécie de virtude própria para manifestar o luto ou a perturbação da ordem natural quando morria algum rei de Portugal", caíndo por terra nessas ocasiões.

demarcação fronteiriça do território), tudo indica que é a própria narração. Uma narração entendida como modo de conferir legibilidade à experiência e como proto-organização do múltiplo e, em paralelo, como projecto futuro de inteligibilidade sobre a dispersão do real. Enquanto esforço de organização, a narração tanto antecipa quanto consolida duradouramente a delimitação. Haverá delimitação eficaz sem uma narratividade situada antes e, em simultâneo, depois dela, quer dizer, sem uma narratividade que, *prenunciado*-a, o faça como se fora *para sempre*?

A *narratividade como ucronia*

"O próprio campo da praxis humana é sempre narrativamente pré-figurado. Quer dizer, está já sempre articulado por meio de signos, regras, costumes e valores, que permitem que as pessoas se entendam ou divirjam na constituição da sua identidade. Trata-se, como nos diz Ricoeur, de um simbolismo implícito ou imanente, que [funcionando como *narrativa potencial*] subentende a acção"[42]. A partir de pressupostos diversos, Michel De Certeau não anda longe: a função primeira da narração, afirma, é a de "instaurar um *teatro* de legitimidade às *acções* efectivas", pelo que "as narrações caminham à frente das práticas sociais para lhes abrir um campo". Assim se explica que "ali onde as narrações desaparecem (ou se degradam em objectos museográficos), há perca de espaço: privado das narrações, o grupo ou o indivíduo regressa para a experiência inquietante, fatalista, de uma totalidade informe, indistinta, nocturna. Pensando no papel da narração sobre a delimitação, pode-se aí reconhecer desde logo a função primeira de *autorizar* ou o estabelecimento, ou a deslocação, ou a ultrapassagem dos limites, e, em consequência, funcionando no campo fechado do discurso, a oposição de dois movimentos que se cruzam (estabelecer e passar o limite), de modo a fazer da narrativa uma espécie de grelha de "palavras cruzadas" (um quadriculado dinâmico do espaço) da qual a

---

[42] Portocarrero, 1997, 109.

fronteira e a *ponte* parecem ser as figuras narrativas essenciais"[43]). São, com certeza, as mais óbvias. Mas acrescentar-se-á, pela nossa parte, uma outra figura essencial: o *espelho*. Os autos demarcatórios pressupõem-no.

De que vale, com efeito, fixar marcos divisórios no limite do território, se os indivíduos englobados por essa lógica delimitadora não a interiorizarem e não se reconhecerem nela? A narração associada a esses processos comporta pois um "efeito de espelho", à maneira de Joaquim Pais de Brito[44], no qual os autos de demarcação suplantam a sua mera função de repositório das delimitações efectuadas para se projectarem sobre as comunidades como imagem reflectida de si próprias, onde interessa que elas se revejam, por forma a incorporarem o seu próprio espaço tal como lho "devolvem" os autos. A ocorrência de casos em que as testemunhas convocadas para dirimir questões sobre os limites fronteiriços remetem, com carácter probatório da sua argumentação, para determinada inquirição efectuada e registada em auto, da qual aparentam conhecer o conteúdo e certos aspectos das práticas associadas, parece alicerçar esta impressão. É com certeza neste sentido que De Certeau se permite insistir sobre o papel decisivo, matinal, da narração: é verdade que ela *descreve*; mas toda a descrição é mais que uma fixação, "é um acto culturalmente criador"[45].

Se, de tudo o que vem de ser dito, ressalta a propensão da narratividade implicada nas acções delimitadoras para se impor como *poiesis* , deve assinalar-se que esse carácter auto-poiético se faz acompanhar de um não menos evidente carácter enfático.

Nem poderia ser de outro modo. Por várias razões. Em primeiro lugar, porque o próprio registo escrito interage dialecticamente com o seu território de referência. Ora, conforme assinala Afonso[46], este apresenta-se, por norma, como um território sobreestruturado por via de uma "sobreestruturação do passado", o que se prende com o facto de os marcos serem "símbolos enfáticos", no sentido em que a sua implantação

---

[43] De Certeau, 1990, 182-183.
[44] Brito, 1996, 18.
[45] De Certeau, 1990, 181.
[46] Afonso, 1994, 613-623.

se dá, por norma, em locais tais como encruzilhadas, ou morros, que desempenham já, eles próprios, uma função secular de limite. (Outro tanto haveria a dizer, nesta linha de raciocínio, da peculiar inserção de gárgulas defecantes em alguma arquitectura fronteiriça cuja função já de si delimitadora se vê inflacionada pelo relevo conferido, nessa iconografia, às próprias fronteiras que são as extremidades do corpo)[47]. Em segundo lugar, a sobreestruturação arranca ainda da coexistência de várias práticas demarcatórias, traduzindo a simultaneidade de memórias concorrenciais ou a promiscuidade de símbolos taxonómicos. Pense-se, concretamente, nos problemas que se levantam aos homens que, no século XV, são encarregados de inspeccionar os limites alentejanos entre Portugal e Castela, pelas dificuldades em destrinçar entre, por um lado, os marcos que assinalavam a fronteira e, por outro, os marcos que, nas imediações, delimitavam as canadas por onde passava o gado e perturbavam a eficácia dessa outra lógica delimitadora. Situações como esta pedem de algum modo o arrolamento escrito. Em terceiro lugar, por fim, se é verdade que, como acabamos de ver, o registo escrito surge como resolução do "ruído" interpretativo e como forma de sintetizar o múltiplo, não é menos verdade que, ao assim operar, ele re-produz continuamente (enfaticamente) novas versões do que o limite fronteiriço deve ser, versões que, até pela autoridade que lhe

---

[47] Em Portugal, existem representações iconográficas deste tipo na igreja matriz de Caminha, no castelo de Pinhel, na Sé da Guarda, ou na moldura da porta da actual Biblioteca de Olivença. Deixando aqui de lado a questão do simbolismo das matérias fecais, deve reconhecer-se que a percepção do carácter liminar tomado por aquela iconografia de incidência aparentemente fronteiriça, e, muito em particular, a assimilação que ela parece sugerir entre o "extremo do reino" e o "extremo do corpo", há-de passar pelas já clássicas — e datadas, reconheça-se — sugestões de Mary Douglas: "O corpo humano, de modo mais evidente e directo que o do animal, é matéria de simbolismo. É o modelo por excelência de todo o simbolismo finito. Os seus limites podem representar as fronteiras ameaçadas ou precárias (...). É impossível interpretar correctamente os ritos que remetem para os excrementos, o leite maternal, a saliva, etc., se ignorarmos que o corpo é um símbolo da sociedade, e que o corpo humano reproduz em pequena escala os poderes e os perigos que atribuímos à estrutura social". Ou seja: "toda a estrutura de ideias é vulnerável aos seus confins. É lógico que os orifícios do corpo simbolizem os pontos mais vulneráveis (...). O erro seria considerar os confins do corpo como diferentes das outras margens" (Douglas, 1971, 131; 137).

traz a sua ligação aos vários passados que ele "resolve", o vocacionam para interferir sobre o real, assumindo, prospectivamente, a sua dimensão de *projecto*. Por isso os autos demarcatórios quatrocentistas tomam por vezes a forma de longos "cadernos processuais", onde a chancelaria régia se preocupa em lançar todos os vários momentos demarcatórios desde sempre realizados sobre o local em causa, assim recusando uma lógica de palimpsesto em favor de uma lógica de arrolamento, e originando aquilo a que se refere De Certeau ao falar de "compilações de narrações [...] compostas de fragmentos tirados de histórias anteriores e *bricolados* conjuntamente"[48].

Tal acumulação sobreestruturante é indispensável à eficácia narrativa; ela é um produto do trabalho ucrónico, e, em paralelo, a sua garantia; ela pressupõe, para utilizarmos a terminologia de Jöel Candau, um quadro de arrumação temporal articulado não em torno de um *tempo real* mas em torno de um *presente real*, isto é, organizado sobre "intervalos construídos a partir do momento presente (há dez anos, há vinte anos), quer dizer, centrados sobre o sujeito memorando aqui e agora", e filiados em "um tempo contínuo, feito de heranças e de projectos, de ganhos e de percas, combinação subtil de um passado que não é jamais totalmente resolvido e de um futuro inscrito, *hic et nunc*, num horizonte de expectativa"[49]. Assim percebidos, os autos demarcatórios quatrocentistas relevam da mesma arrumação temporal que estrutura os livros de *ricordanze* florentinos de inícios do século XV, nos quais, ainda segundo Candau, "o acto narrativo não se estrutura sobre um tempo abstracto expresso nas divisões por dia, mês e ano, estrutura-se em torno de indicadores temporais centrados sobre o narrador, quer se trate de contar o tempo a partir do momento em que os factos se produziram, quer se trate de tomar como referências os acontecimentos resultantes da experiência pessoal"[50].

Se o *tempo real*, talhado pela modernidade, será da ordem do que Ricoeur chama o "tempo vulgar" — "uma sucessão de instantes quaisquer,

---

[48] De Certeau, 1990, 181.
[49] Candau, 1998, 82-84.
[50] *Idem*, 84-85.

cada um carregando o esquecimento daquele que o precede" — lícito nos será concluir que o *presente real* garantido pela narratividade demarcatória, sendo o contrário disto, é então a figuração do "índio gigante" evocado por Sahlins, em que, precisamente, cada instante carrega a recordação daquele que o precede, e assim avança. É isso o que permite dotar a demarcação continuada da fronteira, e em particular a narratividade que a enforma, de um sentido ucrónico, expressão de um controlo sobre a durabilidade do tempo a pretexto de uma fronteira que se constrói, se quer durável e se projecta na medida exacta em que se re-conhece. E é, por seu turno, esse re-conhecimento, substancializado pela narração, que permite conferir o estatuto de *lugares de memória* aos espaços de inscrição dos sinalizadores materiais cuja carga simbólica (enquanto lugares onde a *anamnesis* pode ser suscitada) e, sobretudo, cuja fixação para-ritual (ao fazer deles lugares onde a instanciação do reino pode ocorrer), traduzem o estabelecimento de uma fronteira e, com ela, uma delimitação do território indispensável à sua própria estruturação interna.

Que esses *lugares de memória* surjam, no nosso caso, particularmente devedores de práticas narrativas, não deverá constituir motivo de surpresa: pois não é verdade que a noção de *lugar de memória* começou por ser veiculada pelos tratados de memória produzidos na antiguidade clássica e depois acolhidos e retrabalhados pela escolástica, nos quais o "método dos lugares" (*loci*) constitui mesmo a forma de arrumar a memória aconselhada a todo aquele que pretenda organizar uma rememoração potencialmente narrável? Surpreendente mesmo, afinal, só o seria o facto de, tido em conta o conhecimento de tais tratados pela cultura quatrocentista, esses "lugares" não virem a inspirar essa outra *liturgia de recordação*[51] que é a escrita da história.

---

[51] Catroga, 2001, 27.

2.2. A HISTORIOGRAFIA, MAPA COGNITIVO DA MEMÓRIA

Detenhamo-nos em um episódio contado por Cícero. Logo após Simoníades ter abandonado o salão onde decorria um banquete, o tecto caiu, matando todos os presentes; posto perante a necessidade de enumerar os mortos, Simoníades consegue reconstituir o elenco de convidados, recolocando, mentalmente, cada pessoa no seu respectivo assento (*sedes*) à mesa. O episódio — que, tido em conta o autor que o veicula, o século de Quatrocentos conheceria — consta do Livro II do *De Oratore*, de Cícero, que a ele recorre para explicar, através de um exemplo prático, a importância de uma rememoração feita a partir da técnica de colocar imagens (*imagines*) numa série ordenada de lugares (*loci*) inscritos no campo da memória[52]. O "método dos lugares", subjacente ao episódio, configurava na Antiguidade a via por excelência de activação da *memória artifical*. Que já Aristóteles intuíra a eficácia desta dimensão trabalhada da memória, correspondendo os seus célebres *topoi* (os "lugares" em que, como ele aconselha para efeitos dialécticos, devem estar depositados os argumentos a que se recorre com frequência) aos *loci* da memória artificial, entendê-lo-á o próprio Cícero, ao falar das "regiões" em que Aristóteles armazenava os argumentos[53]. Por outro lado, esta modalidade simultaneamente rememorativa e de armazenamento da informação merecerá uma abordagem explícita por parte da *Rethorica Ad Herennium* — esse anónimo tratado de retórica do século I a.C. que a Idade Média bem conhecerá —, que a valorizará como uma arte à qual podia recorrer não apenas a pessoa menos bem dotada, em ordem a colmatar a sua deficiência de memorização, mas todo aquele que desejasse potenciar e organizar a sua memória[54].

---

[52] Carruthers, 1990, 22.

[53] *Idem*, 29.

[54] Yates, 1975, 16-17. O tratado tem o carácter de um manual prático para estudantes. Escrito em 86-82 a.C., em Roma, por um mestre de retórica desconhecido, regista contudo uma dedicatória: "Ad Herennium".

Se é certo ser precisamente a partir deste tratado que os preceitos sobre a arte clássica da memória serão transmitidos à Idade Média, onde o prestígio da fonte se ficará a dever à atribuição da sua autoria a Cícero (em finais do século XV é ainda vulgar a consideração do *Ad Herennium* como tratando-se da segunda parte da *Retórica* ciceroniana, obra à qual andava associado) será, fundamentalmente, a redescoberta ducentista de Aristóteles a enquadrar a recepção da arte da memória pela escolástica, a qual encontrará no pensamento aristotélico, e, em particular, em *De memoria et reminiscentia*, a justificação filosófica e psicológica para uma memória artificial que então se faz deslocar, em definitivo, do campo da retórica para o campo da ética[55]. Uma "metamorfose moral" no âmbito da qual a memória consolida a sua instalação, no quadro das Virtudes, como parte da Prudência (tendência de filiação simultaneamente estóica e agostiniana), e no âmbito da qual o "método dos lugares", ou os "lugares de memória", acolhidos pelo pensamento tomista a partir do respectivo entendimento aristotélico como princípios de *associação* e de *ordem*, conhecerão ampla difusão ao longo dos séculos seguintes. Não desconheceria assim o século XV, que, como aconselhara S. Tomás de Aquino, "é preciso colocar numa determinada ordem as coisas de que nos queremos lembrar, por forma a que, a partir de um ponto que fixemos e de que nos recordemos, possamos facilmente passar ao seguinte [sendo] por isso que o Filósofo diz, no seu livro *De memoria*, [que] podemos observar que algumas pessoas se recordam a partir de lugares"[56].

O rei português D. Duarte, frequentador, também ele, de uma memória que crê subsidiária da Prudência, leitor atento dos postulados aristotélicos sobre a importância da memória para o bom desempenho dos príncipes ("ca diz Aristoteles, no segundo livro da Retorica, que nos feitos que os

---

[55] *Idem*, 26-29. Note-se, a partir das observações desta Autora (op. cit., pp. 29), que, apesar de estar errada ao atribuir a redacção do *Ad Herennium* a Cícero, a tradição medieval não se enganava ao supôr que este último praticava e recomendava uma arte da memória manifestamente fundada sobre as mesmas técnicas que aquelas que são descritas no tratado anónimo.

[56] *Idem*, 73-88; 118.

homens fazem per sua vontade, a maior parte dos que ham de ser são semelhantes aos que já foram", o que impõe "a renembrança das cousas passadas") e conhecedor confesso de S. Tomás de Aquino, não podia deixar de conhecer as virtualidades da memória artificial, ou seja, para utilizar as suas próprias palavras, desse "saber da *arte memorativa* bem *ordenada*", que permitia "filhar algumas cousas na memoria, com ryja voontade", modalidade por ele considerada tanto mais eficaz quanto se seguisse o costume de "poer as cousas em escripto" — "a mais segura maneira de arte memorativa"[57].

É significativa a alusão ao escrito. Subentende uma correlação entre memória e *inscrição*. Ora, essa mesma correlação está na base de uma metáfora, corrente na Antiguidade e mais tarde incorporada pelo pensamento escolástico, que associava o trabalho da memória ao trabalho da escrita: aquilo que recordamos são "imagens" inscritas em "lugares" específicos da memória, tal como aquilo que lemos são as letras inscritas nos materiais de suporte da escrita. Se todo aquele que domina a arte mnemónica pode arrumar naqueles "lugares" o que quer que tenha ouvido e redizê-lo de cor, sem dificuldade, para fins retóricos, é porque, como dizia o citado *Ad Herennium*, "os *lugares* parecem-se muito com as tábuas revestidas de cêra ou com o papiro, as *imagens* com as letras, a organização e a disposição das imagens com a escrita, e o acto de enunciação de um discurso com a leitura"[58]. A metáfora da tábua de cera como modelo de cognição, originariamente explicitada pelo pensamento platónico e acolhida, como acabamos de ver, pela *ars memorativa* da Antiguidade, surge igualmente em Cícero, no *De oratore* (onde sustenta que os *loci* conservam a ordem dos feitos, que as imagens designam os próprios feitos, e que o emprego de *loci* e imagens corresponde, respectivamente, às tábuas revestidas de cera e às letras escritas sobre elas), de onde passará para um Quintiliano, ou, mais lateralmente, para um Santo Agostinho, antes de, séculos depois, a escolástica medieval a vir a descobrir, a trabalhar e a

---

[57] Cit. por Martins, 2000, 260.
[58] Yates, 1975, 18.

incorporar, para enfim a disponibilizar[59]. Uma disponibilidade que por certo inspirará, em pleno século XV português, o cronista régio Gomes Eanes de Zurara, ao afirmar, a dado passo do seu relato e a propósito desse relato, que "isto escrevemos assim aqui, como nembro que fazem os pedreiros sobre a parede, para tornarmos aqui, ao depois, a fundar outra razão"[60].

Associada à ideia de inscrição, a "arte memorativa" não deixará de fazer a ponte entre o campo menemónico e o campo literário. Um trajecto que terá o seu exemplo maior na obra de Dante. Com efeito, o *Inferno* dantesco parece surgir, conforme sustenta Frances A. Yeats, "como uma espécie de sistema de memória destinado a memorizar o Inferno e os seus castigos com a ajuda de *imagens* marcantes distribuídas por uma série ordenada de *lugares*", interpretação que tem todo o cabimento "se pensarmos que o poema se funda sobre séries ordenadas de lugares no Inferno, no Purgatório e no Paraíso, e que ele constitui uma ordem cósmica de lugares nos quais as esferas do Inferno são as esferas do Paraíso invertidas, [qual] soma de comparações e de exemplos dispostos em ordem e distribuídos sobre o fundo do Universo", tudo num quadro de valores promotor de uma Prudência a que não pode fugir o homem preocupado com a salvação e com a contabilidade dos vícios e das virtudes e que, "prudentemente", deve tratar de memorizar os "lugares" da punição e da recompensa[61].

Deixemos de lado as questões escatológicas, alheias ao presente estudo. O aspecto que aqui nos interessa reter é de outra ordem: prende-se com o precedente aberto pela obra de Dante relativamente à utilização da lógica dos "lugares" como fundo estruturante do discurso literário. Quer dizer que a cultura quatrocentista, ao receber uma tradição da memória artificial de roupagem escolástica, recebe junto com ela aquele precedente. Se não aquele precedente concreto, ao menos o tipo de organização narrativa que ele pressupõe. Perspectivado a partir de Quatrocentos, é crível que um tal

---

[59] Carruthers, 1990, 21-28.
[60] Zurara, 1915, cap. LXIII.
[61] Yeats, 1975, 108-109.

62 | O MÉTODO DA FRONTEIRA

tipo se tenha revelado suficientemente inspirador e operativo, inclusive, para o campo historiográfico, e, mais precisamente — é essa a minha convicção —, ao nível da cronística régia portuguesa.

Três condicionantes prévias se poderão levantar, quase academicamente, perante esta possibilidade. Uma é a de saber até que ponto os próprios cronistas estão despertos para o facto de a sua tarefa de "historiar" ser tributária de uma necessidade de organizar a memória. Outra, é a de saber até que ponto os fundamentos da memória artificial são conhecidos e incorporados pela corte quatrocentista portuguesa, cultural e politicamente enquadradora do labor historiográfico dos cronistas (questão a que já parcialmente respondemos). A última é a de saber até que ponto a própria memória artificial, tal como é recebida em Quatrocentos, comporta, aceita e mesmo solicita a dimensão *selectiva* da rememoração que é indispensável à historiografia, e, designadamente, a uma historiografia que, no século XV, reconhece trabalhar sobre a tensão entre recordação e omissão, concebendo-se e praticando-se como "construção".

À primeira condicionante responder-se-á assim: a existência de um *discurso metamemorial* por parte dos cronistas (ou seja, de um discurso em que eles directamente se referem à sua própria concepção sobre a funcionalidade da memória)[62] é indicador probatório de vulto quanto ao reconhecimento da dimensão memorial da matéria historiográfica por eles trabalhada. Passando por cima da explícita alusão feita por Fernão Lopes ao breve tratado composto por "aquelle claro lume da philosophia, Aristotilles", sobre a memória e a reminiscência, e às considerações que a partir dele o cronista tece, tomar-se-á aqui por nuclear o discurso de Zurara, esse cronista para quem "todo o principal fim dos autores historiadores está no recontamento das virtuosas pessoas, porque a sua clara memória por nenhum prolongamento de idade possa ser afastada de ante os presentes". O que se justifica: "Cá naturalmente toda criatura rasoável deseja duração, [pelo que,] depois que os homens determinadamente conheceram que por si mesmos não podiam durar, buscaram certas

---

[62] Veja-se, para a noção de "metamemória", Candau, 1998, 14.

maneiras de semelhança, por que eles fossem aos presentes em certo conhecimento". Que maneiras foram essas? "Uns fizeram tão grandes sepulturas e assim maravilhosamente obradas, cuja vista fosse azo de os presentes perguntarem por seu possuidor. Outros fizeram ajuntamento de seus bens, havendo autoridade de el-Rei, por que o fizessem morgado para ficar ao filho maior, de guisa que todos os que daquela linhagem descendessem houvessem razão de se lembrarem sempre daquele que o primeiramente fizera. Outros se trabalharam de fazer tão excelentes feitos de armas, cuja grandeza fosse azo de sua memória ser exemplo aos que depois viessem, por cuja razão honravam todos os autores de tais cousas, como diz Valério que fazia Cipião a Lucano e assim outros muitos aos seus autores. E porém dizia Alexandre, o grande rei da Macedónia, que ele seria bem contente de trocar a prosperidade que lhe os deuses tinham aparelhada, e afastar sua mão de toda a parte que lhe no Céu podiam dar, por haver um tão alto e tão sumo autor para seus feitos como houvera Achiles em Homero, poeta; e um romano, sendo perguntado em um convite qual era a cousa que mais desejava, disse que saber certamente que depois de sua morte seus feitos seriam assim cumpridamente escritos como os ele fizera"[63]. A história — sobretudo ela —, é pois, em Quatrocentos, arrumação consciente da memória.

À segunda condicionante, a da incorporação dos fundamentos da memória artificial pela cultura cortesã portuguesa, responder-se-á assim: sem excepção, os variados autores aqui aludidos enquanto municiadores do pensamento quatrocentista em assuntos de memória, contam-se entre as leituras de referência da corte de Avis. Quanto mais não fosse, bastaria o trajecto cultural do Infante D. Pedro e a significativa representatividade de um Cícero ou de um Aristóteles na Biblioteca de D. Duarte, para justificar uma familiaridade para com os preceitos da arte memorativa que este mesmo rei se encarregará, como vimos, de confirmar nos seus escritos. Convirá, entretanto, ter em conta que aquela familiaridade deve entender-se à maneira quatrocentista: por um lado, o conhecimento de muitos dos

---

[63] Zurara, 1915, cap. XXXVIII.

autores e de vários tratados não seria forçosamente directo, mas, muitas das vezes, garantido por traduções, recompilações e reutilizações, num contexto de apreensão e de respeito pelos conteúdos em que a palavra dos autores é tanto a que é verdadeiramente sua quanto a que, a seu respeito, é citada ou incorporada por outrem (o que torna irrelevante, para a nossa perspectiva, a existência ou não de determinada obra nos poucos inventários coevos conhecidos)[64]; por outro lado, esta *movência* ao nível da transmissão das obras era acompanhada, com naturalidade, de idêntica mobilidade quanto aos diversos autores tomados como referência, promovendo em maior grau a tantas vezes assinalada capacidade de "bricolagem" da cultura quatrocentista do que a fidelidade exclusiva a uma linha de pensamento tida por impeditiva das restantes (o que naturaliza as menções simultâneas a pontos de vista em aparência pouco compatíveis: caso, por exemplo, do recurso simultâneo, por parte de D. Duarte, à autoridade aristotélica e aos postulados lulistas em matéria de memória)[65].

Por fim, à última condicionante, a da porosidade da própria memória artificial aos intuitos *selectivos* inerentes à construção histórica, responder-se-á assim: a *parcialidade* é, sem margem para dúvidas, uma característica assumida entre os preceitos da arte memorativa, uma arte consciente, como frisa M. Carruthers, de que ao lidar com as "imagens" colocadas nos "lugares" e não com as próprias coisas, a experiência original se

---

[64] Num contexto em que, como diz Zumthor, "nenhuma frase é a primeira. Toda frase, talvez toda palavra, é aí virtualmente, e muitas vezes efectivamente, citação" (Zumthor, 1993, 143).

[65] Que o pensamento de Raimundo Lullio quanto às artes memoriais representa uma tradição diferente da mnemónica clássica que é acolhida pela escolástica, mostra-o Frances A. Yeats, no capítulo dedicado ao lulismo na obra que temos vindo a citar (onde se fala, inclusive, de dois legados medievais da memória, o escolástico e o lulista, perante os quais o Renascimento se encarregará de fazer a síntese — será a tarefa de Giordano Bruno). Quanto ao recurso simultâneo de D. Duarte a essas duas tradições, e dadas por adquiridas (porque já aqui mencionadas) as suas óbvias alusões à primeira, o seu reconhecimento da segunda é indirectamente dedutível: pode (apenas) sugeri-lo o facto de existirem menções explícitas a R. Lullio ao longo do *Leal Conselheiro*, e outro tanto o poderá fazer a referência do inventário da biblioteca eduardina a "hum livro pequeno que começa: Si cupis esse memor.", caso se trate, como propõe o Visconde de Santarém e parece aceitar Teófilo de Braga, da *Ars magna* de Lullio. Cf. Braga, 1892, 216.

perde ou se esquece irreversivelmente. Esta característica, interiorizada tanto pela tradição platónica quanto pela aristotélica, levará mesmo Alberto Magno a falar da rememoração como *interruptus*, implicando "vazios", e *diversificatus*, tornando-se uma "acção de reconstrução". Ela é então, conforme se sugerirá com frequência, um trabalho de composição, perspectiva à qual se chega também, de modo ínvio, por via da ideia agostiniana da *inequivalência* entre a palavra "interior", iluminada, e a sua correspondente expressão pelas várias línguas humanas, que obriga o orador, pagão como cristão, a procurar formas de adequação entre aquilo que a memória guarda e aquilo que o exprime; obrigando-o, em qualquer caso, a compor, ou a arquitectar no sentido escolástico[66]. Poucas dúvidas haverá, pois, de que a memória artificial se assume compatível com esforços de reconstrução criadora — como o é a historiografia —, podendo, sem dificuldade, oferecer-se-lhes como estrutura.

Que pretendemos sugerir, enfim, com esta incursão nas artes memorativas e na sua recepção pela cultura quatrocentista?

Desde logo, que há toda a pertinência para considerar, um pouco à imagem da composição literária dantesca, que o "método dos lugares" pode estar subjacente à estética discursiva da historiografia portuguesa quatrocentista; não, com certeza, à laia de grelha rigorosamente modeladora da narrativa, mas, com maior probabilidade, como modalidade de inscrição do memorável, como recurso simultaneamente mnemónico e narrativo de adscrição dos episódios e das pessoas a determinados lugares, para efeitos de os vincular ideologicamente enquanto objectos de rememoração. A *imagem* do Mestre de Avis nesse *lugar* tópico que é a cidade de Lisboa; a de Nuno Álvares Pereira no Alentejo; a do Infante D. Henrique em Ceuta; a de Gil Fernandes em Elvas; entre outras — todas induzem a falar de um esforço de *espacialização da memória* posto em prática no âmbito da escrita da história, através do qual a historiografia quatrocentista surge, quase que literalmente, como mapa cognitivo da memória.

---

[66] Carruthers, 1990, 25-26.

66 | O MÉTODO DA FRONTEIRA

Por outro lado (e por aqui regressamos de modo declarado ao problema das fronteiras), é justamente enquanto arrumação "espacializante" da memória que a cronística concretiza o ideal re-fundador do reino português que ideologicamente a mobiliza, e que, para além de um desenho re-fundante das fronteiras externas (tarefa que só a olho nu se dirá ser primacial num Fernão Lopes), implica obrigatoriamente um correlato esforço de re-ordenamento endógeno do reino, e, donde, de re-definição das suas fronteiras internas. Quais? Precisamente as que resultam de um investimento memorial diferenciado sobre os vários *lugares* que compõem esse Portugal refundado.

2.3. FRONTEIRA E REFUNDAÇÃO

A alegoria do tempo e da história em que culmina a arquitectura historiográfica do cronista régio Fernão Lopes permite-lhe sugerir a coincidência entre a refundação portuguesa, operada pela emergência de uma nova dinastia, e o advento de um tempo também novo, a "sétima idade" (esta, na realidade, é um dos pólos da alegoria; o outro é o "evangelho português", essa mensagem de fidelidade para com o Papa Urbano VI que, no dizer do cronista, o Mestre, qual Cristo, mandara Nuno Álvares e os seus companheiros, quais S. Pedro e seus apóstolos, espalhar pelo reino). Deixemos o sentido alegórico da ideia. Ter-se-á já feito notar o bastante que o Portugal da *sétima idade* é também o Portugal da *virtuosa benfeitoria*, quer dizer, o Portugal em que a nova ordem se concebe enquanto equilíbrio ordenado – e se possível hierárquico – das diversas parcelas e das diversas tradições em presença? Convém tomar nota deste aspecto. Significa que essa idade forjada por Fernão Lopes e por ele incrustada no tempo histórico, essa sétima idade "que se começou nos feitos do Mestre [para durar] ataa fim dos segres", o que quer que ela fosse, não poderia ser nunca outra coisa senão a expressão, "virtuosamente" ordenada, da unidade ontológica do universo, isto é, a expressão de um mundo como o que propunha a tratadística moralista e normativa do Infante D. Pedro. E significa também, assim sendo, que a vertente refundadora subjacente a essa sétima idade, "na quall se levamtou outro mundo novo, e nova geraçom de gemtes", não poderia entender-se como emergência de um tempo sucedâneo a um passado feito *tabula rasa*, antes, sim, como re-ordenação de uma entidade, que é o reino, tomada como um todo orgânico, no âmbito do qual a articulação dos seus vários componentes se concebe como re-fundação de uma cadeia hierárquica[67]. O Portugal refundado de Fernão Lopes é uma entidade em que o *novo* se afirma, justamente, ao nível da integração das diferenças: quer dizer, pelo modo complementar como a sua demarcação enquanto todo orgânico se faz acompanhar de um re-ordenamento das suas fronteiras internas.

A demarcação da nova ordem

É esta propensão para conceber o ideal refundacional enquanto reordenamento, mais do que enquanto ruptura, que explica a impressão com que por vezes se fica de que o reino cuja edificação memorial o poder régio encomenda ao cronista não vem a ser, em fim de contas, muito diferente do que andava parcelarmente descrito em relatos anteriores a ele. E, com efeito, se se pensar no modo sistemático com que Fernão Lopes recorre, por exemplo, à *Crónica do Condestabre*, essa anónima narrativa de cunho hagiográfico centrada em torno de Nuno Álvares Pereira, aquela impressão parece ganhar consistência[68]. Recordar-se-á, porém, que a inovação *refundante* a que Lopes procede passa por modificar o sentido do relato não tanto pela censura dos seus conteúdos mas, sobretudo, pela respectiva re-inserção num todo narrativo novo, capaz, por si só, de os dotar de uma também nova significância. Se a *Crónica do Condestabre* constitui a exaltação do carácter gracioso da

---

[67] Toda esta aproximação inicial do problema é devedora, fundamentalmente, de três trabalhos: Rebelo, 1983, Monteiro, 1988; e Gil e Macedo, 1998.

[68] Monteiro, 1988.

acção de Nuno Álvares e a sua consagração como herói-santo a partir de um ponto de vista que, pela sua vinculação mítico-narrativa, diríamos alentejano, já a utilização da fonte no contexto do discurso lopiano, sem negar essa vinculação, apor-lhe-á uma outra, de cariz lisboeta, sede de um poder concorrente, cruzado e alternativo ao do Condestável, prenunciando uma construção do reino em que a sede referenciadora se desloca para o litoral, e em que o Alentejo (com o Condestável por junto) passa a ser estimado enquanto participante numa empresa que o ultrapassa: a integração das várias comarcas num edifício construído e lido pelos olhos de Lisboa. Pelos olhos do rei.

À colocação tópica da imagem de Nuno Álvares sobre o Alentejo, como que pairando, omnipresente, sobre esse espaço, o cronista régio contrapõe a imagem de um Mestre/D. João I localizado em Lisboa, ou em Santarém, em qualquer caso a norte do Tejo. Uma deslocação que Lopes vai subtilmente tornando explícita, ao deixar que ela estruture a própria narrativa: "Vós todos ouviis e nenhuum nom pregumta depois que *Nun'Allvarez passou a Allemtejo*, e sse estas cousas fezerom que teemos contadas, que fazia emtamto *o Meestre em Lixboa*, ou em que gastava seu tempo por deffessom do rregno e da cidade". Exemplos deste teôr, ou similares ("partio el-Rey pera Coynbra, e ficou o Comde[stável] em Evora"), encontram-se sem dificuldade, de tal modo a situação se torna recorrente a partir desse episódio carregado de simbolismo em que o cronista descreve a despedida entre um Nuno Álvares em rota para a frontaria alentejana e um D. João gradualmente colado à cidade de Lisboa, separando-se nos arredores de Almada: aí, "partiosse ho Meestre pera Lixboa, e Nun'Allvarez com todollos seus caminho de Setuvall". E desde então, com efeito, essas imediações do Tejo como que se tornam num quase-limbo do relacionamento entre ambos, onde episodicamente coincidem para logo voltar aos respectivos *lugares de referenciação* ideológico-narrativa: "que el-Rey ficasse aly [em Alenquer] recolhendo as gentes que avyam de viinr de Lixboa; e depois que as tevesse comsygo, que se tornasse pera Samtarem com elles, e dessy a Abrantes; e que o Condestabre fosse a Allentejo juntar gentes, as mais que podessem, e dessy que tornasse a aquell logar de Abrantes, onde o rey avya d'aguardar"; o rei aguarda;

mais tarde, tendo conhecimento de que o Condestabre voltava, "sayu-ho a receber ao ryo"[69].

Um rei que aguarda. Frente a um curso de água. Escoamento lento do tempo e carácter liminar do elemento líquido. Tanto basta — ensinava-o a "matéria da Bretanha", conhecida do cronista — para a definição de uma fronteira[70]. De resto, Fernão Lopes não deixaria de recorrer a esses mesmos tópicos para sinalizar, como fronteiras externas, os extremos do próprio reino; sintomático, na nossa perspectiva, é que também o faça precisamente aqui, ao nível interno, para delimitar o *lugar* do Condestável e o *lugar* do rei[71].

O simbolismo do elemento aquícola, quer pelo valor liminar que se lhe reconhece na estrutura da narrativa, quer, sobretudo, pelo facto de a sua utilização implicar, em simultâneo, a demarcação do todo do reino e a das suas parcelas constitutivas, não pode deixar de anunciar, quando aplicado a uma linha do Tejo feita limbo entre um Portugal régio e um Portugal do Condestável (e cuja travessia pelo rei e pelos infantes, na hora de anunciarem ao Condestável a empresa de Ceuta, também Zurara haverá de descrever pausadamente, dizendo-a feita "mui de vagar")[72], não pode

---

[69] Lopes, 1977, I, casp. CIX, LXXXIX, e Lopes, 1977, II, caps. XXIV, XXV, CLXI, CLXXXII.

[70] Monteiro, 1988, 112, 133; Ferreira, 1998.

[71] Veja-se, por exemplo, como nos é dito que o Condestável "se partio de Tomar, omde estava, e se foi a Punhete, por encaminhar pera Antre Tejo e Odiana", ou seja, como quem faz escala antes de transitar para o "outro lado", sincopando o efeito de *passagem*. O mesmo Condestável que, agora em sentido inverso, se expõe ao perigo implicado na passagem do Tejo quando, estando em Palmela e pretendendo encontrar-se com o rei na margem oposta do rio, vence as premonições negativas de um seu escudeiro que lhe pede para não entrar no batel "prestes para a passagem [...] nem fazer tall viagem pera aallem". Reitere-se, entretanto, que a aludida experiência de risco por que passa Nuno Álvares na travessia do Tejo tem correspondência, por exemplo, nas dificuldades que o cronista não se coibe de assinalar a propósito da passagem do rio Minho pelos portugueses (Lopes, 1977, I, caps. CXXVIII, CLII, e Lopes, 1977, II, caps. XIV, CLXVIII).

[72] Zurara, 1915, cap. XXII. Repare-se: estando o rei e os infantes em Santarém, decidem, em abono do secretismo pretendido para a missão, que primeiro partissem os infantes D. Duarte e D. Henrique, como que numa manobra de diversão, "até que el-Rei e o Infante D. Pedro passassem o Tejo e se fossem chegando contra algum lugar que fosse mais acerca onde quer que o Condestável então estivesse". Chegado esse dia, "partiu el-Rei logo

deixar de anunciar, dizia, a percepção que terá tido o cronista da tensão entre esses dois lugares e essas duas figuras que são os "dois heróis" da *Crónica de D. João I*. Uma tensão que Lopes veicula quase que à laia de rumor "a que nam damos fee", mas que traduz, inegavelmente, a pregnância dessa fronteira interna: diziam uns que Nuno Álvares Pereira "tinha a metade do reyno em terras e rendas", chegando mesmo outros a afirmar que o rei, em sendo Mestre de Avis, quando mandara Nuno Álvares ao Alentejo por fronteiro-mor, lhe prometera "partir" com ele o reino, se o viesse a cobrar[73]. Visivelmente, aos olhos do cronista, se a defesa do reino e a expulsão dos inimigos para lá das suas fronteiras haviam justificado a ascensão e o prestígio do Condestável, logo esse mesmo Condestável se erigira em bandeira de uma tendência potencialmente desagregadora. Estranhar-se-á que, estando esta aura autonómica já contida na *Crónica do Condestabre*, a principal fonte em que se baseou Fernão Lopes na altura de compôr a imagem do Condestável no seu "reino" alentejano, o cronista a reproduza, quando a poderia ter omitido. Mas esta última opção, recordamo-lo, não era a que mais se coadunava com o processo de trabalho de Lopes. Melhor pareceria ao cronista aceitar a versão de um Alentejo neo-senhorializado a pretexto da defesa do reino, respeitando-lhe a idiossincrasia mas, simultaneamente, desvirtuando-a nos seus efeitos simbólicos e pragmáticos mediante a sua secundarização face a um *lugar-outro* de vocação ordenadora e integradora, face a esse verdadeiro epicentro refundador que é a cidade de Lisboa.

Alegoricamente dita "esposa" do Mestre, "madre e cabeça" dos feitos que se passaram nos alvores da sétima idade, "principal logar do reino" ("quem a tever por sua, emtende que tem todo o reino", dir-se-á até à exaustão), Lisboa ganha, pela pena do cronista, os seus foros de capitalidade, à medida

---

daquela vila de Santarém, e o Infante D. Pedro com ele. E correram logo aquela ribeira de Muja. Desi foram-se à ribeira de Sever que é acerca de Coruche, e repousaram ali algum pouco, e porquanto o Condestável, àquele tempo estava em Arraiolos, encaminharam sua ida contra Monte Mor. E isto mui de vagar".

[73] Lopes, 1977, II, cap. CLIII.

em que contagia, pelo seu exemplo, o restante reino[74]. Como dirá o próprio Mestre, "ella fora *a primeira* que tomara voz e esforço pera deffemder estes reinos da sogeiçom em que os el Rei de Castella quisera poer, [...] assi como outras villas e logares do reino *depois* por seu aazo fezerom semelhante"[75]. Compreende-se. Dado que o ideal refundador subjacente à cronística régia quatrocentista se consuma na configuração do reino como entidade orgânica, ou, como atrás avançámos, como realização de uma ordenação cósmica capaz de articular num todo coerente os seus vários elementos, o reino precisa de um centro orgânico capaz de activar a cadeia hierárquica. Com Lisboa, é esse centro orgânico que triunfa.

Com ele, a narrativa ganha um *centro social*, em relação ao qual passam a reportar-se os restantes lugares e em função do qual adquirem a respectiva carga ética ou moral[76]. É a partir desse *locus*, onde o cronista trata de colocar a *imagem* de um mestre/rei episodicamente assimilado à cidade, que se olha para o reino. Um olhar — insista-se nisto — que refunda, na medida em que reordena; que, se ambiciona a integração das partes, não suspende a sua pretensão hierarquizante sobre elas; e que, se projecta aclarar as suas fronteiras externas, não abdica de o fazer a partir das internas cuja valia operativa considera pertinente lembrar. O Portugal projectado para a "sétima idade" é indissociável deste olhar. Nele haverá que fazer radicar tanto a definição de um eixo litorâneo como que "acoplado" à centralidade lisboeta e mesmo prolongando-a, Estremadura acima, em direcção a Santarém e Coimbra e, cada vez mais, ao Porto (e mesmo a esse Entre Douro e Minho que parece ir-se integrando no "novo" reino sempre que o poder central aí se desloca por ocasião das campanhas militares)[77], quanto o estigma que, pelo contrário, parece andar associado à interioridade.

Veja-se o caso da Beira. Não podendo mais, pelo protagonismo entretanto adquirido pela sua fidalguia, reduzir-se à imagem-tipo de espaço de caçadas,

---

[74] Amado, 1997, 36.
[75] Lopes, 1977, I, cap. CLIV.
[76] White, 1992, 17-39.
[77] Lopes, 1977, II, caps. III, IX, X a XIII, LXV.

qual reserva régia para o adestramento físico e a prática da bravura cortesã, que parecia estar-lhe destinada, a comarca da Beira conhece uma difícil incorporação no Portugal de Avis edificado pelo cronista régio. Este estranha-lhe a ambiguidade política, a fidelidade oscilante ao sabor das conjunturas; desconfia, fundamentalmente, da sua marginalidade geográfica, que sempre se faz conotar com os interesses castelhanos. Como se, nela, o seu carácter liminar, de "estremo" com Castela, tomasse conta, anulando mesmo, o seu carácter comarcal, marca estatutária da sua integração no reino. Pela Beira se demoram os reis castelhanos, ao virem como invasores; à Beira se associam momentos de traição, como o desse Diogo Lopes Pacheco, senhor de Ferreira, em trânsito para Castela; e perante essa Beira desorganizada ganham "afoiteza" os chefes militares castelhanos, confiantes no "odio e desvairo que os capitaães portugueses que em aquella comarca estavam amtre sy aviam; emtendendo que pois d'acordo nom eram, que se nom juntariam contra elles, e que cada huum per sy nom lhe podia fazer torva". Um retrato que o cronista não hesita em fazer partilhar pelo próprio D. João I: "Maravilhado soo de Gomçallo Vaasquez [Coutinho] e de Martym Vaasquez [da Cunha] e daquelles fidalgos da Beira que alla estam, andarem assy os emmigos perant'elles come per sua casa, fazemdo tanto estrago como dizem que fazem, e nom lhe poerem a praça, e leixarem-nos assy roubar e hiir a sseu salvo. Parece que se dooem pouco da terra que ham de lograr e com que soportam suas homras e estados". Espaço de discórdia, vulnerável aos inimigos do reino pela incapacidade da sua fidalguia residente em articular esforços entre si, a comarca beirã referencia uma franja do reino avessa à coordenação com a instância político-militar sediada na figura do rei. É verdade que, em dados momentos, o "problema beirão" (problema do reino e do cronista) parece resolver-se a favor da sua arrumação definitiva no todo do reino. Como após a batalha de Trancoso, em que "com gram prazer e ledice tornarom-sse os capitaães portugueeses, cada huum com suas gentes, pera os logares d'hu partirom, com aquel começo d'amizade que entom ouverom; e depois forom muyto amygos e nunca depois desaviindos de todo. El-Rey, que estava em Guimaraães, quando lhe chegou recado desta batalha a bõa andança que os portugueeses em ella ouverom, foy muy allegre com taaes novas, dando muytas graças a Deus, a que prouguera de o assy ajudar"[78].

Dir-se-ia que, a partir de então, a Beira se adequa ao espírito harmónico e englobador do Portugal re-nascente de D. João I, o qual surge mesmo como que a apadrinhar essa adequação, ao mesmo tempo que a integrá-la no seu projecto à escala do reino. E, de certa forma, assim acontece. Tal não impede, porém, que essa Beira re-integrada prossiga sendo, na retina do cronista — e, por essa via, acredita ele, também enquanto "lugar memorial" por ele fixado —, um espaço merecedor de uma menor estima no âmbito do Portugal joanino. De alguma maneira, a sua integração é a integração de um corpo estranho e que o cronista veicula enquanto tal. Quando, nas palavras proferidas pelo Condestável na antevisão de Aljubarrota, ele coloca ao nível hipotético "a ajuda de Ingraterra" e a "dos fidalgos da Beira" ("que el-Rey tem mandado chamar [e que] he muy gram razom que os atemdamos, com tamto que sua vimda seia ante que el-Rey de Castella passe de todo e se vaa lançar ssobre Lixboa"), ele está a equiparar o apoio inglês e o beirão, ambos tidos por ajudas externas, sugerindo, ao mesmo tempo, que a batalha é assunto, prioritariamente, de Lisboa e do Portugal régio em que ela se prolonga, agregado, via Nuno Álvares, ao Portugal de sul do Tejo. E quando, com o decorrer do tempo narrativo, a Beira volta ao ser de novo conotada com os interesses castelhanos, mormente pela passagem de João Fernandes Pacheco, de seus irmãos e de Gil Vasques da Cunha para Castela, o cronista não hesita em justificar essa opção com o valor moral da ambição pessoal, incompatível com uma lógica régia que se pretende englobante e coesa à escala "nacional". Uma lógica nunca bem captada por essa fidalguia beirã persistentemente arredia à integração no corpo do reino, e, por isso, arredia também a aceitar os preceitos básicos da ligação à terra tal como o próprio Fernão Lopes os veicula no prólogo à *Crónica de D. João I*: "Assi que a terra em que os homeens per longo costume e tempo foram criados, geera huma tal

---

[78] *Ibidem*, caps. XIX; XX, XXI.

comformidade amtre o seu entendimento e ella, que avemdo de julgar alguua sua cousa, assi em louvor como per contrairo, numca per elles he dereitamente rrecomtada, porque louvamdoa, dizem sempre mais daquillo que he; e se doutro modo, nom escprevem suas perdas, tam mimguadamente como acomtecerom"[79].

Por outro lado, esta visão negativa da Beira deverá ainda contextualizar-se a partir da *obsessão do presente* já vaticinada para a prática historiográfica do cronista. É que, conforme alguma investigação pôs já em destaque, o facto de o tempo em que Lopes organiza historiograficamente a memória do reino ser também o das profundas convulsões socio-políticas envolvendo o Infante D. Pedro, e de, nesse contexto, ter lugar um manifesto antagonismo entre o Infante e Vasco Fernandes Coutinho, não deixaria de assombrar retrospectivamente o perfil do pai deste, Gonçalo Vasques Coutinho, o vencedor da batalha de Trancoso, que o cronista exalta na exacta proporção em que denigre[80]. Na estratégia da narrativa, Gonçalo Vasques Coutinho estaria assim para a Beira como Nuno Álvares Pereira para o Alentejo, ou o Mestre para Lisboa, fazendo com que esse *lugar* memorial que é o espaço beirão surja identificado com base nos contornos morais com que o cronista compõe a *imagem* que aí coloca.

Cumpre, enfim, assinalar, que, assim olhada em perspectiva "litorânea", e como sempre tende a acontecer quando o país régio, referenciado na Corte, lança o seu olhar sobre o país real, referenciado na interioridade, a Beira é, por fim, um espaço rústico, dado à barbárie típica dos aldeãos e ensanguentando de vileza as mãos dos seus nobres. O distanciamento do cronista perante as cruéis circunstâncias da morte de Diego Álvares Pereira, em Aljubarrota, "nas maãos d[o beirão] Egas Coelho" e de uns quantos "villãaos", num desses momentos tão do desagrado de Fernão Lopes em que, campeando a desrazão e o descontrolo das emoções, se "huum rustico aldeãao premdia e matava sete e oito castellaãos, nom tinham poder de lhe comtradizer", é a este título exemplar[81].

---

[79] *Ibidem*, I, [prólogo].
[80] Monteiro, 1988, 118-139.
[81] Lopes, 1977, II, cap. XLV.

Em vão se pretenderá inocentar o cronista: na verdade, episódio de similar recorte psicológico (valentia manchada com crueza) havia-lhe permitido já lançar estigma idêntico sobre o voluntarioso Gil Fernandes de Elvas, esse homem-fronteira por excelência, protótipo dessa pequena nobreza regional "encostada" às vereações locais que, no Portugal concelhio da raia, levanta a voz e as armas ao serviço do Mestre, mas à qual faltam, irremediavelmente, ou a temperança ou a magnanimidade com que o cronista gosta de distinguir os seus verdadeiros heróis. De um personagem assim entregue aos impulsos generosos dos sentidos — e ainda quando a sua actuação o põe em consonância com a causa do Mestre — como não denunciar nele a propensão para viciar a hierarquia social, a rudeza da sua prática guerreira, ou a inconstância na hora de alinhar fidelidades (chegando o cronista a sugerir, por mais de uma vez, a fragilidade da sua ligação ao partido do Mestre)? A versão lopiana sobre Gil Fernandes não denuncia apenas a desconfiança com que o cronista encara o Portugal raiano; denuncia também uma preocupação que já lhe havíamos notado, com diferentes matizes, é certo, a propósito de Nuno Álvares Pereira, ou dos vencedores da batalha de Trancoso — a saber: a de que o desempenho performativo realizado a pretexto das entradas do inimigo no reino, esse desempenho orientado, em última instância, pela necessidade de preservar as fronteiras externas, não pusesse em causa, mas, ao invés, articulasse, as várias fronteiras socio-espaciais com que, a partir de dentro, o reino se demarcava.

Isso mesmo parece estar subjacente ao cenário montado pelo cronista a propósito dos acontecimentos passados na primeira metade de 1386, e, sobremaneira, da tomada de Chaves, momentos sucedâneos dessa decisão de D. João I "de se hiir [a] Tras os Montes, *que he terra de Portugall*, por cobrar alguuns logares que naquella comarca ainda comtra elle revelavam, desy por entrar per Castella"[82]. Se as imediações da fronteira do reino, e mesmo a transposição desta, aparecem como móbil da deslocação, a ideia com que se fica é a de que se dá lugar, no fundo, a uma operação

---

[82] *Ibidem*, cap. LXIII.

de reconhecimento interno da própria periferia do reino. Como que se procede à integração de Trás-os-Montes no refundado país joanino a pretexto da passagem e permanência da hoste régia que vai cercar Chaves. Sintomaticamente, é o todo do reino que se re-encontra na comarca transmontana, pois a ela acorre o Portugal litoral ("o comcelho de Lixboa e de Coimbra e de Santarem") que o rei manda chamar para o seu serviço, bem como acorre o Condestável (que "partyo d'Antre Tejo e Odiana", com escala no Porto), igualmente chamado pelo rei; mais adiante juntar-se-ão os da Beira[83].

Com a assimilação de Trás-os-Montes pelo Portugal joanino, a rede de integração adensa-se, sincopada pela reconfiguração de um reino complementar na sua diversidade. Entretanto, a campanha militar iniciada em Chaves prolonga-se depois, por uns quantos meses, em direcção ao sul, mas seguindo sempre nas imediações da raia, com incursões pontuais em solo castelhano, até à zona de Penamacor-Coria. Um trajecto, por conseguinte, que parece haver sido talhado para redesenhar a um só tempo os contornos externos e internos do reino. Um trajecto que, por isso mesmo, ao terminar, parece devolver os seus protagonistas à respectiva funcionalidade e adscrição espacial: "E chegou el-Rey a Penamacor, e dally mandou as gemtes dos comçelhos cada huuns pera domde eram; e chegou o pemdom de Lixboa a essa cidade aos quimze dias de Julho, bem acompanhado daquelles que o levarom e doutras muytas que o sayrom a receber com gram festa e allegria. Estomçe se foy o Comde[stável] pera Riba d'Odiana; e el-Rey partio pera Santa Maria de Guimaraaes, a que prometera d'hiir"[84]. Delimitada a memória do reino, as *imagens* regressam aos seus *lugares*.

---

[83] *Ibidem*, caps. LXV, LXVI.
[84] *Ibidem*, II, cap. LXXVIII.

A *fronteira ilimitada, futuro-passado da matéria fundacional*

Tivesse a cronística por função, unicamente, a restituição ordenada do passado do reino, e o labor de Fernão Lopes dir-se-ia terminado no momento preciso em que deixa claros os contornos, internos como externos, delimitadores do Portugal joanino. Sucede, porém, que a organização da memória do reino, tarefa da cronística, implica, para além do *passado* propriamente dito, o *futuro desse passado*.

Na altura em que Lopes escreve, e, em especial, na altura em que termina o seu relato, aí pela década de 40 do século XV, o futuro desse passado refundacional arquitectado pelo cronista para legitimar a dinastia de Avis, é, evidentemente, a campanha africana. Não porque esta constituísse, na perspectiva dos meados de Quatrocentos, o segmento da realidade histórica tido por mais determinante enquanto corolário evolutivo dos feitos que se haviam passado ao tempo do Mestre; apenas porque a campanha africana, mais, talvez, do que qualquer outra causa ou processo, correspondia ao único futuro consequente e lógico para um reino historiograficamente dado por ordenado, delimitado e hierarquizado, e onde, para mais, o definitivo controlo dos destinos portugueses por D. João I, ao consumar expectativas de cunho messiânico, ditara, acto contínuo (isto é, em virtude do preenchimento efectivo dessas expectativas), o fim destas, doravante destituídas de razão de ser[85]. O Norte de África surge, portanto, do ponto de vista da cronística, como o destino natural dessa energia de vontades que o "evangelho português" havia permitido congregar e a que urgia dar sentido. Reitere-se pois esta ideia: a incorporação, pela cronística, da aventura marroquina, não surge apenas como resposta à obrigatoriedade de dela dar conta enquanto passado próximo; decorre, fundamentalmente, da sua consideração enquanto prolongamento desse outro passado que a obra lopiana havia composto, desse Portugal joanino da "sétima idade", o qual segue sendo, em meados do século XV, o ponto de partida fundante por excelência, aquele de onde tudo se faz derivar,

---

[85] Rebelo, 1983, 89.

como se de uma fonte de legitimação se tratasse e como se, afinal, tudo o que se passasse depois de si existisse, prioritariamente, como seu futuro, e, só depois, como passado das gerações vindouras. Porque, como recorda Zurara, no prólogo aos feitos do conde Pedro de Meneses em Ceuta, "ho filosafo diz que toda cousa que move outra, move em virtude do primeiro movedor", razão pela qual "nom ficará aquelle tam excellemte rey [D. João I] apartado de todo da gloria e louvor que aquelle comde e os outros nobres cavalleiros per força de seus corpos e fortalleza de seus corações naquella cidade ganharam"[86].

Estas palavras de Zurara, e outro tanto se diga de expressões similares, não se limitam a confirmar o entendimento da fronteira marroquina como *futuro-passado* da memória trabalhada pela cronística. Manifestam, ainda, a propensão quatrocentista para inscrever os feitos nobiliárquicos num tecido memorial fundado na esfera régia, local instituinte por excelência e donde esses feitos retiram o sentido. É este, precisamente, um dos motivos (o outro será a valorização da entidade nacional e a sua superiorização às solidariedades nobiliárquicas ante-nacionais) pelos quais esta opção pela fronteira com os infiéis, em aparente detrimento da fronteira inter-cristã peninsular, não faz equivaler a historiografia régia à ideologia veiculada, um século antes, pela historiografia nobiliárquica, na pessoa do Conde D. Pedro de Barcelos.

No âmbito da trecentista *concepção nobiliárquica do espaço ibérico*, pelo menos a que se obtém a partir do Livro de Linhagens do Conde D. Pedro, é verdade que o espaço peninsular se concebe "na qualidade de terra de fronteira"[87]. Mas que fronteira? "Conotada com as noções de *Guerra de Deus*, obrigação feudal, lugar de façanha, cargo militar e modo de vida, a fronteira, com as suas múltiplas *frontarias*, constituía um espaço colectivo de errância guerreira e heróica onde, no confronto com o Infiel, a Cristandade peninsular encontrava a sua causa e as solidariedades que estruturavam a ideal convivência das diversas formações políticas

---

[86] Cit. por Martins, 2000, 280.
[87] Kruz, 1994, 171.

reivindicadoras da herança goda", pelo que, "nesse sentido, a fonte nunca menciona a fronteira na acepção de limite territorial entre dois ou mais reinos cristãos peninsulares, referindo-a sempre na qualidade de espaço de confrontação colectiva entre a Cristandade e o Islão ibéricos [e traduzindo a] concepção da existência de uma única e verdadeira fronteira hispânica, a islâmica"[88].

Nesta perspectiva, por conseguinte, a fronteira com o Islão, ao conceber-se como pretexto ideal de consolidação interna e revigoramento das solidariedades no seio da Cristandade peninsular, impõe-se de igual modo como pretexto de secundarização do peso autonomamente tomado pelas diversas formações políticas vigentes no espaço ibérico. Uma perspectiva que, sendo devedora da preocupação suprema do Conde de Barcelos em "meter amor e amizade antre os nobres fidalgos da Espanha" (e que faz da sua obra "um chamamento a um cerrar fileiras de toda a nobreza, um último baluarte de afirmação da sua grandeza e da visibilidade da sua importância histórica", isto é, "uma literatura de combate")[89], uma tal perspectiva, dizia, não tem paralelo na versão da historiografia régia quatrocentista. Nesta, não apenas o desempenho nobiliárquico actua em conformidade incontornável com o projecto régio, dir-se-ia mesmo que ao seu serviço, como, sobretudo, a valoração neocruzadista do mouro como inimigo primordial da Cristandade não pressupõe agora, bem pelo contrário, a diluição das diferenças entre os reinos cristãos.

É bem verdade que a diabolização do infiel implica, por parte da cronística, um esforço concomitante de moderação do perigo castelhano. Uma tarefa de que se encarregará Gomes Eanes de Zurara, nos capítulos iniciais da sua *Crónica da Tomada de Ceuta*, quer ao incidir repetidamente na obtenção da paz com o reino de Castela e ao esconjurar o perigo de uma invasão castelhana, quer ao dar voz a um D. João I a braços com a mudança de cenário: "como çugey meus braços em samgue dos christãos, o quall posto que justamente fezesse, aimda me parece demtro em minha

---

[88] *Idem*, 171-172 e nota 391.
[89] Oliveira, 1996, 662.

80 | O MÉTODO DA FRONTEIRA

comciemcia que nom posso dello fazer comprida pemdemça, salvo se os muy bem lavasse no samgue dos imfiees [...] por serviço de Deos e eixalçamento da Samta fe catholica"[90]. É verdade, também, que, nesta convergência entre valores guerreiros e valores da Fé com que a cronística abençoava a guerra e reservava aos seus dirigentes o papel de cavaleiros espirituais, imbuídos de uma missão cruzadística, se retomavam, de alguma maneira, as tradições da reconquista peninsular. Mas, apesar disso, em caso algum a fronteira marroquina deixa de ser, do ponto de vista do trabalho memorial vertido para a produção historiográfica quatrocentista, a possibilidade de reafirmar a especificidade do reino português no contexto peninsular.

Devem considerar-se exemplares, a esse nível, as palavras que o registo cronístico entendeu por bem atribuir ao Conde D. Pedro de Meneses, dirigindo-se ao contingente de homens que com ele haviam permanecido, após a conquista de Ceuta, na defesa dessa praça africana: "Caa me lembrey que decemdeys daquella muy nobre lynhagem dos Godos [...]. Soes aymda filhos daquelles que semdo toda Espanha perdida e os mouros apoderados della, se ajumtarão com aquelle catholico principe dom Ramigio e per força de seu samgue empuxarão os ymigos, ate que os fezeram retrazer naquelle pequeno recamto que he o regno de Grada, *e, posto que se diga que nom tam somemte os de Portugall, mas todollos d' Espanha se ajumtarão en este feito, eu digo que do nosso regno foy a maior parte*, como se pode conhecer per aquelles que ao presemte pagã votos que ficarão em renembramça daquella vitoria. E tamta foy sua nobreza e virtude, que se *nom comtemtarão de pessuyr senhorio sobre sy que levasse nome doutra nação senão da sua*, e por ello se ajumtarão com aquelle nobre e esforçado barão dom Affomso Amrriquez, primeiro rey deste regno"[91]. O palco africano é pois, à luz do espírito neocruzadista,

---

[90] Zurara, 1915, cap. XX.

[91] Cit. por Martins, 2000, 183. De resto, no seguimento deste excerto, o cronista não resiste a fazer da batalha do Salado — tradicionalmente conotada com um momento de particular diluição das fronteiras internas da Cristandade face ao inimigo comum que era o Infiel — um mero palco de exibição da "virtude" portuguesa, sendo que, para mais,

o prolongamento natural do destino português forjado na luta contra a moirama, e, gradualmente, coincidente com uma afirmação do reino que se realiza pela adequação entre uma Coroa dirigente dessa empresa e uma "nação portuguesa" cuja especificidade se recorta com nitidez no contexto das outras nações peninsulares, justamente, a pretexto do seu desempenho na luta contra o Infiel. Por isso não resistirá o cronista dos Meneses — que é, significativamente, o mesmo que o da Coroa — a sugerir, pela voz do capitão de Ceuta falando à "nobre gemte e *naçã[o] portugues[a]*", que ainda que a "nação goda" tivesse ocupado toda a Espanha, "eu diria, segumdo a nobreza dos feitos passados, que, dos *quatro regnos cristãos* inclusos nesta espirica redomdeza, *no nosso* ficou mais perfeitamemte sua socessão"[92].

Assim perspectivada, a fronteira com os mouros não deixaria de referenciar, para a nobreza guerreira, um espaço de actuação apetecível, mas não já estimado, como outrora na versão do Conde de Barcelos, como pretexto de congregação solidária das nobrezas hispânicas, antes como oportunidade de participação nas iniciativas saídas da esfera da Coroa e, por tabela, como garantia individual de vitória sobre o esquecimento, fazendo da fronteira marroquina uma espécie de reserva onde, para além dos galardões da honra ou do martírio, a ideologia guerreira e providencialista podia conquistar essa "memoria perduravell que fiquara pera todo sempre, em quamto hi ouver homeens que possam fallar"[93].

2.4. SOBERANIA COMO PROJECTO

Uma *continuidade* sem reservas entre as várias fronteiras percorridas pelo destino providencial português, assim se pode resumir uma das sugestões mais "trabalhadas" pela historiografia de inspiração régia. Esta, portanto,

---

não a distingue especialmente "das guerras que [os portugueses] ouverão *com has outras nações*".

[92] *Idem*, 184.

[93] Zurara, 1915, caps. LII e LIII.

82 | O MÉTODO DA FRONTEIRA

assume como sua a tarefa de *articulação* entre os diferentes estratos temporais de um trajecto fundacional que invariavelmente se prolonga e que parece renovar-se por ocasião de cada novo *projecto*. Quando o Império da Índia vier a consumar, como *novíssima fronteira*, o projecto refundador da dinastia de Avis, um e outro tidos por prolongamentos em linha directa da gesta afonsina da fundação originária do Reino de Portugal, é toda a comunidade lusíada, na sua identidade trans-histórica, que se renova. É esta, de resto, a óptica dos *Lusíadas*. Aí, o registo da *viagem* surge como um desdobramento do registo da *fundação*. É hipótese crível, inclusive, que "a viagem [constitua], muito simplesmente, o meio de atingir o projecto político da refundação de Portugal"[94].

Nesta perspectiva, reencontramos em Camões uma série de elementos já identificados como integrantes da "matéria fundacional". A subjugação dos reis e dos heróis (sintonizados a partir dos diferentes papéis que hierárquica e funcionalmente se lhes reconhecem: aqueles como referentes, estes como emanação) a uma mesma e única empresa claramente situada antes, depois e para lá deles, porque providencialmente entendida como perene. Ou a marcação dessa perpetuidade mediante um discurso colocado no "progressivo", isto é, na constante produção de ligações entre os vários passados que, na economia da narrativa, continuam ainda e sempre a acontecer, e os vários futuros que retiram a sua legitimidade da respectiva *inscrição* na história e do carácter adventício que asseguram a um "novo" já conhecido por antecipação. Em ambos os casos, outros haveria, a obra camoniana prolonga Lopes e prolonga Zurara[95]. Não sem oscilações, com certeza. Mas o Novo Reino forjado pela empresa da expansão, a partir do momento em que faz da Índia, mais do que metáfora de uma chegada, o prenúncio do futuro e em que opera uma refundação que desta vez, mais do que nunca, não interessa só a Portugal – porque, então, já "o *cristianismo* que Portugal emana é o destino do mundo"[96] –, pressupõe um projecto e uma missão cujo carácter *auto-designativo*

---

[94] Gil, 1999, 12
[95] Veja-se o ponto 2.3. deste capítulo.
[96] Gil, 1999, 9

A MATÉRIA FUNDACIONAL | 83

e *auto-referencial* (isto é, carente de uma legitimação exterior a si) procura encontrar compensação, precisamente, na sua inserção numa linha de continuidade e de permanência histórica que, ao dar a missão por necessária, dê o império por *evidente*.

Este aspecto da carência de legitimação é importante. Posiciona a "matéria fundacional" bem no seio da "matéria da soberania". Afinal, Camões é contemporâneo de Bodin. Para nossa comodidade, Fernando Gil resumiu esse problema tal como ele se levanta à escala dos *Lusíadas*: a) a autodesignação da fundação, de qualquer fundação, é inerente à soberania, os conceitos e valores fundacionais ostentam, de resto, a marca da sua imposição originária, dada à partida e, nesse sentido, "pondo-se por si" e forçando a nota da sua própria evidência; porém, de acordo com as primeiras doutrinações da soberania, se o primeiro legislador se autodesigna, essa designação terá de ser ratificada, designadamente por via da sua *consagração* por outras instâncias; b) esse momento da consagração tê-lo-ão obtido Afonso, o rei fundador (consagrado por Deus, no episódio de Ourique) e João, o rei refundador (consagrado pelo povo, no levantamento popular de Lisboa), mas não se afigura fácil de obter no caso da mais recente refundação, a do império expansivo, interiorizada que ia sendo a ideia de que mesmo a conquista não encontra legitimação à margem do seu reconhecimento pela outra parte; c) essa dificuldade encontra compensação imediata nas *sobrecargas de sentido* investidas nos valores da fundação e numa *alucinação do referente* que caracteriza a descrição do lugar providencial de Portugal no mundo, o qual, aliás, acaba por justificar a opção, a partir de determinado momento, de um recurso à força que, ainda que não consagrado pela outra parte, pode ser celebrado como justificável no quadro da empresa expansiva e do projecto refundacional[97].

Quando, em 1576, Jean Bodin publica os *Six Livres de la République*, no primeiro dos quais insere a teoria da soberania, problemas de legitimação deste teor careciam e continuarão a carecer, para lá dele, de resposta

---

[97] *Idem*, 47-56.

satisfatória. Tanto assim que a soberania dos séculos XVI e XVII preocupar-se-á ainda, de forma notória, com a questão[98]. Entretanto, em 1572 (quatro anos antes de Bodin, portanto), data da publicação dos *Lusíadas*, Luís de Camões deixara já implícita uma fórmula de contornar, para os propósitos refundacionais que eram os seus, os impasses legitimadores da empresa imperial: a valorização do potencial fundante contido no próprio *trajecto*; a valorização da política expansiva enquanto *viagem perpétua*; a celebração, afinal, da própria soberania enquanto *projecto*. Bem vistas as coisas, dissemo-lo já, é a "tarefa" que define o "lugar do Autor", ao qual advém, por inerência, alguma legitimação acrescida (isto é, não reduzida à autodesignação originária e apriorística, mas posterior a ela), por ocasião de cada episódio inserido no todo do projecto. Esta noção requeria uma só condição: a existência de uma *fronteira* que, instituindo-se com foros de finalidade, impusesse, sem outra justificativa que não a da sua necessidade superiormente ditada, a realização de um *percurso* e, com ele, o pretexto sempre renovado para a co-memoração do referente. Uma fronteira, assim sendo, disponível para referenciar, a um só tempo, a memória concatenada das várias fronteiras passadas e o preço a pagar pelo irrecusável desafio de um destino *ilimitado*. Não se trata já de demarcar as fronteiras internas da nação, nem sequer de demarcar a especificidade portuguesa nas fronteiras da expansão, esse trabalho estava feito e à "alma lusitana" convém agora a definição da fronteira enquanto ilimitação. Ao configurar-se, no contexto da modernidade, um modelo de fronteira passível de ser exportado ao sabor da expansão, algo deste Camões seguirá junto com o tomo I da obra de Bodin.

---

[98] Bartelson, 1995, Gil, 2000, Terrel, 2001.

3.

A MATÉRIA DOUTRINÁRIA:
O SIGNIFICADO DA ILIMITAÇÃO

Uma equação entre *limite* e *ilimitado* marca, desde a origem, a construção moderna do conceito de fronteira. Tanto quanto parece, a pedra-de-toque da matéria doutrinária susceptível de interessar o conceito é precisamente esse equilíbrio instável. E se é verdade que boa parte dos indicadores apontam para que o sentido evolutivo dessa equação seja o de uma tendencial ruptura a favor do pólo da ilimitação (alargamento do mundo; ideologia expansiva; justificação doutrinária da conquista; insistência no carácter irrestrito do poder político ...), não é menos certo que os dados relativos a uma presença igualmente marcante do pólo da delimitação obrigam a colocar a hipótese de que aquela seja, afinal, uma convicção apressada. Ou de que o problema esteja mal colocado. Veja-se, por exemplo, o caso da soberania: a forma como a sua auto-designação teórica enquanto *ilimitação* se desdobra com apreciável regularidade em uma correlata e nunca renegada acção de *delimitação* e, sobretudo, a forma como tanto uma como outra dessas modalidades, ao consumar-se no *progressivo*, desenvolve apertada cumplicidade com a noção de *continuidade*, mostra bem até que ponto um inquérito situado ao nível do *limite* – esse material com que a fronteira trabalha[99] – se pode revelar instrutivo para os nossos propósitos.

Mesmo admitindo por boa a hipótese da tendencial prevalência de uma "estética do ilimitado", a questão correcta a colocar não pode deixar de ser, mesmo assim, a do significado dessa ilimitação e a das modalidades da sua vigência. Nesta perspectiva, a análise da teoria política moderna dá

---

[99] Martins, 2008.

conta do que me parecem ser pelo menos quatro dimensões tomadas pela ilimitação. No âmbito da primeira temos a ilimitação enquanto *escala de universalidade*: a sua expressão mais acabada é com certeza a elaboração teórica de um círculo vicioso propositadamente irresolúvel envolvendo limite, guerra e soberania, circularmente legitimados pela sua comum subjugação ao direito, de forma a enquadrar tendências de ilimitação que se reconhecem como inevitáveis e que importa acomodar à escala tida por mais conveniente, precisamente a universal. Francisco de Vitoria, antes de todos, Francisco Suárez, depois dele, e, em outro contexto, Alberico Gentili e, sobretudo, Hugo Grotius, tipificam satisfatoriamente esta tentativa. Segunda dimensão: a ilimitação enquanto *questão de lugar*. Neste aspecto, Jean Bodin e as formulações originárias da soberania, ao definirem o ilimitado da soberania menos nos termos de uma qualificação de grau do que nos termos de um lugar de excepção de onde infringir o limite é possível, propõem uma leitura do assunto que, talvez como nenhum outro, Thomas Hobbes e Jean-Jacques Rousseau haveriam de captar. A terceira dimensão, por seu turno, dá conta de uma ilimitação entendida enquanto *evidência de continuidade*. Um eixo interpretativo que recolhe elementos pré-modernos associados à noção de *Dignitas* e que, prolongando-se com assinalável rigidez conceptual através dos vários teorizadores, traduz a noção de que o material por excelência do poder ilimitado e da ideia mesma de ilimitação é o tempo, mormente nas suas valências da permanência, da continuidade e da duração (a obra de Grotius não se compreende à margem da particular atenção por ele concedida a este aspecto e das subtis incisões por ele efectuadas sobre a questão da temporalidade; a do português Serafim de Freitas, que com ele polemiza, também não). Uma quarta dimensão pode definir-se assim: a ilimitação enquanto... *expressão do próprio limite*. Trata-se, aqui, de uma convicção manifestada com regularidade e prenhe de significado no sentido em que patenteia uma inextricável relação de consequência entre limite e ilimitado. Estamos face a uma operação de *desdobramento*: dado que, conforme se surpreende em determinada linha de pensamento, só é susceptível de ocupação territorial aquilo que foi previamente delimitado, e dado que, por antinomia, a delimitação do vazio resulta inconcebível, o acto demarcatório original, feito enunciação do próprio limite, constitui

A MATÉRIA DOUTRINÁRIA: O SIGNIFICADO DA ILIMITAÇÃO | 87

a condição primeira da conquista e da ocupação, isto é, da ilimitação (aliás, também a ideia hobbesiana de transgressão arranca de raciocínio idêntico). A explanação que se segue permitirá avaliar com maior detalhe cada um destes pontos.

Antes, porém, de levar a cabo essa reflexão, impõem-se duas breves notas. Uma tem a ver com a extrema proximidade existente entre as principais linhas de teorização política modernas e as demarcações que por essa mesma altura atravessam o campo jurídico. Neste sentido, o facto de este último surgir então marcado por aquilo que poderemos considerar processos simultâneos de, por um lado, redefinição de fronteiras e reestruturação das suas tradicionais delimitações internas, e de, por outro, fenómenos de osmose e de sobreposição entre os diversos elementos actuantes na esfera jurídica, não pode deixar de merecer a nossa atenção. Recordar-se-á, a este propósito, na linha das observações de Paolo Prodi, que os inícios da modernidade não assinalam, ao contrário do que alguma historiografia se acostumou a considerar, a consolidação de uma fronteira quase imóvel entre, por exemplo, "foro secular" e "foro eclesiástico", sendo que, pelo contrário, "o foro representa uma espécie de *fronteira móvel*, um ponto limítrofe que se desloca continuamente", obrigando qualquer análise que se preze a seguir precisamente esse limite, essa "fronteira móvel, que se desloca ao longo dos séculos e dos países"[100]. A não ser assim, com dificuldade se entenderá o facto de, já bem dentro do período moderno, "estarmos ainda numa situação de pluralismo jurídico, em que as normas estatais se interligam com um conjunto de normas provenientes de outros ordenamentos e centros de poder". Do mesmo modo, a omissão daquele carácter de mobilidade comprometerá a percepção da "realidade vital do direito moderno no momento da sua génese: o direito ocupava na época apenas uma parte do universo jurídico e participava, compartilhando-o, de um universo normativo muito mais amplo, moral e religioso" (cenário que explica os múltiplos cruzamentos entre moralização do direito e juridicização da moral, bem

---

[100] Prodi, 2005, 9-10.

88 | O MÉTODO DA FRONTEIRA

como as constantes e seculares geometrias demarcatórias propostas para enfrentar esses cruzamentos)[101]. Tudo isto, do ponto de vista que interessa ao presente trabalho, se resume na constatação de uma esfera jurídica que, se era suposto constituir, em princípio, uma das dimensões talhadas para pensar – jurídica, política, moral e filosóficamente – a ideia de fronteira e as condições da sua efectivação pragmática, surge ela própria "rasgada" transversalmente pela determinação das suas próprias fronteiras e pelo estabelecimento das modalidades de convivência e transgressão entre as suas variadas placas tectónicas. Não constituindo objectivo expresso da nossa análise, é contudo inegável a vantagem em ter em conta este aspecto numa abordagem sobre a expressão do "limite" na teoria política moderna, pois é alta a probabilidade de que, ao teorizar em registo supostamente abstracto sobre problemas de limites, a matéria doutrinária teorize afinal sobre si própria e sobre os debates que, em concreto, a mobilizam.

A segunda nota é a seguinte: a "matéria doutrinária" de que aqui se trata, seja em versão mais acantonada à teoria política propriamente dita, ou, se fosse o caso, em versão mais inclinada sobre a esfera jurídica, não constitui em circunstância alguma um tecto analítico colocado sobre as restantes "matérias" (a "autoral" e a "fundacional", segundo a designação dos capítulos precedentes) integrantes da problemática. Se optamos por convocar para a análise a dimensão teorética não é porque a ela se reconheça um especial grau de adequação à realidade empírica, ou uma particular capacidade para ser a sua tradução reflexiva (seguramente que também o será), como que arvorando-se em síntese descodificadora das suspeitas avançadas nos anteriores níveis de reflexão, mas é sobretudo pela possibilidade de, a partir dela, ganhar um novo posto de observação para a problemática, permitindo, a partir da inclusão desta outra linha de reflexão, apreciar a um outro prisma o desempenho da fronteira ou dos seus "materiais", de forma a apreender patamares de coincidência e margens de especificidade entre os vários registos e a obter um panorama suficientemente diversificado do desempenho "moderno" da fronteira.

---

[101] *Idem,* 185-189. Ver também: Hespanha, 1993.

A MATÉRIA DOUTRINÁRIA: O SIGNIFICADO DA ILIMITAÇÃO | 89

Estamos em crer que esta postura se justifica não só em sede de razão metodológica, quanto, sobremaneira, por motivos que se prendem com o reconhecimento, na esteira de alguma historiografia, da importância que mantêm, na época em causa, uma série de "mecanismos informais de normação social (usos comunitários, estilos profissionais, práticas jurídicas espontâneas de certas actividades sociais)", beneficiando até bem tarde, no contexto do Antigo Regime e para lá dele, da "complacência do direito oficial em relação a eles"[102], num contexto, como era manifestamente o portugués, em que a abrangência e ostensividade do "direito comum" implicava, conforme assinala Hespanha, que "a capacidade de intervenção do poder central ficava drásticamente reduzida pela teia emaranhada de limites postos pelas ordens jurídico-jurisdicionais inferiores e pelos direitos adquiridos de indivíduos e de corpos"[103]. Comprender-se-á, assim sendo, face à impossibilidade de conceber um desdobramento directo do formalismo jurídico em direcção à sua consumação prática, que também, por arrasto, uma qualquer "matéria doutrinária", seja de que cariz for, não possa senão ser lida de acordo com aquela nossa perspectiva, ou seja, enquanto um pretexto mais, de preferência cruzado com os outros pretextos que igualmente elegemos, para observar as condições históricas subjacentes ao desenho de um modelo moderno de fronteira.

Feitas estas anotações, vejamos então as dimensões do "ilimitado" que atrás enunciámos.

Ilimitação como universalidade

Comecemos pela "hipótese salmantina", a de uma ilimitação aprisionada sob o estatuto vitoriano de universalidade. A obra de Vitoria não carece de caracterização: um pensamento cuidadosamente estruturado sobre aporias; uma construção teórica ambivalente; uma dimensão axiológica e

---

[102] Hespanha, 1993, 193-197.
[103] *Idem*, 195.

normativa, base de uma ambição planejadora e de uma procurada sujeição ao direito; uma contradição doutrinária na origem, fruto da tentativa de compatibilização entre *communitas orbis* e soberania dos Estados; uma definição ambígua dos sujeitos soberanos; e, invariavelmente, mais e mais indícios do carácter em aparência dúplice da sua arquitectura teórica: abertura à dimensão comunicativa, logo negada pela concepção assimétrica do relacionamento transatlântico e pelo impulso, por essa mesma via, às conquistas coloniais; subordinação do *ius ad bellum* à injúria recebida, obrigação porém legitimadora da atribuição exclusiva da guerra justa aos estados soberanos; preocupação, enfim, de fazer acompanhar as inevitáveis derivas de uma "guerra justa" por um painel de limites impostos ao *ius in bello*[104].

Interessa-nos, em particular, a ambivalência. Dir-se-á, e está correcto, ser ela a expressão dos dilemas políticos do tempo de Vitoria, em especial quanto ao lugar jurídico a atribuir à escala imperial no contexto de uma redefinição quer de índole teológico-política, quer geo-estratégica, ditada tanto pelo alargamento do mundo quanto pela reorganização do mapa político europeu. Tal como se proporá, com igual acerto, ser essa ambivalência, do mesmo modo, expressão da necessária compatibilização a processar, no campo filosófico, entre os materiais teóricos de inspiração tomista, dominados pelo professor de Salamanca, e os incontornáveis desafios impostos pelo cruzamento das matrizes neo-estóicas, cristãs e humanistas no contexto da segunda escolástica[105]. Mas, da perspectiva em que nos colocamos, tratar-se-á, não menos, da expressão de uma busca de conciliação e de equilíbrio entre ilimitação e limite, esforço esse que constitui, em fim de contas, o cerne dessa abordagem normativa e orgânica, de fundo cosmopolita e suportada no direito, que em sede salmantina se acredita ser a única capaz de responder a um quadro geral de redefinição e sobreposição de fronteiras.

---

[104] Ferrajoli, 2002; vejam-se, a este propósito, os diversos textos inseridos em Truyol Serra y Mechoulan, 1988.
[105] Maravall, 1960, 249-260.

A MATÉRIA DOUTRINÁRIA: O SIGNIFICADO DA ILIMITAÇÃO | 91

Em que se estriba o ideal vitoriano de universalidade? Desde logo, na recusa de uma soberania universal do império[106]. Em paralelo, no reconhecimento de uma sociedade mundial de Estados soberanos, juridicamente independentes uns dos outros, ainda que no quadro da sua comum sujeição a um "direito das gentes" que traduziria da melhor forma o ideal da *communitas orbis*[107]. Ter-se-á por óbvio que a ideia, até pelo modo como convocava ao mesmo tempo a ampla escala da humanidade e a escala dos Estados, não dispensava sucessivas explicitações, parecendo sempre refém dessa sua contradição na base. Vitoria bem sustenta, numa das suas célebres *Relecciones* na Universidade de Salamanca, a ausência de fricções escalares, esclarecendo que "al principio del mundo (como todas las cosas fuesen comunes), era lícito a culquiera dirigirse y recorrer las regiones que quisiese. Y no se ve que haya sido esto abolido por la división de las tierras; pues nunca fue la intención de las gentes evitar la mutua comunicación de los hombres por esta repartición"[108]. E Francisco Suarez, depois dele, tratará de relançar a ideia a partir de uma especial incidência na noção de *género humano*, género esse que, "apesar de dividido em vários povos e reinos, tem sempre alguma unidade [...] que se estende a todos, mesmo aos de fora, de qualquer nação", argumentos tidos por credíveis para teorizar a sujeição de toda a humanidade ao *ius gentium*[109].

Como está bom de ver, semelhante leitura é ela própria o resultado de um processo de redefinição ao nível da *escala de universalidade* então disponível – não se trata de propor uma nova escala de funcionamento, mas sim da substituição de um referente: em vez do império como referência e autoria desse universalismo, surge agora um novo sentido para essa mesma escala, o da comunidade de estados, trazidos para dentro,

---

[106] Ferrajoli, 2002, 5-14.

[107] *Idem*, 10-15.

[108] Suárez, 1960, 262.

[109] Suárez 1971, II, cap. 19. Veja-se, para um enquadramento deste aspecto na obra de Francisco Suárez: Cardoso, Martins e Santos, 1998; Merêa, 2003, 47-189; Marques, 2003, 129-134.

mais que impostos desde fora, da ordem universal. Tanto bastaria para que pudesse dizer-se, sobre Vitoria, que "es un nuevo universalismo el suyo"[110]. Contudo, a sua peculiaridade prende-se sobretudo com o modo de compaginar elementos de dispersa proveniência, aos quais procura conferir, organicamente, uma coerência tensa. É perspicaz, a este nível, a análise de Bartelson: na realidade, Vitoria não persegue o intuito de resolver, em definitivo, o problema inescapável da articulação das diferentes escalas de legitimidade obrigadas a conviver nos termos da sua própria teorização; ao invés, introduz um permanente horizonte de legitimação cruzada no âmbito do qual "a conexão entre soberania, ordem universal e guerra é circularmente reforçada; a distinção entre o que é soberano e o que não é soberano corresponde à distinção entre o que é legal e o que não é; esta distinção, em compensação, é universal, não podendo assim ser sujeita à discordância entre autoridades soberanas sem a correspondente perda do respectivo reconhecimento jurídico da sua soberania"[111].

Se é possível, nos termos do nosso argumento, entender este espartilho doutrinário como tentativa de prender o "ilimitado" de um mundo em mutação, é por outro lado inegável que essa tentativa falha, olhe-se do ponto de vista que se olhar. As ilações retiradas do edifício teórico de Vitoria, ainda que contra ele, não deixam margem para grandes dúvidas. Uma delas, "que será desenvolvida por Alberico Gentili, é que a guerra pode ser feita licitamente apenas pelos Estados, e não também pelos particulares: e, se por um lado isso permite limitá-la, deslegitimando o antigo flagelo das guerras civis, por outro, torna-se o traço mais significativo e inconfundível da nascente soberania externa dos Estados, que doravante poderão ser concebidos como *repúblicas completas* enquanto, e somente enquanto *suficientes em si* graças à titularidade do *ius ad bellum*. O direito à guerra torna-se, assim, o fundamento e o critério de identificação do Estado e, ao mesmo tempo, o sinal mais concreto de sua emancipação do tradicional vínculo externo da autoridade imperial"[112]. Se, a este aspecto, somarmos a

---

[110] Maravall, 1960, 262.
[111] Bartelson, 1996, 127-134.
[112] Ferrajoli, 2002, 13.

A MATÉRIA DOUTRINÁRIA: O SIGNIFICADO DA ILIMITAÇÃO | 93

clara perturbação introduzida no edifício vitoriano pela indefinição quanto ao lugar do índio na comunidade universal[113], ou o desdobramento gradual de uma série de direitos naturais e de direitos das gentes em direcção a um direito de "guerra justa"[114], entre muitos outros indicadores de uma parcial resignação vitoriana perante o carácter ostensivo da ilimitação, mais força ganha aquela impressão. De pouco servirá aqui o arrolamento dos indicadores de sinal contrário – manifestações de confiança vitoriana no potencial regulador do limite[115] – para apagar essa imagem.

Dito isto, que um debate com objectivos que não são, por agora, os nossos, não deixará de esmiuçar com mais propriedade, importará deixar claro, desse modo regressando à nossa linha de raciocínio, o que parece ser o nervo doutrinário da "hipótese salmantina" em matéria de limites. A insistência numa escala universal de referência que saiba, mediante articulações e equilíbrios de legitimação cruzada, envolver as tendências de ilimitação, parece ser, conforme então assinalámos, o aspecto nuclear da questão. Uma postura que encontra ainda explicação no facto de que, para Vitoria, "os Estados são concebidos, kelsenianamente, como ordenamentos, com base numa equiparação entre Direito e Estado: as leis civis, ele afirma, obrigam os legisladores e principalmente os reis, os quais, portanto, não são *legibus soluti* – como serão, ao contrário, para Bodin, ao qual se deve a clássica definição da soberania como *summa in cives ac súbditos legibusque soluta potestas* – mas sujeitos às leis que *apesar de serem outorgadas pelo rei, vinculam também o próprio rei*"[116].

Esta forte ancoragem no direito do seu conceito de sociedade internacional, a que já atrás fizemos referência nos termos de uma propensão normativa e axiológica da sua teoria, deve considerar-se de importância extrema. Tem sido dito, inclusive, que ela marca, precisamente, alguma paternidade de Francisco de Vitoria no direito internacional, assunto que aqui não vem ao caso. O que para nós interessa realçar é que esta

---

[113] Fernández-Santamaría, 1997.
[114] Ferrajoli, 2002, 14-15.
[115] Truyol Serra y Foriers, 2002; Maravall, 1972, 340-345.
[116] Ferrajoli, 2002, 14-15.

proximidade ao direito não pode deixar de fazer da problemática da universalidade, também ela, palco das próprias demarcações a que se entrega um mundo jurídico em que, por então, o direito convive com dimensões normativas de feição moral e religiosa e em que a intersecção entre esses diversos níveis terá de conduzir à gradual redefinição das fronteiras entre eles[117]. Uma realidade que mais evidente se torna à medida em que se caminha para o século XVII e em que a manifesta impossibilidade de estabelecer uma ordem jurídica universal no sentido vitoriano abre espaço para a afirmação do carácter vinculativo das leis civis estatais. Num tal contexto, representantes da segunda escolástica como um Soto ou um Molina, "justamente enquanto exaltam o direito natural como expressão da racionalidade divina e natural, distanciam-no de facto da esfera jurídica em sentido próprio, para constituí-lo como norma moral suprajurídica, ainda que formalmente se refiram a toda a ordem jurídica cósmica, transmitida pela tradição justiniana"[118]. As divisões e sub-divisões dos vários direitos (natural e positivo, e, dentro deste, direito positivo e direito humano), a que criteriosamente se entrega Molina, têm seguimento, do ponto de vista da preocupação demarcatória subjacente, na lição de Francisco Suárez, cuja percepção da realidade histórica da estatalidade o conduz à distinção que nele se adivinha entre "o direito civil (que regula a vida da sociedade política), o direito canónico (que regula a vida da Igreja enquanto sociedade soberana visível) e a norma moral, que coincide com o direito natural divino", destrinça por intermédio da qual "ele desloca a fronteira da moral em relação ao direito positivo"[119].

Um pouco em todas as dimensões, por conseguinte, um pensamento habituado a situar-se no horizonte de uma mais ou menos ilimitada universalidade vai incorporando, em simultâneo, tarefas de redefinição de limites, de novos mapeamentos de sentido e da produção de novas fronteiras. Não por acaso, Grotius reivindica a importância da nitidez demarcatória no universo jurídico, lamentando que dos vários autores por ele consultados

---

[117] Prodi, 2005, 189.
[118] *Idem*, 375.
[119] *Idem*, 380.

sobre o direito da guerra (entre os quais cita Vitoria) "a maior parte fizeram-no de modo a misturar e a confundir sem qualquer ordem aquilo que pertence ao direito natural, ao direito divino, ao direito das gentes, ao direito civil"[120]. Um mundo entregue à aventura da ilimitação necessita de limites. E necessita, por isso mesmo, que se conheça exactamente o tipo de limites disponível. Prova disso regista o mesmo Grotius, o qual, após ter discorrido a respeito da etimologia da expressão "limes", não deixa de reparar no que lhe parece alguma agitação interpretativa recente em torno dessa noção, anotando, por isso, em remate final: "ainda que uma mais recente utilização tenha querido que *limen* fosse sobretudo afectado às coisas privadas, *limes* às coisas públicas"[121].

Ilimitação como lugar

Ensaie-se agora uma aproximação ao problema no quadro da teoria clássica da soberania. A *figura do limite* que mais parece convir às formulações originárias da teoria da soberania é, por definição, a da *ilimitação*. Chame-se-lhe infinitização, ou supremidade de um Uno, ou qualquer outra designação que subentenda esse investimento de infinitude depositado, à maneira anselmiana, num só indivíduo, que o quadro não se altera. Todas essas designações são subsidiárias da ideia de ilimitado e remetem para ela. De Bodin a Rousseau não parece haver dúvidas de que assim é. Com uma dupla advertência, porém.

A primeira advertência é a de que esta ideia de ilimitação assim associada ao soberano parece decorrer, fundamentalmente, da sua capacidade para se autodesignar como tal, pondo-se por si, isto é, da prerrogativa da sua autoinstituição soberana, e não exactamente da capacidade para exercer um poder ilimitado. Na verdade – e este é com toda a certeza um apontamento nevrálgico –, a eventualidade de o soberano lidar com limites ao seu poder,

---

[120] Grotius, 1999, Prólogo, XXXVII.
[121] Grotius, 1999, livro IX, cap. I, 2.

desde que impostos por si, surge mesmo referenciada, de forma mais ou menos implícita, por diferentes teorizadores. Naturalmente: impondo determinados limites, única forma de evidenciar o seu *lugar*, resta sempre ao soberano a possibilidade da transgressão, mecanismo para o qual ele está não apenas mais apto que qualquer um outro como, inclusive, lhe é de toda a conveniência activar em ordem à manifestação do carácter diferencial que lhe assiste. Do carácter excepcional do seu *lugar* soberano. A ilimitação apresenta-se como critério máximo de definição de um lugar. As formulações hobbesianas a este respeito resultam suficientemente claras, evidenciando até que ponto essa outra figura do limite que é a *transgressão* trabalha a favor da ilimitação. A transgressão, que só a existência de limites permite, é prerrogativa de um poder ilimitado. Nem outra coisa se deduzirá do posterior discurso de um Carl Schmitt. Esse misto excessivo de deriva ideológica e de lucidez cega que o conduzem à definição de um soberano que o é, antes de tudo, pelo privilégio de decidir em situação de excepção, condu-lo igualmente, bem vistas as coisas, a um modo mais de posicionamento face ao limite: excepcionalidade indica, aqui, a possibilidade, de todo não partilhável, de infringir a norma, quer dizer, de transgredir um limite. E de decidir quando.

Não parece pois deslocado (com o que entramos na segunda advertência) chamar a atenção para essa aparente incongruência que é o facto de um poder incircunscrito como o é, por definição, ou, pelo menos, por contaminação matricial com a divindade, o poder soberano, não prescindir de limites circunscritos. O que se compreende. Desde o momento em que a sua sombra actuante e configuradora se estende sobre os Estados, a pressão adentro do campo conceptual da soberania para incorporar a inevitabilidade da existência de fronteiras políticas cada vez mais bem demarcadas só pode conduzi-la a esse esforço de compatibilização entre um poder dito incircunscrito e uma respectiva vigência forçosamente circunscrita. De resto, o âmago da soberania permanece mesmo assim intocável: se a existência de limites políticos obriga à consideração de exterioridades, e, com elas, ao forçoso reconhecimento de limitações ao exercício do poder soberano, o facto é que, em simultâneo, esses mesmos limites permitem definir um *lugar* onde podem consumar-se a infinitude

A MATÉRIA DOUTRINÁRIA: O SIGNIFICADO DA ILIMITAÇÃO | 97

e a imagem de incircunscrição que resiste colada ao poder soberano. Afinal, ao entregar-se a este esforço de compatibilização, o poder soberano mais não faz do que estimar um "material" que nele anda incorporado, precisamente essa outra figura do limite que é a *delimitação*, e que, a crer numa leitura um tanto direccionada e parcial dos teóricos da soberania como a que aqui propomos, deverá considerar-se, também ela, constitutiva das primeiras formulações da soberania, no quadro das quais desenvolve uma relação forte de complementaridade com as outras figuras do limite, nomeadamente com a da ilimitação.

Acresce, ainda, em abono desta complementaridade, aquilo que aparenta ser um idêntico mecanismo de reacção desenvolvido quer pela figura da ilimitação quer pela da delimitação quando posicionadas face ao elemento "temporalidade". Recorde-se, em relação àquela, o modo como a ilimitação do poder sempre foi entendida como garantia primeira da *continuidade* da lei e da autoridade: no sentido em que o indivíduo que obedece a esse poder ilimitado se prolonga, também ele, nos indivíduos que lhe sucedem, assegurando a persistência do quadro legislativo para lá do desaparecimento do legislador; ou no sentido em que o exercício do poder soberano requer um permanente esforço de legitimação que o solidifique com carácter de durabilidade. Razões mais do que suficientes (mas teremos oportunidade de as desenvolver já no tópico seguinte) para concordar que "*a perenidade é a expressão temporal da ilimitação*"[122]. Por outro lado, parece-nos também poder concluir, com idêntica dose de solidez, a partir do que nos foi dado observar nos capítulos anteriores deste trabalho (em que a problemática do limite foi trabalhada no contexto das suas expressões concretas mais emblemáticas, as fronteiras histórico-políticas)[123], que *a perenidade é também a expressão temporal da delimitação*. Limitemo-nos, agora, a recuperar, a título exemplificativo, a nossa percepção de que, designando a linha um poder em acto, o próprio do fenómeno demarcatório é conceber-se como *processo de historicização do limite*. Tudo somado,

---

[122] Gil, 2001, 275
[123] Vejam-se os capítulos 1 e 2 deste estudo.

ganha pois o devido sentido a nossa hipótese de que as diversas figuras do limite trabalham em prol da permanência.

Nas vésperas e nos inícios da modernidade, portanto, o modo de temporalidade mais operativo para a noção de limite é, tudo o indica, a continuidade. Uma equação que transitará, por incorporação, para o período posterior, encontrando guarida, desde logo, nas primitivas formulações da soberania. A naturalidade com que a soberania integra essa perenidade em acto que é a *dignitas* afigura-se a esse título exemplar. Se é verdade que "antes de Bodin a soberania não tem o estatuto de um conceito, aí se ligando diversos elementos que até então não formavam uma unidade [tais como] poder supremo (sob as designações de imperium, summa potestas, etc.), *continuidade dinástica*, comunidade ("corporação") incarnada pelo rei, *aevum* (uma continuidade ilimitada do tempo histórico), e mais próximo de Bodin no tempo, Dignidade da coroa"[124], o facto é que esta última noção, entretanto feita referencial dos restantes elementos contíguos, depressa passará a albergar um dos núcleos mais estáveis da teorização soberana. Ou seja: "a soberania que elabora o princípio de um poder não derivado senão de si próprio encontra-se antecipada na *dignitas* medieval, [expressão que] designa o conjunto das prerrogativas inerentes ao princípio da realeza", e que, ao traduzir uma "autoreferência na permanência", está "associada à continuidade dinástica e à perpetuidade do colectivo que o rei incarna. Dignidade, sucessão temporal e corpo político são conservados na soberania"[125]. De onde, aliás, não mais sairão.

Ilimitação como continuidade

Para o pensamento seiscentista não existem dúvidas sobre o manancial de consequências políticas e jurídicas passíveis de ser retiradas da presença do elemento da "perpetuidade" na definição bodiniana de soberania. O regular

---

[124] Gil, 2000, 157.
[125] *Idem*, 154-155 ; Bartelson, 1996, 90-101.

investimento analítico nessa questão por parte dos doutrinadores da época está aí para o provar. E se, em Hobbes, essa percepção desagua de modo directo na sua definição da temporalidade enquanto movimento e ilimitação, já, por exemplo, no caso de Grotius, a sua expressa vinculação aos sucessos políticos que marcavam, do ponto de vista holandês, a conjuntura europeia e mundial, e, em especial, a questão da circulação e domínio dos mares, conduz a um entendimento algo reservado do potencial legitimador associado à continuidade do poder[126]. Na verdade, a discussão em torno deste aspecto não podia deixar de ser sempre, em simultâneo, a discussão sobre o grau de legitimidade hispânica para esgrimir uma autoridade advinda de antigas – e, logo, continuadas – ocupações de territórios, mares e direitos, agora postos em causa e desafiados, precisamente, no tocante ao carácter legitimador do elemento da perpetuidade no quadro da expansão e da conquista.

Melhor se compreendem, neste âmbito, as cautelas de Grotius quanto à consagração jurídica de situações ditadas pela antiguidade e continuidade do facto, caso do direito de usucapião – "porque, pela sua natureza, o tempo não tem nenhuma virtude produtiva, e nada se faz pelo tempo, ainda que tudo se faça no tempo"[127]. Como do mesmo modo se percebe o cuidado com que o autor evita caracterizar a distinção entre o poder soberano e aquele que o não é com base na maneira (por eleição ou por sucessão) pela qual esse poder é obtido – "porque a sucessão não é um título que confere ao poder uma qualidade essencial; é a continuação de um direito antigo"[128]. Reservas que, bem entendido, não visam pôr radicalmente em causa o lugar dignificante da perpetuidade, mas sim introduzir neste último uma distinção pragmática: minorar-lhe a legitimidade para efeitos de reivindicação em matéria de "domínio", reconhecendo-o porém operante para efeitos do exercício do poder soberano: "A duração de uma coisa não lhe muda a natureza; ainda que, se se trata do grau de consideração que ordinariamente chamamos *majestade*, não haja dúvidas que esse grau seja

---

[126] Bull, Kingsbury e Roberts, 1992.
[127] Grotius, 1999, livro II, cap. IV, 1.
[128] *Idem*, livro I, cap. III / X, 5.

100 | O MÉTODO DA FRONTEIRA

mais elevado naquele a quem um poder perpétuo foi dado, do que naquele que não recebeu senão uma autoridade temporária, porque a maneira de possuir uma dignidade contribui para a tornar mais honrosa"[129].

A esta postura cautelar não está em contrapartida obrigado um contemporâneo de Grotius, o português Serafim de Freitas, autor do livro *De Iusto Imperio Lusitanorum Asiatico*, publicado em 1625 e destinado a polemizar com o opúsculo anónimo (na realidade da autoria de Grotius) publicado em 1608, sob o título de *Mare Liberum, sive de jure quod batavis competit as Indicana commercia*, em que é posta em causa a soberania portuguesa e o exclusivo português de navegação e comércio nos mares orientais[130]. Freitas, com efeito, limita-se a colher da doutrina da continuidade toda a legitimidade que ela permite subscrever em questões de *domínio*. Recordará, por isso, que "os impérios, mesmo os usurpados pela força, legitimam-se, no decorrer dos tempos, com o consenso popular", ideia que em seu entender confirma o ensinamento de Séneca de que "o bom êxito torna alguns crimes honestos"[131]. E recordará, agora com maior precisão técnica, que, se bem que "efectivamente, o estado primitivo de liberdade da coisa contraria a posse, e, por isso, não releva o possuidor da obrigação de a provar [...], contudo, esta presunção do estado primitivo é eliminada pela posse de longo tempo, incumbindo, por isso, ao adversário o ónus de provar"[132]. Breve, em assuntos de ocupação, "tudo aquilo que foi e pode ser ocupado, já não pertence ao direito das gentes"[133].

Desta feita, uma continuidade entendida sem reservas é feita, mecanicamente, modo probatório de legitimação. Mediante esta consagração da *permanência*, o ilimitado da temporalidade define,

---

[129] *Idem*, livro I, cap. III / XI, 2.

[130] Sobre Serafim de Feritas, veja-se Teixeira, 2006, 52-55.

[131] Freitas, 1983, cap. 12 (13). No mesmo sentido, *Idem*, cap. 14 (7): "É opinião recebidíssima pelos Doutores e conforme ao direito divino que os reinos e os impérios ocupados pela violência se confirmam com a longa duração no tempo, e que, portanto, também podem, por força da possessão e prescrição, ser defendidos contra os demais".

[132] Freitas, 1983, cap. 13 (39).

[133] *Idem*, cap. 10 (11).

A MATÉRIA DOUTRINÁRIA: O SIGNIFICADO DA ILIMITAÇÃO | 101

neste ponto, uma das suas valências. Falta-lhe a outra, que logo vem por acréscimo na figura do *movimento*, esse desenlace lógico dos processos ilimitados em que a constatação de uma duração continuada ao longo do tempo pressupõe a projecção de um desenvolvimento futuro dessa mesma continuidade, única forma de garantir, sem mácula, a ilimitação. "Visto que [os Reis de Portugal] fizeram grandes aprestos de navios, soldados e armas, e, aliás, continuam a fazer com tal intensidade que Erasmo se viu obrigado a dizer, com graça, que o Rei de Portugal não merecia o título de Sereníssimo, pois abalava o mundo inteiro com o estrépito das suas armadas e armas; e visto que os nossos tomaram justa posse de muitos lugares, *com intenção e capacidade de progredir e ocupar ainda mais*; nenhum outro rei se poderá intrometer nessas actividades"[134]. Sugestão cabal de uma expansividade ininterrupta, tanto quanto era também sem interrupções a posse continuada de lugares obtidos por conquista, ambas inscritas em um movimento que se sugere ilimitado. Não estamos longe do discurso hobbesiano.

Para Hobbes, com efeito, "a felicidade é um *contínuo progresso* do desejo, de um objecto para outro, não sendo a obtenção do primeiro outra coisa senão o caminho para conseguir o segundo. Sendo a causa disto que o objecto do desejo do homem não é gozar apenas uma vez, e só por um momento, mas garantir para sempre os caminhos do seu desejo futuro"[135]. Deste modo, porque "não existe uma perpétua tranquilidade de espírito enquanto aqui vivemos [e] *porque a nossa própria vida não passa de movimento*"[136], torna-se possível assinalar "como tendência geral de todos os homens um perpétuo e irrequieto desejo de poder e mais poder, que cessa apenas com a morte, [o que tem a ver com] o facto de não se poder garantir o poder e os meios para viver bem que actualmente se possuem sem adquirir mais ainda. E daqui se segue que os reis, cujo poder é maior, se esforçam por garanti-lo no interior através de leis e no exterior através de guerras. E depois disto feito surge um novo

---

[134] *Idem*, cap. 8 (14).
[135] Hobbes, 2002, 91 (cap. XI).
[136] *Idem*, 65 (cap. VI).

desejo..."[137]. E assim sucessivamente. A Hobbes, pois, se fica a dever, em grande parte, uma operação de explicitação levada a cabo no seio da ilimitação, por intermédio da qual os vectores de durabilidade do elemento temporal vêem acrescida a sua funcionalidade através da sua vinculação a uma predisposição para o movimento que traduziria a sua dinâmica intrínseca.

Deve-se-lhe, ainda, uma transposição dessas reflexões efectuadas ao nível da temporalidade para a órbita do próprio poder soberano, matéria que lhe permite concretizar a sua estética da ilimitação. O ponto de partida da sua ideia é o seguinte: "não é bastante para garantir aquela segurança que os homens desejariam que durasse todo o tempo das suas vidas, que eles sejam governados e dirigidos por um critério único apenas durante um período limitado, como é o caso numa batalha ou numa guerra. Porque mesmo que o seu esforço unânime lhes permita obter uma vitória contra um inimigo estrangeiro, depois disso, quando ou não terão mais um inimigo comum, ou aquele que por alguns é tido por inimigo é por outros tido como amigo, é inevitável que as diferenças entre os seus interesses os levem a desunir-se, voltando a cair em guerra uns contra os outros"[138]. O exercício do poder por um tempo limitado, pois, é incompatível com as necessidades dos homens. Daí que o seu prolongamento ao longo do tempo surja como única resposta a um cenário de regresso cíclico da violência. Um objectivo só alcançável, desde logo, pelo estabelecimento de um verdadeiro "salto crente" entre vontades individuais e vontade geral, na certeza de que "a única maneira de instituir um tal poder comum, [...] é conferir toda a sua força a um homem, ou a uma assembleia de homens, que possa reduzir as suas diversas vontades, por pluralidade de votos, a *uma só vontade*"; e, logo após, assegurando "essa *eternidade artificial* a que se chama direito de sucessão"[139].

O ilimitado da soberania não se reduz, em Hobbes, à dimensão da temporalidade. Nos parágrafos seguintes teremos oportunidade de analisar as outras vertentes deste aspecto. Mas cabe aqui vincar que as ilações por

---

[137] *Idem*, 92 (cap. XI).
[138] *Idem*, 144 (cap. XVII).
[139] *Idem*, 146 (cap. XVII).

ele retiradas da inclusão da perpetuidade nas primitivas formulações da soberania comprovam em definitivo até que ponto a ilimitação no tempo é marca do poder soberano. É como se, de alguma maneira, o tempo seja material constitutivo da própria soberania, ou, mais exactamente, uma atribuição desta. Por isso, "quando um costume prolongado adquire a autoridade de uma lei, não é a grande duração que lhe dá a autoridade, mas a vontade do soberano expressa pelo seu silêncio (pois às vezes o silêncio é um argumento de aquiescência), e só continua sendo lei enquanto o soberano mantiver esse silêncio"[140]. Percebe-se. A mera continuidade, ainda quando aparentemente desligada do corpo concreto que a referencia e a legitima, surge, por definição, como emanação do poder soberano, porquanto é suposto ela expressar, negativamente, a prerrogativa inerente ao soberano de interromper o curso das coisas.

Ilimitação como desdobramento

Observemos, entretanto, um ponto absolutamente decisivo no que respeita a esta mobilização doutrinária da noção de ilimitado: subjacente à maioria das circunstâncias até agora postas aqui em destaque, a *ilimitação* surge, de uma forma ou de outra, como percurso só realizável por meio de "desdobramentos" sucessivos ancorados, um tanto paradoxalmente, na *delimitação*. Não estamos pois, decididamente, diante de uma relação de oposição entre ambas as figuras do limite, mas tão pouco estamos perante um fenómeno de osmose que tenda a relacionar dialecticamente as duas modalidades; trata-se antes de uma interlocução faseada e em constante activação, mediante a qual a estética da ilimitação não se coíbe de convocar os mecanismos demarcatórios e a nitidez por eles propiciada, e, em simultâneo, o acto demarcatório, ali onde ocorre, logo se constitui em mola impulsionadora e condição primeira da ilimitação. Um desdobramento cuja percepção receberá, em contexto de teorização

---

[140] *Ibidem.*

política moderna, dois acolhimentos maiores. Um, que a pretexto da disputa sobre o domínio do mundo e sobre as regras da conquista, isto é, sobre as condições de vigência da ilimitação, trata de recolher, à laia de tarefa prévia, o essencial da doutrina relativa à demarcação de fronteiras territoriais e ao direito dos limites. Outro, que assumindo aquele desdobramento como constitutivo das próprias condições de exercício do poder político, trata de lhe definir os contornos teóricos susceptíveis de o acolher nos termos de uma expressão mais do carácter ilimitado do poder soberano. Vejamos este quadro com maior detalhe.

É, desde logo, o primeiro daqueles aspectos que permite entender o motivo pelo qual uma obra como o *De Jure Belli Ac Pacis*, de Hugo Grotius, destinada a justificar pretensões à escala de uma geografia ampla e implicada com a problemática do alargamento do mundo, comporta uma dimensão algo inusitada de "manual de demarcação". Nessa obra, a ilimitação da expansão e os desafios colocados às modalidades da sua gestão começam por solicitar a resolução dos critérios de delimitação subjacentes, se não mesmo afirmações de princípio em matéria demarcatória. É certo que a preocupação grociana de fazer da questão das disputas territoriais um assunto que, mesmo nos casos ditados pela *necessidade*, "não ultrapasse em nada os justos limites", aponta para a definição do problema das fronteiras políticas como problema de justiça e, como tal, no espírito grociano, susceptível de respeitar a toda a humanidade e não apenas às partes envolvidas. Eloquente a este respeito é o modo como Grotius relembra Pompeu, o qual, perante a máxima de um certo rei de Esparta para quem "a república feliz seria aquela cujas fronteiras seriam marcadas a ponta e espada", teria contraposto que "o Estado verdadeiramente feliz seria aquele que teria *a justiça por fronteira*"[141]. Ou, na mesma linha, dentro, aliás, de um raciocínio que não repugnaria a Vitoria ou a Suarez, a referência a dado autor que "diz eloquentemente que os reis, tal como lhes exige a regra da sua sabedoria, não cuidam apenas da nação que lhe é confiada, mas *de todo o género humano*; e que eles não são apenas

---

[141] Grotius, 1999, Prólogo, XXIV.

A MATÉRIA DOUTRINÁRIA: O SIGNIFICADO DA ILIMITAÇÃO | 105

amigos dos Macedónios, ou dos Romanos, mas amigos da humanidade, [pelo que] se a posteridade conservou o nome de Minos como odioso, não foi senão pelo facto de que ele *colocou as fronteiras da sua equidade nos limites do seu próprio reino*"[142]. Como quer que seja, a linha de reflexão denunciada por expressões deste teor, destinada, sobretudo, a fixar os termos principiológicos da sua visão, não briga com o seu investimento simultâneo na questão formal da demarcação entre territórios. Na realidade, é mesmo a manutenção da "equidade natural" perseguida para o cenário internacional que torna imperioso o conhecimento tão apurado quanto possível dessa normatividade demarcatória.

A este nível, as evidências são de vária ordem. Assim, por exemplo, ao discorrer sobre o "direito do *postliminium*", Grotius não se furta ao estabelecimento do correcto sentido etimológico da expressão "limite", contexto em que procura definir, de igual forma, as relações desse conceito com as expressões contíguas, em maior ou menor grau aparentadas com o termo "fronteira"[143]. Em outra ocasião, oferece, com o apoio dos autores clássicos, uma verdadeira tipologia das fronteiras existentes (terras divididas e assinaladas, terras limitadas, *terras arcifínies...*) em função da respectiva prática demarcatória e do respectivo símbolo divisório[144], bem como insiste na distinção entre fronteiras naturais e fronteiras artificiais, elogiando as vantagens de uma separação de jurisdições traçada com nitidez[145]. Demora-se também nos critérios de posse e de passagem autorizada de limites, merecendo-lhe particular atenção as determinações relativas ao franqueamento, ocupação e posse de limites fluviais[146]. E detém-se, como seria de esperar, na questão das fronteiras marítimas e nos modos possíveis e regulamentares de produzir ocupações do mar (concluindo que "o mar, considerado na sua totalidade, não é susceptível de apropriação")[147].

---

[142] *Ibidem.*
[143] Grotius, 1999, livro III, cap. IX / 1,2.
[144] *Idem*, livro II, cap. III / XVI, 1.
[145] *Idem*, livro II, cap. III / XVII, 1 e 2.
[146] *Idem*, livro II, cap. II / X a XIII.
[147] *Idem*, livro II, cap. II / III, 1, 2 e 3; *Idem*, livro 2, cap. III / XV, 1 e 2.

106 | O MÉTODO DA FRONTEIRA

O comentário aduzido por Grotius a respeito desta última questão pode tomar-se por expressivo do modo como a temática da fronteira é palco da interlocução entre delimitado e ilimitado a que atrás aludimos: "Há também uma razão natural que se opõe a que dado mar seja apropriado por alguém: *é que a ocupação não ocorre senão em matéria de coisas delimitadas*; assim Tucídides chama "sem limites" a uma terra deserta [e observa em nota: "daí que Horácio chame às terras não apropriadas, campos sem limites"]". E adenda, na sequência: "Quanto às coisas líquidas que, de si mesmas, não são susceptíveis de limites – a água não é circunscrita por fronteiras próprias, disse Aristóteles – elas não podem ser objecto de ocupação a menos que estejam contidas noutra coisa: assim sucede com os lagos e as lagoas, que são susceptíveis de ser ocupados; assim são os rios, porque estão metidos no leito. Mas o mar não está contido pela terra; ele é ou igual ou maior que ela; também os antigos disseram que a terra se encontra contida no mar". Pelo que, assim sendo, "não se pode pensar que o mar foi objecto de uma partilha; porque quando, nos primeiros tempos, as terras foram divididas, a maior parte do mar não era ainda conhecida; e por consequência é impossível imaginar de que modo nações tão afastadas umas das outras teriam concebido semelhante divisão. É por isso que as coisas que foram comuns a todos e que não foram divididas por ocasião da primeira partilha, não podem mais tornar-se propriedade de ninguém por uma partilha, mas pela única via da ocupação, e não são mais partilhadas que depois de terem sido apropriadas"[148].

Para o nosso interesse, a explicação avançada pelo autor é suficiente. Só se pode ocupar em contexto expansivo o que está delimitado, isto é, o que se conhece. Ou seja: a delimitação é anterior à possibilidade da ilimitação. A demarcação é condição da ilimitação – o limite desdobra-se na direcção desta. Se, como verificámos já, o ilimitado contempla uma versão de *movimento*, tenta-se definir os limites do movimento, sendo que a problemática das fronteiras marítimas e dos limites estipulados para a conquista e para a ocupação são isso mesmo – definir fronteiras e propor

---

[148] *Idem*, livro II, cap. II / III, 2.

A MATÉRIA DOUTRINÁRIA: O SIGNIFICADO DA ILIMITAÇÃO | 107

limites para o que se reconhece ser ilimitado. Grotius é isso que faz. O português Serafim de Freitas, ou o inglês Selden, ambos seus opositores, também. Não o farão já à maneira de Vitoria, mas, se bem que ditados por interesses e estratégias de outra natureza, é ainda numa mesma matriz de conciliação entre a inevitabilidade da ilimitação e o esforço da sua articulação com políticas demarcatórias que eles funcionam. Hobbes, por seu lado, tem consciência clara das dificuldades contidas num tal esforço. Com ele, mesmo o reconhecimento de uma funcionalidade dialógica entre limitado e ilimitado é estimado como aquilo que de facto vem a ser: enquanto pretexto de confirmação do carácter inevitável da ilimitação.

O poder soberano, diz Hobbes, "é o maior que os homens possam imaginar que é possível criar. E, embora seja possível imaginar muitas más consequências de um poder tão ilimitado, apesar disso as consequências da falta dele, isto é, a guerra perpétua de todos os homens com os seus vizinhos, são muito piores. [...] E quem quer que considere demasiado grande o poder soberano procurará fazer que ele se torne menor, e para tal precisará de se submeter a um poder capaz de o limitar; quer dizer, a um poder ainda maior"[149]. Hobbes realiza uma *hipóstase da ilimitação*. Não se sai dela a não ser em direcção a ela própria. A possibilidade de a contornar por via de gestos demarcatórios capazes de a comprimir com a introdução de um limite redunda, afinal, num desdobramento de sentido que remete, sem alternativa, para novas fórmulas ilimitadas.

Diferente será, no século XVIII, a proposta kantiana. Se algum pensamento kantiano revela um tom simultaneamente heraclitiano e arquimediano, oscilando entre o curso do movimento e a procura do ponto fixo, isso decorre de "uma das antinomias fundamentais da filosofia kantiana: por um lado, o impulso para a implantação, a determinação topográfica e a fixação das fronteiras da razão, impulso que, como vimos, obedece à necessidade de segurança, de firmeza e estabilidade [...]; por outro lado, a não menos poderosa tendência para a transgressão e ultrapassagem

---

[149] Hobbes, 2002, 173 (cap. XX).

108 | O MÉTODO DA FRONTEIRA

dos marcos reconhecidos e fixados pela razão em si mesma"[150]. Ainda assim, a ideia de um ilimitado entregue a si próprio e "devorador" não encontra lugar, nem em virtude desta antinomia. Veja-se como, ao enunciar, em registo marcadamente metafórico, o seu projecto de uma "ciência das *fronteiras* da razão humana", Kant estima para a nova metafísica que propõe um desfecho em que, diz, "apertar-se-ão estreitamente as suas *fronteiras* e serão estabelecidos os *marcos* que nunca mais permitirão que se evada para fora da sua circunscrição própria"[151]. É pois com base nos Estados, tidos por Kant como idealmente delimitados e inconfundíveis uns com os outros graças à nitidez das suas fronteiras, que ele pode metaforizar o conceito em direcção à razão, estabelecendo as fronteiras da sua actuação, ou em direcção à ciência, advogando os critérios das fronteiras entre os saberes: "tal como os homens [...], as ciências depois de durante muito tempo se terem edificado separadamente como selvagens, por fim, reúnem-se em sociedade; primeiramente, em pequenas, depois, em maiores, até que finalmente formam um sistema, no qual cada parte é auxiliar da outra, *sem se misturar, mas distinguindo com precisão as suas fronteiras da outra, tal como Estados* que se unem não numa monarquia universal mas, por fim, numa grande associação de povos"[152]. Visivelmente, o ponto de partida é a fronteira política, e, mais exactamente, a versão que dela então propõe o Estado-Nação. O carácter regulador, nítido e diferenciador tomado pela fronteira por ocasião do tratamento metafórico que ela conhece no pensamento kantiano é inseparável — é de resto coevo — desse aspecto. A república da ciência não difere da república cosmopolita: em ambos os casos, a ultrapassagem de limites em direcção a uma totalidade só é exequível pela demarcação prévia de cada uma das parcelas[153].

---

[150] Santos, 1994, 296.

[151] Passagem extraída de *Sonhos de um visionário* (1776), cit. e trad. por Santos, 1994, 311.

[152] Passagem extraída de *O Conflito das Faculdades* (1798), cit. e trad. por Santos, 1994, 617.

[153] Santos, 1994, 301; 616-622.

Por outro lado, é essa distinção, fundamental no seu pensamento, entre *limites* (*Grenzen* – noção que incorpora a relação com um exterior como constitutiva de qualquer entidade demarcada, exprimindo nesse contacto a relação da razão consigo própria e convertendo o limite em limiar) e *limitações* (*Schranken* — esta noção conotando-se com restrição e sugerindo um fechamento ao exterior)[154], que permite libertar a esfera do limite de uma condenação hipostasiada à ilimitação como a que decorre da interpretação hobbesiana. Porque, desta feita, mesmo o movimento do ilimitado só ganha sentido enquanto expressão de dado limite que o move e em benefício do qual, de algum modo, ele caminha e para o qual se dirige. Mas, como quer que seja — e na medida em que o ilimitado se faz coincidir com o percurso do próprio ser, o qual determina ele mesmo os limites à extensão da sua potência interna[155], ou na medida, também, em que o projecto kantiano de depuração e divisão da razão parece disponível para recorrer a uma delimitação tanto na versão "Grenze" quanto na versão "Schranke"[156] —, resulta inegável que é ainda e sempre de uma equação entre limite e ilimitado que se trata. E que, assim sendo, os avatares dessa equação e a possibilidade seja de privilégio de um dos pólos, seja de fixação em determinada posição situada na linha gradativa entre eles, se mantém em aberto, disponibilizando outras tantas figuras do limite.

---

[154] Molder, 2006, 354.
[155] Tunhas, 2006, 142-149.
[156] Ferrer, 2006, 198-206.

4.

AS TRÊS TESES MATRICIAIS
DO MODELO MODERNO DE FRONTEIRA

Intentar-se-á, neste ponto, um esforço de síntese. Aquilo que, na sua complementaridade, os capítulos anteriores põem em destaque é a configuração de dado modelo de funcionalidade política: trata-se, com efeito, da gradual definição dos modos e condições de activação de um *mecanismo ordenador*, a fronteira. Não se trata de uma descoberta da modernidade, naturalmente. Longe disso. O próprio do pensamento moderno consistiu em levar mais longe, retrabalhando-as, as propriedades do mecanismo, mantendo em aberto o carácter multifacetado que é razão da sua eficácia. É isso, de resto, que o torna um mecanismo temível, na proporção exacta da operatividade que lhe garante. E será, fundamentalmente, enquanto *modelo de operatividade* que a contemporaneidade o herdará da época moderna. E se é verdade que no momento dessa passagem já o *modelo* dá provas cabais de poder vingar enquanto *dispositivo*, é porque ele soubera previamente adquirir um painel inestimável de dotações funcionais.

Este processo pode acompanhar-se desde bem cedo. Nos inícios da modernidade, a noção de fronteira encontra-se suficientemente burilada para que se tornem claras, já então, as respectivas propriedades e condições de desempenho. A impressão com que se fica é a de que, por essa altura, andam associados ao conceito elementos de vária ordem, desde princípios teóricos e doutrinários até funções pragmáticas, passando por experiências concretas, historicamente inscritas. Alguns desses elementos tendem a ser agregados entre si, reunidos no âmbito do conceito de soberania, enquanto que outros sugerem persistir mais ou menos arredios a esforços de compactação teórica e de normalização. De alguma forma, o trabalho da modernidade consistirá em assegurar a manutenção de ambas as vias, ou, por outra, em investir sobremaneira na primeira, estimando ao mesmo tempo a margem de manobra e a agilidade funcional garantidas pela segunda.

É nesta perspectiva, só nela, que tem cabimento falar de um *modelo moderno de fronteira*. A expressão designa precisamente essa possibilidade de sentido e esse investimento de coerência em torno do conceito; nada disto fere a disponibilidade da ideia de fronteira para as dimensões da adaptabilidade, da variabilidade e da dispersão de significado, as quais, de resto, constarão de modo gradual do seu recorte conceptual e da sua eficácia. A nossa convicção aponta, portanto, para um grau de razoável estabilidade da noção de fronteira no quadro das primeiras sínteses produzidas pelo pensamento e pela teoria política modernas, estabilidade essa que, ao imputar à fronteira determinado conjunto de competências e determinado tipo de operatividade, lhe permite integrar, com visível sucesso, o painel de elementos que a modernidade se encarregará de popularizar quer ao sabor da sua apetência expansiva, quer da sua incorrigível apetência ordenadora.

É dentro desta linha de raciocínio que se torna possível isolar aqueles que aparentam ser, do ponto de vista da modernidade, os três eixos maiores dessa configuração funcional e doutrinária – desse *mecanismo*, será com certeza a expressão conveniente – que é a fronteira. Cada um desses três eixos nucleares é suportado por outras tantas teses, que lhes subjazem: a "tese da designação", a "tese do fundamento" e a "tese da disponibilidade".

4.1. TESE DA DESIGNAÇÃO

Esta primeira tese pode ser dada pela seguinte fórmula: *as fronteiras correspondem tanto à definição de uma exterioridade, quanto, sobretudo, à pretensão de visibilidade do invólucro que elas delimitam.*

Quer isto dizer que as fronteiras não remetem apenas para os contornos do que se demarca, nem para aquilo que, pelo acto da demarcação, ganha estatuto excêntrico ou alienígena; qualquer demarcação, na medida em que se faz a partir de um interior que se quer ver demarcado, remete, com naturalidade, para esse invólucro que é a entidade patrocinadora da activação dos limites. Subjacente a esta tese está pois a seguinte percepção: qualquer mecanismo de separação, e, mais ainda, aqueles que, como as fronteiras políticas, são regularmente trabalhados, não separa virado para fora, separa virado para o interior de si mesmo. A delimitação é uma *designação* – o "traço" denuncia um referente.

A este título, a relevância da actividade demarcatória, ou, especificamente, de cada um desses momentos de fixação dos marcos fronteiriços — ocasiões em que o reino, enquanto entidade demarcada, se instancia e se refaz, à escala local, no próprio acto de fixação dos símbolos que o delimitam —, essa relevância, se é certo decorrer, por um lado, da possibilidade de construir as exterioridades tidas por pertinentes, decorre também, por outro, da *evidenciação* assim garantida à própria entidade demarcada, como o atesta, de resto, o investimento narrativo-memorial a que esta se entrega. Neste sentido, cada cerimónia de instalação dos marcos visa conferir ao corpo do reino o estatuto de *facto notório* (não ensinara a tradição jurídica medieval que um tal estatuto *designava* uma verdade de tal modo evidente e perceptível ao olhar que, uma vez alojada no espírito dos homens, aí residiria *ad aeternum*?). Um reino demarcado, crê-se perene. O corpo dinástico *designado* pela demarcação, também.

Assim se compreende um segundo nível da questão: as fronteiras, enquanto margens, não funcionam apenas como o contrário dos centros; são também a reserva destes, quando não a sua outra natureza. Trata-se, aqui, de retirar as devidas consequências de exemplos como o fornecido por uma leitura da história portuguesa enquanto virtual mobilização em direcção a um horizonte de fronteira. Uma leitura segundo a qual, desde essa proto-expansão que é a reconquista peninsular, até à expansão africana, e, mais genericamente, ultramarina, ocorreu uma perpétua reinvenção de um limite posto diante dos portugueses, e deslocando-se sempre para diante deles à medida que dele se aproximavam, como se o *mundo* fosse irremediavelmente *fronteira*, ou como se a ucronia se fosse sucessivamente realizando enquanto utopia. Ora, reconhecer-se-á, mesmo sem ser preciso abandonar esta matriz explicativa, que essa progressão em

114 | O MÉTODO DA FRONTEIRA

direcção às fronteiras se fez acompanhar, em simultâneo, da constatada capacidade da Coroa em instituir-se, desde sempre, como pólo configurador desses processos estruturantes da construção portuguesa.

Uma percepção que se manifesta a dois níveis. Por um lado, no esforço de captação dos recursos mais visíveis desses espaços marginais por parte de uns centros de decisão só em aparência confinados à retaguarda da dinâmica fronteiriça (pense-se, por exemplo, neste sentido, na rentabilização do contrabando, pela esfera do rei e das elites sócio-políticas, na fronteira castelhana de Quatrocentos; mas pense-se então, com maior abrangência, que essa actuação é uma etapa de uma tendência longa em que igualmente se inscreverão, quer o gradual envolvimento da monarquia, em negócios similares, a partir da fronteira marroquina de Quinhentos, quer o modo de actuação da Coroa na fronteira brasileira, especialmente na segunda metade do século XVIII). E manifesta-se, por outro lado, no modo como as franjas do reino, ou do império, foram configurando um espaço de escoamento das tensões existentes no seu seio, à laia de "reserva" onde se fazia desembocar a energia social tida por excessiva. Está aqui em causa, afinal, a activação da dimensão da fronteira como potencial receptora de tensões, como margem estimada, paradoxalmente, enquanto garante das sinergias procuradas, internamente, por uma sociedade em expansão. Será irónico, mas é assim: só um centro bem delimitado (i.é, solidamente *designado*) pode estimar o potencial *ilimitado* das margens (na segunda tese retiram-se as devidas ilações deste aspecto).

Naturalmente que, assim sendo, a fronteira, factor de complexificação histórica que é, não age porém sobre o real como garantia de metamorfose social. Persiste, com efeito, na fronteira, uma dimensão de resistência à "metamorfose", cuja expressão é o inusitado "conservadorismo" que o nível socio-histórico da análise lhe surpreende: recorde-se que a sua activação enquanto mecanismo social propicia mesmo, sob não poucos ângulos de visão, a cristalização das matrizes socio-históricas em presença, mas não a respectiva reversão. Na verdade, já deverá aparecer como seguro, no quadro da primeira modernidade, aquilo que a própria experiência histórica moderna se encarregará de ir comprovando (e que, bem perto de nós, Prigogine explicará tecnicamente): que, mesmo quando o *limiar* marca o aparecimento de um regime de funcionamento novo, esse novo deve entender-se de uma maneira *relativa*, isto é, sempre explicável por referência ao que o produz.

Há ainda um terceiro aspecto a ter em conta no âmbito desta primeira tese. Tem a ver com o espaço reservado à contingência no campo do conceito de fronteira. Não sobram dúvidas de que a instabilidade das fronteiras é o preço a pagar pela sua relevância "contextual", pela sua propensão plural e pelo seu potencial de desdobramento, constatação que tem nas figuras da duplicação de fronteiras, da sobreposição de fronteiras, do apagamento de fronteiras e da reposição de fronteiras a sua expressão acabada. Dito isto, importa frisar que, se estes elementos existem, em qualquer fronteira, de modo *latente*, vigorando nela *em potência*, não é contudo forçosa, e menos ainda permanente, a sua manifestação. Semelhante latência não pode, portanto, tomar-se por essência da própria fronteira, como que antecipando-se, por inerência, à contextualização proporcionada, a essa mesma fronteira, pelos respectivos quadros históricos; aquilo que, em bom rigor, está próximo do âmago da fronteira e pode ser talvez dito essencial nela é, agora sim, a disponibilidade assegurada por essa latência, o carácter "negocial" adveniente à fronteira por via de uma eventual activação desses elementos potenciais, a certeza, em suma, de que cada uma dessas iniciativas e activações permite aclarar uma sede referenciadora (este será assunto da terceira tese).

Donde, constatar a presença da instabilidade e da contingência por entre os elementos integrantes do corpo do conceito só pode significar a consciência de que é no enfrentamento com essa contingência (um enfrentamento entendido como "negociação" pelo que se considere ser, em contexto, a melhor opção) que se instaura a possibilidade de um *referente*, ou seja, que se torna possível activar a matéria autoral. Permitir o exercício demarcatório que confira sentido à dispersão; e permitir o re-conhecimento desse esforço ordenador; são estes os dois momentos complementares que a contingência, contra ela própria, acaba por assegurar. Daí que ao pensamento moderno não se imponha terminar com a ambiguidade mas geri-la, até porque só essa gestão permite a definição das situações de transgressão, de excepção, de punição ou de perdão, expressões autorais máximas em matéria de fronteira, tal como só ela permite o gesto articulador que, integrando todas essas modalidades, *designe* o autor. Porque o autor é demarcado pelo próprio acto de demarcação que ele assegura.

4.2. TESE DO FUNDAMENTO

A segunda tese formula-se nos seguintes termos: *as fronteiras, porque comportam uma dimensão fundacional, encontram-se obrigadas, em permanência, à tarefa continuada da sua própria legitimação; com o que a "fundação" devém, alucinatoriamente, "fundamento".*

Remete-se aqui para o "salto" permanente que, no âmbito do conceito de fronteira, se produz entre, por um lado, as práticas demarcatórias, sinalizadoras de uma entidade, e, idealmente, de uma escala identitária, e, por outro, a dimensão de projecto, sinalizadora de um trajecto com foros de ilimitação, que é suposto aquelas práticas irradiarem. Este "salto", na medida em que corresponde a um esforço de explicitação fundado em si mesmo, é uma *evidência*: impõe-se de modo irrecusável, excessivo pelo carácter inevitável e necessário que atribui à vertente fundacional da fronteira; excessivo, ainda, porque, em virtude dessa obsessão em escamotear o carácter contingente do momento fundacional, transforma automaticamente a *fundação* em *fundamento* – fundamento de projectos, de expectativas, da possibilidade (regularmente sugerida enquanto certeza) de que essas expectativas sejam preenchidas. Trata-se, por certo, de uma tarefa de monta. O fundamento, ao assim reivindicar um estatuto de evidência, fica refém da necessidade de algum tipo de legitimação que ele sabe não possuir na origem. Se a fronteira comporta uma alucinação de sentido é porque ela carrega consigo o "abismo do fundamento" (na feliz expressão de Gil), isto é, o recalcado e o contingente da fundação que, precisamente, ela procura, sem inteiro sucesso, ocultar. Por isso, o fundamento é um regime de inteligibilidade que impõe um sistema de constrangimentos, destinados a obter, maugrado uma fragilidade na base, um nível de *adesão* e de reconhecimento que ele não pode dispensar. Eis que se torna, entretanto, no decurso deste processo, duplamente refém: enquanto problema de

AS TRÊS TESES MATRICIAIS DO MODELO MODERNO DE FRONTEIRA | 117

legitimação, o fundamento inscreve-se no processo da *crença*. Inevitável se torna que ele trabalhe, portanto, sobre os "circuitos crentes": os regimes de fixação e transmissão; a subjectivação da ideia de permanência; a instrução dos sentimentos de confiança; e a mencionada recolha da adesão (traduzida, consoante o grau de conseguimento alcançado, nos termos de um assentimento, ou de um mero investimento crente, ou até nos termos dessa "crença forte" que é a convicção).

A forma como estes processos são trabalhados no quadro da soberania política afigura-se exemplar dos contornos que pode assumir, em termos mais concretos, o desempenho da fronteira no âmbito desta segunda tese. Recorde-se, a este propósito: a constatação do peso matricial das figuras do *limite* no campo conceptual da soberania; a verificação de que os vários *circuitos crentes* constitutivos da soberania têm por referência forte a ideia de *permanência*, sobre a qual trabalham; e o pressuposto de que a ambição legitimadora da soberania não pode dispensar esse requisito da acção soberana que á que é suscitar formas de *adesão*, ou, pelo menos, formas razoáveis de *assentimento*.

É fundamental a questão do regime de temporalidade. A matriz da permanência, conforme observámos, tem, desde cedo, sede própria no conceito de soberania, patrocinando as mais diversas aflorações de uma linearidade temporalmente instruída, das quais o debatido *salto crente* das vontades individuais à vontade geral (e pelo qual a ilimitação reivindica foros de universalidade) constitui, com toda a certeza, o caso mais sério. A insistência dos vários teorizadores da soberania em fazer da abdicação das vontades particulares em favor de um só indivíduo o nó crítico da soberania, maugrado a incomodidade que esse aspecto lhes levanta em termos de sustentação legitimadora, repousa em boa medida numa pressuposição de continuidade que, se não responde cabalmente à questão do primeiro legislador, responde pelo menos à questão da unidade temporal do poder soberano ali gerada – doravante ali gerada – e que, essa sim, importa abonar durável e permanentemente. Uma pressuposição de continuidade que justifica, por arrasto, a ideia de um *interesse comum* (o de inspiração bodiniana ou os posteriores, a distinção não é aqui significativa) – e, donde, uma história comum e um destino comum, que, ao instituirem uma vivência da temporalidade comum aos vários indivíduos e comum ao conjunto formado por estes e pelo soberano, introduzem um elemento mais de legitimação (admita-se que não de primeira ordem, mas, ainda assim, elemento de legitimação subjacente) numa ideia de vontade geral que dela carece e que, a esta dimensão, aparece subitamente dotada de um estatuto de evidência que doutrinariamente não logra alcançar.

Ora, a fronteira, que, em virtude do investimento ritual que solicita, é pretexto de comunhão cívica, e, donde, produto e expressão de uma mediação entre um soberano e um conjunto de indivíduos (entre vontades individuais e vontade geral), ela é, também, a seu modo, uma forma mais de sustentar e legitimar esse "salto crente" no domínio da vontade. A correspondência deste último com esse outro "salto" entre demarcação e ilimitação deve pois ter-se por efectiva.

Neste quadro alucinatório assente sobre a ideia de permanência as responsabilidades da história parecem inegáveis. Não é sem razão que ela tem podido ser referida como lugar e processo de produção de crença. E, com efeito, é da vocação da história que assim seja, devendo encarar-se o seu desempenho no contexto da noção de soberania, isto é, o seu impulso legitimador, como expressão disso mesmo. O preço a pagar por este investimento na historicidade tem expressão na conhecida ambiguidade da soberania em matéria de fundamentação. Veja-se. Dado o carácter auto-instituinte do poder soberano, e, conforme acabámos de referir, a necessidade assim aberta de uma acção soberana legitimada na sua base de uma vez por todas, o estatuto de *evidência* surge obrigatoriamente como um dos desígnios das teorizações da soberania (a função normalizadora e vinculativa da permanência, de par com a crença na continuidade, preenche o contributo da história para fixar uma soberania que se põe enquanto evidência). Dada, porém, a reconhecida apetência da soberania para se realizar em acção soberana, e, assim sendo, para se consumar no *progressivo*, ela impõe um trabalho permanente de reificação dos seus próprios fundamentos, com o que se vê igualmente obrigada à *prova* (exigência que encontra na disponibilidade probatória da história um mecanismo não despiciendo de transmissão e reinvenção das crenças fundacionais).

AS TRÊS TESES MATRICIAIS DO MODELO MODERNO DE FRONTEIRA | 119

A linha, o *traço*, designa um poder em acto – donde, ele autoriza, tanto quanto carece, de um processo de historicização do limite; que o dê por evidente, ou que o dê por provado (se o próprio "exemplo", pela sua recorrência, faz prova, é porque ele pode considerar-se um bom instrutor de continuidades) O fundamental mesmo é que o faça de modo a garantir padrões satisfatórios de assentimento (de resto, a prova, é Wittgenstein quem insiste nisso, pode ser dita como aquilo que convence). Pelo que, num caso como noutro, a adesão, enquanto resultado obtido a partir de um trajecto pelos circuitos crentes, significa, sobretudo, a confiança na ideia de permanência. O que nos ajuda a perceber por que motivo a ambiguidade acima evocada não implica para a soberania, como não implica para a fronteira, uma redução de eficácia. Pelo contrário. Mais parece que ela é bem a expressão de uma abrangência legitimadora de que a fronteira não prescinde e que a conduz, um tanto invulgarmente, a mobilizar em simultâneo quer a *evidência* quer a putativa inimiga desta que é a *prova*. Não é para menos: está em causa, ao nível da fronteira e das tarefas de legitimação nela co-memoradas, a solidez possível das condições do *assentimento*. É ao nível deste, quer dizer, ao nível da recepção e das condições de participação do destinatário na operação do *fundamento*, que caberá uma triagem mínima sobre os circuitos crentes. A esta triagem chamamos *negociação*; é no reconhecimento da sua presença que começa o carácter disponível da fronteira.

4.3. TESE DA DISPONIBILIDADE

Enunciemos a terceira tese: *as fronteiras são historicamente disponíveis*.

A disponibilidade de que aqui se fala é a que decorre de dois aspectos. O primeiro tem a ver com a possibilidade, sempre em aberto, de apropriação "negociada" das valências da fronteira pelos diferentes actores sociais, possibilidade que persiste mesmo nos casos em que se torna evidente, para esses actores, que o lugar de máxima referencialidade e de maior capacidade negocial se encontra já ocupado. O segundo tem a ver com o

120 | O MÉTODO DA FRONTEIRA

que se poderá chamar a disponibilidade das formas, remetendo-se, com esta expressão, para a possível activação de diferentes figuras do limite e, por consequência, de diferentes modalidades de fronteira, consoante o contexto e a conjuntura.

Quanto ao primeiro, importará deixar bem claro o seguinte: que não podem existir dúvidas sobre o modo como a reconhecida contingência associada à fronteira (e os regimes correlacionados da latência da fronteira ou da vigência potencial dos elementos fronteiriços), bem como, de modo geral, todos os mecanismos imputados à fronteira, são passíveis de apropriação, construção ou redefinição por parte dos actores sociais, historicamente considerados nas respectivas situações concretas, apesar de, ou em paralelo com, a constatação de idêntico aproveitamento (já referido na primeira tese) por parte do centro, ou, nos termos do nosso raciocínio, por parte do Autor, tendencialmente propenso, como tudo indica, a chamar a si a primazia desses processos e, aliás, a "designar" o seu próprio lugar a partir deles. O que se explica: sendo a fronteira um mecanismo propiciador da negociação, é inevitável que as sedes mais poderosas e com maior peso negocial, caso das que abstractamente designamos por "centro", dele retirem o máximo partido; a margem de manobra que sobra para os actores sociais persiste, ainda assim, em aberto, ainda que obrigados (do grau desta obrigatoriedade depende a localização de cada fronteira concreta na coordenada dos totalitarismos) a entrar em linha de conta, para a definição do seu posicionamento em relação à fronteira, com essa presença modeladora. Por outro lado, importará frisar também que o reconhecimento deste potencial negocial suportado pela fronteira não nega a vertente ordenadora e referencial que ela propicia; não tem, de resto, porque a negar, dado que também essa activação de propriedades ordenadoras por parte do centro é, por definição, resultado de um mesmo processo negocial efectuado sobre a funcionalidade da fronteira (processo negocial esse onde, evidentemente, os meios de coação, pressão e imposição não são desprezíveis).

No tocante ao segundo aspecto, a ideia central é a de que uma disponibilidade constante para que possam manifestar-se ou ser activadas as diversas figuras do limite, consoante os contextos, os quadros doutrinários e as estratégias políticas subjacentes, é característica tópica do regime fronteiriço da modernidade. Veja-se, a título exemplar, a questão da ilimitação: mais do que mero oposto da delimitação, mais, também, do que a modalidade pela qual o limite se exprimiria em termos de alucinação, a ilimitação surge, à luz desta dimensão, como a expressão da impossibilidade de impor, seja em que circunstância for, um modelo único ou sequer privilegiado do limite. Do que se trata, pois, é da possibilidade de ficar em aberto seja a activação do limite enquanto demarcação, limitação, separação, ou contenção, seja, num outro sentido, a activação de outras propriedades do limite vocacionadas para a transgressão, a excepção, ou a expansão; essa capacidade em aberto, poder-se-á dizer essa disponibilidade para decidir sobre essas opções é que verdadeiramente permite definir a fronteira, no âmbito da modernidade, pelo elevado *potencial* de realização que transporta.

É pela estima conjunta dos dois aspectos aqui aflorados e pelo reconhecimento da sua importância no próprio recorte pragmático do conceito que a fronteira processa a sua configuração enquanto dispositivo, entenda-se, enquanto um mecanismo confiável para efeitos de adaptação contextual e de activação multiforme. Perceba-se bem, pois, em toda a sua a dimensão, o verdadeiro alcance desta terceira tese. É ela que permite introduzir *flexibilidade* no conceito, sendo ela que retira à noção de um "modelo" de fronteira a carga de fechamento e de rigidez que ele poderia sugerir. Resulta, de facto, da presença deste argumento da disponibilidade, que o modelo se define, constitutivamente, como impossibilidade de transposição acrítica e de uniformização a-contextual no relativo à utilização dos mecanismos assegurados pela fronteira. Tomar-se-á nota, mais ainda, de que, à luz desta terceira tese, as teses primeira e segunda podem, inclusive, tanto ocorrer como não ocorrer, ser activadas em parte ou na totalidade, à vez ou em simultâneo. Joga-se aqui, como está bom de ver, a plasticidade do modelo. Não propriamente, ou não somente, no âmbito da sua matéria conteudística, quer dizer, não somente ao nível da coerência interna dos elementos residentes no conceito de fronteira; sim, muito mais, ao nível do modo como esses mesmos elementos interagem com dimensões como o contexto ou a conjuntura, ao nível, por conseguinte daquilo que podemos chamar a matéria da historicidade e que justifica essa predisposição das formas fronteiriças para a respectiva activação em moldes não uniformes. Só esta dimensão pode explicar o sucesso histórico do modelo e a sua pouco linear mas duradoura operatividade. Quando o século XIX se dispõe a tratar do tema da fronteira, tem ao seu dispor uma gama infindável de modalidades de activação e configuração de um mecanismo da fronteira cada vez mais disponível para assumir a sua valência de dispositivo. È disso que trata a segunda parte deste livro.

B | DISPOSITIVO

5.

REGIMES DE ADAPTABILIDADE

Reconhecer à fronteira o estatuto de *dispositivo* implica reconhecer-lhe um desempenho inquestionável em duas frentes, a da adaptação e a da reprodução. Deixaremos por agora a questão da reprodutibilidade, que será objecto do capítulo seguinte. Ficamos com a adaptabilidade. A boa pergunta é aqui a seguinte: é a fronteira mecanismo dotado de uma capacidade de adequação tal que lhe permita ser exportável para diferentes contextos e, em simultâneo, acrescentar ao seu recorte conceptual, a partir desses trajectos históricos, novas formas de operatividade? Uma resposta afirmativa a esta questão caucionará, em larga medida, o reconhecimento da fronteira enquanto *dispositivo*.

Neste capítulo procura-se dar conta dos vários perfis demarcatórios e das várias geometrias produzidas pela movimentação das fronteiras numa conjuntura histórica, como a do século XIX, em que a tradição associada ao conceito, nomeadamente a dos vários elementos integrantes do modelo moderno de fronteira, havia gradualmente disponibilizado, nos séculos anteriores, uma pluralidade de propriedades inerentes à fronteira passíveis de formas de activação diversa. E, com efeito, o cruzamento dessas possibilidades produzirá fórmulas tão variadas quanto as conjunturas concretas que as enquadram. A sua descodificação nem sempre é fácil. A melhor maneira de o fazer é a de tentar surpreender, para cada uma das fronteiras concretas analisadas, quais as *figuras do limite* (delimitação, ilimitação, ou outras, inclusive as que entretanto se lhes forem agregando) que lhes subjazem. Na realidade, é o modo como cada situação histórica produz determinada combinatória destes elementos que nos permite decidir do significado de cada uma das fronteiras em causa, bem como, em termos genéricos, aferir da plasticidade do conceito de fronteira e da respectiva predisposição para a adaptabilidade.

126 | O MÉTODO DA FRONTEIRA

A nossa indagação incidirá sobretudo no contexto americano, mais propriamente sul-americano e, com maior rigor, brasileiro. Comporta três etapas prévias, o registo de três situações exemplares às quais aludimos de forma breve: a definição da fronteira enquanto "centralidade" no argumento germânico da *fronteira interior*; a construção da *american frontier* pelo discurso historiográfico norte-americano; e as atribulações sul-americanas do instituto demarcatório do *uti possidetis* no seu confronto com a política miscigenatória. Centralidade, ilimitação e demarcação, as três figuras que ressaltam de cada uma dessas situações, serão depois, com mais demora, testadas no momento da sua mobilização por um debate identitário brasileiro que, em Oitocentos, surge obcecado com a definição das fronteiras jurídico-políticas e culturais. E com o lugar da Ibéria nesse quadro.

5.1. A DERIVA "INTERIOR", OU A FRONTEIRA NO CENTRO

Se o "limite" se faz incorporar na definição que, no século XVIII, a *Encyclopédie* dá do termo *nação* – "termo colectivo que se usa para exprimir uma quantidade considerável de povo, que habita uma determinada porção de território, encerrado dentro de determinados limites e que obedece ao mesmo governo" –, definição onde as noções de território, fronteira e soberania se conjugam com as de população e poder, é porque era tida por segura, já então, uma valência do limite que, mesmo se já conhecida e trabalhada desde a pré-modernidade europeia, se manifestava agora, em contexto de maturação da estatalidade, com um índice de pragmatismo e de evidência superiores: a da *pulsão centrípeta do limite*. Já lhe fizemos referência no decurso deste trabalho. Resumamo-la na ideia de que qualquer processo de activação de um limite (cujo leque de habilitações funcionais, é certo, aumenta na proporção directa dos próprios avanços verificados ao nível das técnicas de demarcação e conceptualização do território) não se esgota, mesmo se o aparenta, num esforço de delimitação de exterioridades, nem se reduz à clarificação de uma linha imposta, digamos assim, pela negativa, mas faz-se, também, constitutivamente, através daquela mesma delimitação, em ordem ao reforço da entidade que nesse acto demarcatório se vê, positivamente, referenciada. É também por esta via que as fronteiras podem ser ditas uma outra face dos centros[157]. De resto, a história da afirmação do Estado na modernidade e para lá dela é em razoável dose a história desta deriva centrípeta.

Até porque, por outro lado, esta propensão para o centro encontra ainda expressão a um outro nível, justamente o que decorre do paulatino reconhecimento da historicidade destes processos. Recorde-se, a benefício do que vem de ser dito, o elevado grau de interdependência entre história e fronteira, o qual temos sugerido com frequência (de acordo, aliás, com a comprovada simultaneidade entre interiorização de sentimentos de pertença e convicção na perenidade) e que se apresenta particularmente vincado no âmbito da modernidade, altura em que "as fronteiras, e, em particular, aquelas que separam os territórios nacionais (que aparecem como fronteiras por excelência, valendo como modelo para todas as outras) constituem um lugar essencial da historicidade, da historicização das identidades [sendo que] deste ponto de vista, elas precedem de longe tudo o resto que a historiografia francesa agregou ultimamente sob o nome de *lieux de mémoire*"[158]. Tanto assim é que, "nos nossos velhos Estados-nação europeus, a historicidade articula-se de modo privilegiado com a instalação, a fixação e o deslocamento, o reconhecimento das fronteiras. Estas tornam-se em *fetiches*, a um tempo concretos e abstractos, materiais e espirituais, da consciência histórica [actuando] tanto de maneira retrospectiva, desde que as "tradições" se vêm partilhadas ou simplesmente "inventadas", "imaginadas" no quadro das fronteiras actuais, quanto de maneira prospectiva, utópica, como foi o caso de todos os projectos de "fundação" de impérios, de nações, de comunidades revolucionárias". Por isso, "a fronteira é simultaneamente a instituição mais "exterior", aquela que se impõe de modo mais violento, e aquela que o sujeito "vive" e "assimila" de modo mais íntimo, cristalizando os sentimentos de pertença à comunidade (o imaginário da nacionalidade)

---

[157] Vejam-se os pontos 1.3. e 4.1. deste trabalho.
[158] Balibar, 2001, 59.

e se metamorfoseia assim no que, numa fórmula célebre, Fichte chamava a "fronteira interior" (*die innere Grenze*)"[159].

Porquê *interior*? O próprio Fichte o explica: "As fronteiras primeiras, originais e verdadeiramente naturais dos Estados são sem dúvida nenhuma as suas fronteiras interiores [...] É somente desta fronteira interior, traçada pela própria natureza espiritual do homem, que resulta o traçado das fronteiras exteriores do seu habitat, que não é senão a sua consequência". Deixando de lado, neste momento, a problemática das "fronteiras naturais" em que notoriamente o texto está ancorado, o que toma particular relevo para nós é que esta propensão para a interioridade traduz, uma vez mais, agora a um nível mais intimista ou, em nomenclatura técnica, mais da ordem do sensível, o desdobramento do limite em direcção ao centro. Ao *seu* centro, por certo que sim; mas reconhecer-se-á então, e já não será pouco, que o limite tem uma estrutura compósita que contempla a vigência de centralidades. E para que seja possível afirmar, a propósito desse desdobramento fichteano, que nele se cruzam "uma dialéctica temporal e uma dialéctica do território", obrigatório será entendê-lo, fundamentalmente, como uma recusa de desalojamento originário, não como modo de preservar a essência correspondente a essa fronteira interior mas como forma de nesse limite interno sediar a inspiração para os rumos a tomar (pela germanidade, no caso) em direcção ao futuro, lugar em potência da regeneração espiritual e moral. Porque, neste raciocínio, aquele âmago, aquele ponto central essencial e originário permanentemente descoberto pela fronteira interior "não designa *aquilo de onde provém um povo, mas aquilo em direcção ao qual ele avança*"[160]. Com o que a localização da interioridade devém, em última instância, promessa de futuro.

Ora, ao generalizar-se o modelo do estado-nação, ou, dizendo-o com maior ancoragem historiográfica, à medida em que a modernidade processa esse longo movimento de exportação do estado-nação como forma de arrumação política, primeiro nas margens do espaço europeu e depois

---

[159] *Idem*, 62-63.
[160] Balibar, 1997, 150.

para fora dele, em direcção à *sua* periferia – movimento que, deste ponto de vista, pode ser perseguido até à actualidade –, esta segunda modalidade de realização da fronteira enquanto centro (a da "fronteira interior") segue junto com a primeira (a da "fronteira centrípeta"), integradas ambas no quadro de valências do mecanismo "fronteira". O resultado maior da sua activação conjugada é, provavelmente, a *american frontier*. Aí, a fronteira parece caminhar irreversivelmente para a sua própria centralidade.

5.2. *FRONTIER*, EXPANSÃO E VIRTUDE

Dois anos antes de publicar, em 1893, o seu artigo decisivo, "The Significance of the Frontier in American History", o historiador americano Frederick Jackson Turner escreveu um breve ensaio, único do género no quadro da sua produção académica, sobre a função da história e o seu lugar no contexto das ciências sociais, intitulado "The Significance of History" (1891)[161]. É sintomático que o tenha feito, como que prenunciando através dessa reflexão preliminar, que corresponde à sua "única tentativa de delinear uma filosofia da história"[162], o carácter de historicização do limite que haveria de calhar à sua obra maior sobre a fronteira americana. Por outro lado, esse esboço teórico denuncia já, de forma suficientemente clara, a influência das *correntes evolucionistas* que se conjugam com a sua formação positivista na década de 80 do século XIX e que lhe hão-de marcar as posteriores teses sobre a fronteira e a história americanas. A esta luz, é sem surpresa que ali se detectam alguns dos lugares canónicos da inspiração evolucionista: a equiparação das sociedades aos organismos e a crença nos respectivos estádios evolutivos, a partir de apropriações cruzadas de Darwin, Spencer, Comte ou Maine; a ideia do crescimento como *adaptação permanente*; ou o entendimento da construção da identidade enquanto busca de *diferenciação* – permanente, uma vez mais

---

[161] Turner, 1973, 197-208.
[162] Bonazzi, 1993, 149.

130 | O MÉTODO DA FRONTEIRA

– produtora de organismos distintos, bem na senda dos ensinamentos neo-lamarckianos[163].

Este seu alinhamento teórico acarreta duas consequências. Uma, é a impossibilidade de estudar a história de um organismo em perpétua reinvenção de espaços e consequente adaptação, como os Estados Unidos, sem privilegiar, precisamente, essas áreas novas onde o processo de diferenciação ocorre, isto é, a zona da fronteira. Uma segunda consequência é a do peculiar carácter de *espacialidade* que toma, nos Estados Unidos, o processo evolutivo da mudança, tornando imprestável uma aplicação rígida e formalista do modelo diacrónico. Este aspecto assume importância maior na argumentação turneriana, já que, inicialmente, terá sido precisamente na base de uma aplicação automática da teoria dos estádios evolutivos que entre os intelectuais da costa leste se terá difundido a convicção numa superioridade dos *easterners*, tidos por *civilizados*, frente ao oeste, ainda *selvagem*. Para Turner, ao invés, semelhante tipo de linearidade é simplesmente inadequada ao caso americano, já que aqui cada novo ambiente de fronteira, ao criar um espaço novo e um novo processo de adaptação, faz com que o processo de mudança tenha uma diferente natureza, dado que moldado pela dimensão espacial, no sentido em que, dirá o próprio, "o desenvolvimento social da América esteve continuamente a começar de novo na fronteira"[164].

Convirá referir, entretanto, que da triagem efectuada por Turner sobre o pensamento dicotómico entretanto enquistado na historiografia americana, consta não apenas uma forte reserva frente à dicotomia civilização-barbárie, mas também, em paralelo, uma instrução desta feita positiva de outras dicotomias mais adequadas aos propósitos fundacionais da sua produção e que adquirem um estatuto nodal no discurso sobre a *frontier*. Exemplares a este título são a oposição Europa-América e a dicotomia presente-passado. "No início – dirá Turner – a fronteira era a costa atlântica. Era a fronteira da Europa no verdadeiro sentido. Deslocando-se para Oeste,

---

[163] *Idem*, 149-171.
[164] Turner, 1986, 2 e 1-38.

a fronteira tornou-se cada vez mais americana"[165]. Diremos nós: cada vez mais *interior*. E porque profunda é a distância entre o actual homem da fronteira [*frontiersman*] e o antigo emigrante europeu, Turner fala de um processo de *"renascimento"*. Daí concluindo, sem surpresa, que o ponto de mira essencial na história da nação "não é a costa atlântica, mas sim *o imenso oeste*"[166]. Tudo somado, não parece errado deduzir que, nesta perspectiva, a *frontier* é de facto, no seu movimento expansivo e apesar dele, um movimento "para dentro", quer dizer, ela é também uma *fronteira interior*, à maneira fichteana. Por isso esse movimento é fundante, consumação do início de algo, da possibilidade e da legitimidade da ocorrência da expectativa, movimento, pois, produtor de futuro. Nem poderia ser de outra forma: os espaços da fronteira surgem como verdadeiras possibilidades em aberto, terrenos de oportunidade, em suma, "portas de escape da sujeição ao passado"[167]. Percebe-se. Sendo a fronteira o espaço de purificação e de redenção, a sua superioridade face às áreas de há muito povoadas deduz-se sem mais. Pode, por conseguinte, atendendo ao que vem de ser dito – e mais que não fosse em razão do inusitado encontro que surpreendemos entre Turner e Fichte –, compreender-se a observação de Bonazzi, ao sustentar que a obra turneriana, na medida em que "providencia um derradeiro exemplo dessas meta-narrativas que foram usadas para legitimar a modernidade no mundo ocidental, pertence a uma tradição comum a Europa e América". Já, porém, quando ele afirma que "o excepcionalismo americano e a tese da fronteira são parte do sistema-mundo ocidental [podendo] até ser vistos como a expressão de uma cultura empurrando a "ordem do discurso" do sistema ocidental até a um extremo – até à sua última fronteira"[168], quer-nos parecer que, mesmo salvaguardando a pertinência da hipótese, ela situa-se não tanto no lugar derradeiro que lhe é conferido pela sua aparência de desenlace,

---

[165] *Idem*, 4. Ver, com proveito, Bonazzi, 1993, 154, nota 19, para a contextualização da expressão no âmbito da obra de Turner.

[166] Turner, 1986, 3.

[167] *Idem*, 38.

[168] Bonazzi, 1993, 168.

132 | O MÉTODO DA FRONTEIRA

mas mais, francamente mais, no ponto exacto em que uma torrente de questões emerge adentro do estudo da *american frontier*. Onde situar, de facto, esta última fronteira? Podia a tese da fronteira ter um limite espacial, ou sequer um limite temporal? Não é verdade que, segundo se depreende das justificativas do próprio Turner – para quem na história existe, fundamentalmente, "continuidade" – a promessa americana não pode estar confinada a nenhum ambiente particular e transcende de igual modo todas as épocas históricas?

Joga-se aqui, afinal, o problema do fim da fronteira, que aliás a própria publicação da obra de Turner assinala, ao coincidir com o momento em que cessam oficialmente as terras livres e a conquista oficial do oeste. Mas é justamente porque ele está ciente do perigo implicado nesse fechamento da fronteira que se entrega à tarefa de elaborar uma versão da fronteira enquanto continuidade, implicando mudanças, por certo, mas de acordo com um princípio em que, até pelo valor teórico reconhecido à mudança como condição de evolução e desenvolvimento, nem o fim da fronteira podia equivaler a uma diluição das energias geradas pelo movimento da fronteira ilimitada. Não obstante, a incomodidade é evidente. O que se percebe, se atendermos a que a colocação do problema era recorrente na cultura americana e que o reputado lugar estruturante da fronteira na auto-consciência da americanidade era afinal, em larga medida, o lugar estruturante do problema do fim da fronteira. É que, acreditava-se, de há muito, em alguns círculos políticos americanos, sem terras livres e a correspondente expansão o corpo da nação arriscar-se-ia a resvalar para a *corrupção*; ao contrário, o vazio (de terras e de espaços na fronteira) significava "uma reserva infinita de *virtude*"[169].

Colocava-se, porém, o problema de como conciliar a expansão, ou seja, a apropriação de reservas infinitas de terras por camponeses livres e independentes no âmbito de um movimento que se fazia associar à *virtude* – a expansão era, em primeira instância, a expansão da virtude –, com o comércio, o qual, de acordo com alguma doutrinação, era potencial foco

---

[169] Pocock, 2002, 638.

de *corrupção* do homem agrário. Essa necessária compatibilidade entre agrarismo e comércio, que, a exemplo do que sucede com Jefferson, é tão considerada quanto temida (porque, precisamente, uma vez fechado o ciclo das terras livres a virtude não poderia acompanhar o passo do comércio e a corrupção "por-se-ia de novo em marcha") viria a receber impulso significativo por ocasião da contaminação da utopia americana por um milenarismo que, sendo-lhe matricialmente estranho, se preocupará em conduzir a sociedade em direcção a um milénio verdadeiramente americano, objectivo em função do qual era possível reconhecer virtudes impulsionadoras ao comércio, entendendo-o como um natural sucedâneo das terras livres[170].

Assim se entende, explica Pocock, "que por entre as constantes da mitologia americana se encontre a reiteração da profecia segundo a qual o império de proprietários independentes não só perpetuaria a virtude dos agricultores livres (*yeoman*), como também constituiria um comércio destinado a ultrapassar os limites continentais e que, contribuindo para a abertura dos mercados da Ásia, procederia à libertação das mais antigas sociedades humanas". Na verdade, como que em forma de resolução antecipada desse trauma recorrente, também ele vivido por antecipação, que é o fim da fronteira, a metáfora do oeste ilimitado é esgrimida como realidade possível: "Ali está o oriente; ali está a Índia", exclamaria Thomas Hart Benton, diante do público, em San Louis, apontando para oeste". Não admira que seja "neste contexto de união e convergência entre virtude e comércio na actividade dos proprietários independentes que tem lugar o nascimento da profecia do papel global da América; um papel global que garantiria a perpetuação de tal união mesmo depois que as margens do Pacífico houvessem sido alcançadas"[171].

A libertação da Ásia é parte da visão da América como *nação redentora*. Na verdade, a ideia de redenção tem um longo trajecto na história americana e em particular no movimento expansivo implicado

---

[170] *Idem*, 645-646.
[171] *Idem*, 646.

na fronteira[172]. Desde os seus inícios que a eficácia histórica da *frontier* parece ter ficado a dever-se, tanto quanto à ideia de *manifest destiny* que ela providencialmente corporizava[173], às estratégias de redenção por ela postas em marcha. Duas, pelo menos, estão repertoriadas: a possibilidade de, mediante a mobilização de um norte e um sul antes desavindos, propor um espaço a oeste que fosse comum a ambos e de nesse processo sarar as cicatrizes da guerra civil é uma delas; a outra é a que apresenta a fronteira, enquanto espaço permanentemente em aberto, como margem de segurança para onde o centro pode fazer desaguar os conflitos potenciais ou existentes no seu seio[174]. Hegel, no seu tempo, viu nesta particularidade americana a justificação para a demora aí sentida quanto à instalação de uma estrutura política a que se pudesse, em rigor, chamar Estado, preconizando, ainda assim, que, fatalmente, no momento em que cessassem as terras livres, a inevitável eclosão dos conflitos de classe e de organização ditaria a necessidade de um verdadeiro Estado. A seu modo, as suas palavras são uma previsão mais sobre as implicações do fim da fronteira à escala americana. Ora, assim entendidas, deverá reconhecer-se, à luz do que hoje sabemos, que elas revelam, ironicamente, menos capacidade prognóstica do que as profecias oitocentistas sobre o papel global da América e a ultrapassagem dos limites continentais. Porque o facto é que, se, de certo modo, o avanço americano para oeste se adequa bem à "marcha da história" entendida em termos hegelianos, isto é, a um processo histórico desenvolvendo-se do oriente inicial para o ocidente, desde a Ásia à Europa e (por arrasto) aos Estados Unidos, a *frontier*, enquanto fronteira *interior* em movimento *ilimitado*, levava aquela ideia às últimas consequências; de alguma maneira, ao mirar a Ásia, ensaiava o fecho da viagem hegeliana, tornando-a em permanente circum-navegação. Necessariamente imparável – visto era que o risco de imobilização das energias vitais seria o triunfo da corrupção sobre a virtude. Uma vez posta em marcha, a *frontier* tinha-se tornado *ilimitação*. Ora

---

[172] Thomas, 1996, 117-137.

[173] Cronon, Getlin, Miles, 1992; Catroga, 2006.

[174] Thomas, 1996; Martins, 2001.

esta, por definição, não é mera alternativa da delimitação; a ilimitação é a possibilidade sempre em aberto de que ocorram todas as diversas figuras do limite, em regime de potencial absorção de todas elas – a demarcação, a transgressão, o impulso centrípeto e interior, a ilimitação propriamente dita – e de todos as entidades que nelas se fundamentam – os Estados, inclusive, também eles absorvidos, mais que diluídos, sob a forma de império. (Assim se explica que, hoje, ao consumar-se em globalização, o ilimitado da expansão se permita activar, em simultâneo, diferentes figuras do limite, ao ponto de forjar, no horizonte da pós-estatalidade, um lugar para o Estado).

5.3. *UTI POSSIDETIS* E MISCIGENAÇÃO

Vejamos agora se também do lado da delimitação a fronteira manifesta esta disponibilidade para alargar, em regime de adaptabilidade, o seu painel de formas e funções. Em ordem a esse objectivo, propomo-nos a um brevíssimo apontamento, incidindo sobre o desempenho das modalidades de fixação territorial no quadro concreto da definição das fronteiras luso-brasileiras, em especial no lapso temporal mais estimulante para o efeito, a segunda metade do século XVIII. Conforme veremos, este pequeno excurso permitir-nos-á uma aproximação, por outra via, a algumas das ilações que se recortam dos pontos anteriores e relativamente às quais haveremos de retirar, no último ponto, as devidas consequências.

Comecemos por recuperar um panorama de resto já suficientemente estudado[175]. Quando as coroas ibéricas se tentaram implantar, por exemplo, na bacia hidrográfica amazónica, "havia estruturas de comunicação, vias de migração, rotas de comércio já montadas pelas etnias locais [pelo que] os contactos inter-étnicos pré-estabelecidos e as alianças anteriormente formadas contribuíram, de forma decisiva, para uma maior permeabilidade

---

[175] Magalhães, 1998; Domingues, 1997.

da fronteira colonial"[176], assim obrigando a considerar com alguma fluidez as condições de activação dos mecanismos fronteiriços e os eventuais intuitos normalizadores que lhe estavam subentendidos. É crível que aquilo que de verdadeiramente específico contém a construção das fronteiras luso-brasileiras seja mesmo a dimensão tensional que lhe advém dessa propensa sobreposição entre, por um lado, uma fronteira construída a partir dos autos de demarcação e da colocação dos marcos e, por outro, uma fronteira construída em atenção a uma série de realidades "prévias", obrigatoriamente a ter em conta pelos centros ordenadores e a requerer formas de adequação permanentes e conceitos tão operativos quanto a sua própria margem de adaptabilidade. Conceitos dos quais é com certeza expoente o de *miscigenação*, aqui entendido na sua versão pragmática de política miscigenatória e que, a este título, pode bem ser considerado um modelo, ainda que indirecto, de construção, alargamento e consolidação da fronteira[177]. Entenda-se bem a nossa perspectiva ao enveredar por este caminho analítico. Não se trata de promover uma leitura da definição das fronteiras brasileiras a partir de uma insistência tendenciosa na dimensão instável do assunto. Nada disso. Não se trata de minorar, nesse processo, o lugar das preocupações mais "classicamente" delimitadoras, orientadas por um esforço efectivo de divisão territorial, objectivo cujos níveis de prossecução estão por demais comprovados. A activação das propriedades da fronteira com fins puramente demarcatórios não oferece qualquer dúvida e pode considerar-se até ter constituído o móbil principal da política fronteiriça ibérica no contexto sul-americano. Simplesmente, não é de todo esse o debate em que se inscreve esta nossa incursão. Na realidade, aquilo que, em contrapartida, merece particular destaque no quadro da nossa problemática – recorde-se o seu principal eixo de indagação: avaliar a disponibilidade do dispositivo que é a fronteira para a retenção de novas formas de operatividade e de novos modos de funcionalidade – é a detecção do lugar funcional, se assim podemos dizer, ocupado pela miscigenação

---

[176] Domingues, 1997, 215.
[177] Gauer, 2001. Ver também: Magalhães, 1998; Gauer, 1997.

na órbita dos mecanismos fronteiriços. A mera verificação deste aspecto (e não é, evidentemente, nossa intenção medir aqui o peso "real" dessa prática no âmbito das fórmulas congéneres) inscreve-se, sem mais, na rede de significado buscada pela nossa problemática, onde a sua presença não pode deixar de assinalar a tal capacidade da fronteira para agregar a si, em função de contextos e de conjunturas precisas, mecanismos políticos e ordenadores que, como a miscigenação, ela importa para o seu painel de propriedades. Porque a questão é a seguinte: uma vez feito o importe, o "material" assim adquirido torna-se, nos termos da nossa reflexão e da nossa terminología, *historicamente disponível*[178]. Para a nossa linha de raciocínio, é isso o que verdadeiramente conta.

Feita esta breve chamada de atenção, regressemos ao assunto da articulação de tempos e de formas. Uma coisa parece certa. Se o barroco se pôde erigir, legitimamente, como metáfora englobante das identidades brasileiras e dos processos, como o da definição territorial, nelas implicados[179], é justamente porque ele encapsulou formas contraditórias entre si, capacitando-as para participar do processo de compaginação de modelos potencialmente inconciliáveis. Processo atribulado, é por demais sabido.

É este pano de fundo que permite entender o motivo pelo qual essas iniciativas para organizar o *ilimitado* da expansão que são os tratados de fixação de limites não lograram introduzir, nas práticas fronteiriças, algumas valências demarcatórias capazes de romper com lógicas de arrumação do espaço provenientes do tempo da conquista e da ocupação. Motivo esse pelo qual não lograram, verdadeiramente, fazer pender o mecanismo fronteiriço para o lado da *delimitação*. Por certo, também, porque não houve interesse em fazê-lo. Mas é lícito admitir que os mecanismos demarcatórios normalmente usados no âmbito das negociações conducentes aos tratados não forneciam, de um ponto de vista "técnico", se assim pode dizer-se, as condições para tal. Esta leitura

---

[178] Remetemos, a este respeito, para o ponto 4.3. deste trabalho.
[179] Gauer, 1997, 578-591.

138 | O MÉTODO DA FRONTEIRA

melhor se confirma quando nos confrontamos então com os tipos de prática demarcatória por norma acolhidos nessa tratadística, de entre os quais sobressaiem, basicamente, dois: o critério da "fronteira natural" e o *uti possidetis*, noção que, impondo uma demarcação esteada na verificação de uma ocupação efectiva dos territórios e não nos recortes geográficos, constituiria, supostamente, critério de fixação alternativo ao da "fronteira natural"[180]. Não era porém assim.

É conhecido que, de forma mais ou menos explícita, a "fronteira natural" foi um ideal assumidamente perseguido desde, pelo menos, as negociações luso-espanholas de 1680, posteriores à fundação da Colónia do Sacramento, impondo-se de forma irrefutável, 70 anos depois, como um dos princípios norteadores do Tratado de Madrid de 1750. Este aspecto, aclarado por Luís Ferrand de Almeida, parece pacífico[181]. Entretanto, com interesse mais directo para a nossa problemática, percebe-se, a partir desse seu estudo, o seguinte: a simultaneidade de diferentes práticas demarcatórias (as duas já por nós referidas impor-se-iam perante outras modalidades "de menos conta", como então se dizia); alguma capacidade de adaptação ao contexto fronteiriço concreto por parte dos critérios adoptados (veja-se, por exemplo, como o estatuto limítrofe do Amazonas e do Prata a partir do reconhecimento de ambos os rios como fronteiras "naturais" terá cedido perante a importância atribuída à noção de bacia fluvial – que, em ambos os rios, definirá o limite – na hora de fixar o desenho da fronteira); e a prevalência tendencial do princípio demarcatório das fronteiras naturais, suplantando mesmo a lógica do *uti possidetis* (o que comprovadamente se passa pelo menos entre 1750 e o primeiro quarto do século XIX), sendo que esta última lógica, século XIX adentro, não se libertara ainda daquela concorrência, com a qual se vê obrigada, no mínimo, a articular-se[182].

---

[180] Sobre a noção de "fronteira natural", consultem-se: Nordman, 1998, 60-122; Foucher, 1988, 65-70 (para o caso concreto latino-americano vejam-se as páginas 109-138). Para o enquadramento jurídico-histórico da noção de *uti possidetis*, ver Corten, Delcourt, Klein e Levrat, 1999.

[181] Almeida, 1973, 313-319.

[182] *Ibidem.*

REGIMES DE ADAPTABILIDADE | 139

Face a este panorama de incapacidade do *uti possidetis*, a interrogação que se levanta é a de saber até que ponto uma alternativa à lógica do "natural" era sequer pensável naquele contexto concreto. O nó cego da questão encontra expressão, de alguma forma, num raciocínio de sabor kantiano como aquele que, intentado há uns anos atrás a este mesmo respeito, se pode formular assim: as fronteiras, é verdade, são o resultado necessário, quase mecânico, do movimento providencial que leva os homens a sair do estado de natureza (que é um estado *a priori* violento) para formar agrupamentos políticos; mas a existência desses agrupamentos conduz ao inevitável enfrentamento entre eles e à constituição de verdadeiras fronteiras comuns, palcos da violência e por isso do retorno ao estado de natureza; o que significa que, se não existem verdadeiramente fronteiras naturais, "toda a fronteira é, no entanto, natural, no sentido deste retorno da violência" e deste estado de natureza que existe e persiste sob a forma de fronteiras entre as nações[183]. Talvez esta circularidade do ilimitado ajude a explicar por que não pode o recurso ao *uti possidetis* fornecer um panorama muito diferente do verificado para o critério das "fronteiras naturais".

Reparar-se-á que, na prática, o *uti possidetis* é, tal como, a seu modo, a "fronteira natural", um instrumento para delimitar tomando como base de apoio e de legitimação intrínseca o próprio ilimitado (trata-se, política e historicamente falando, do ilimitado da ocupação, da tradição, da soberania, da posse). É, pois, enquanto modalidade de fixação de fronteiras, um instituto que pressupõe uma reverência para com os critérios da temporalidade e da permanência (que aliás se eternizam no campo jurídico). O *uti possidetis* é a adaptação suprema ao que está, ao que deveio, uma recusa, portanto, em introduzir um corte, uma opção consequente (como bem percebeu o Marquês de Pombal, que, recorrendo embora ao mecanismo, não prescindiu contudo de procurar, no acto de demarcação, o pretexto da decisão política, tendo para isso buscado, em simultâneo, outras vias demarcatórias). Assim se percebe que a instituição

---

[183] Bennington 1994, 73-74.

140 | O MÉTODO DA FRONTEIRA

do *uti possidetis*, que gradualmente se foi revestindo de uma vocação para instruir processos lineares, acuse níveis suspeitos de ambiguidade e situações paradoxais, os quais, não resolvidos na base (porque o recurso a este instituto pressupõe, justamente, uma via de não resolução definitiva), tendem a ser omitidos, como tende a ser inesperado o seu regresso[184]. Funcionando em semelhante registo, este instituto perde para a "fronteira natural", na medida em que não se consegue posicionar, perante ela, com a necessária nitidez, de molde a recortar a sua especificidade; sucede mesmo que, funcionando sobre a mesma matriz da continuidade, o instituto da "fronteira natural" acaba então por se revelar preferível, dada a maior consensualidade da permanência geográfica que a da legitimidade histórica. O *uti possidetis* é, a seu modo, uma "fronteira artificial naturalizada" – pela ocupação, pelo tempo, pela história. De facto, seguirá sendo-o até bem perto de nós[185].

Em qualquer dos casos, é, por certo, a carga de transitoriedade que de modo paradoxal resulta da aposta em critérios supostamente naturais, sejam de que tipo forem (porque a verdade é que essa naturalidade não escapou, em momentos vários, ao "ruído interpretativo" sobre as diferentes propostas de adequação do limite ao curso da história[186]), que justifica, em razoável dose, a indefinição dos limites fronteiriços brasileiros apesar dos tratados. E justifica, nessa mesma linha, a necessidade sentida pelo governo central de fazer das viagens dos naturalistas o pretexto

---

[184] Klein 1999, 299-324.

[185] Sobre o desempenho novecentista do *uti possidetis*, veja-se o debate correspondente em Corten, Delcourt, Klein e Levrat, 1999. Poderemos mesmo acrescentar, à laia de parêntesis, que até, pelo menos, ao surgimento contemporâneo de modos de delimitação assentes em reptos novos – as fronteiras ambientais, as fronteiras de género, etc. –, dificilmente as modalidades de delimitação fronteiriça ousam escapar à lógica "naturalizante", de aposta pelo mal menor, que caracterizou o seu critério de actuação no âmbito da instalação do Estado-Nação e que se prolongou ao ritmo dos processos de descolonização, perpetuando o modelo; afinal, o modelo que hoje é desafiado no contexto da actualidade (veja-se o cap. 7 deste estudo).

[186] Klein, 1999 salienta, em jeito de balanço histórico do *uti possidetis*, a dificuldade deste mecanismo em libertar-se do lastro de precariedade e de transitoriedade que secularmente lhe foi marcando o desempenho.

para a atribuição de funções veladas de controlo e reconhecimento dos limites territoriais, assim reconhecendo, no fundo, a sua incapacidade para controlar as fronteiras tendo por única base o ideal disposto nos tratados[187]. Assim se construía um cenário de instalação das fronteiras brasileiras pautado por uma ampla gama de situações e mobilizando distintos modelos de arrumação socio-territoriais, quadro complexo cujos contornos estruturantes análises como a de Romero de Magalhães ilustram cabalmente[188]. Uma fronteira onde burocratas, engenheiros-astrónomos e naturalistas participavam da sobreposição funcional que envolvia também colonos, militares e equipas de demarcação; onde as áreas de influência territorial de luso-brasileiros e de hispano-americanos ora engrossavam ora diminuíam ao sabor das respectivas estratégias aliciadoras desenvolvidas em torno dos índios; e, nesta medida, uma fronteira em que "caso tudo corresse bem quanto à demarcação, havia ainda que atrair os indígenas [:] a miscigenação, segundo o exemplo dos antigos Romanos e da política posta em prática em Goa por Afonso de Albuquerque no século XVI, deveria ser adoptada, pois sem isso não se conseguiriam colonizar esses espaços"[189]. Integrar – para demarcar. Significa, tudo isto, que o mesmo centro que promovia, ainda que idealmente, a arrumação das fronteiras segundo perspectivas formalmente rígidas, percebera já a impossibilidade de trabalhar a questão demarcatória sem ter em conta quer os factores que perturbavam essa arrumação, quer a possibilidade de recorrer a expedientes laterais aos clássicos processos delimitadores; e significa ainda, mais importante do que isso — numa conjuntura justamente marcada pela disponibilidade extrema da metrópole para se adequar às palpitações da economia brasileira[190] –, que esse centro aprendera a lidar com esses imponderáveis. Reconhecera a inevitabilidade da sua própria participação em regimes de adaptabilidade. A política de miscigenação incrementada pelo governo português na

---

[187] Areia, 1991.
[188] Magalhães, 1998.
[189] *Idem*, 31.
[190] Oliveira, 1982, 70-73.

142 | O MÉTODO DA FRONTEIRA

segunda metade do século XVIII representa, deste ponto de vista, o momento emblemático daquela adequação.

É bem certo que a tendência para o recurso a diferentes modelos de delimitação e a diferentes valências do limite no quadro da política de fronteiras levada a cabo pelos vários poderes centrais da época, em relação aos espaços sul-americanos como europeus, não permite falar do nosso caso luso-brasileiro de referência como inédito. Pense-se, por exemplo, como na França da mesma época a tentativa de definir as várias fronterias do hexágono francófono foi obrigada, de igual modo, a optar por distintas formas demarcatórias consoante o espaço limítrofe considerado. Desde o século XVIII que, em França, como refere Nordman, a tentativa de uniformizar criterios delimitadores à escala do reino teve de coexistir por muito tempo ainda com a multiplicidade de critérios locais de demarcação arredios à sua redução uniformizadora[191]. Mas a constatação deste aspecto em nada retira significado à nossa linha de raciocínio. Pelo contrário. O que ela sugere mesmo é o carácter de abrangência e generalização tendencial que devia marcar, por essa altura, a vocação do dispositivo fronteiriço para a produção de múltiplas propriedades e figuras consoante as exigências da circunstância concreta, isto é, para a adopção de regimes de adaptabilidade. O que, no nosso contexto luso-brasileiro preciso se apresenta particularmente digno de nota, mesmo tendo por pano de fundo aquela generalização dos mecanismos de adaptabilidade, é a sobreposição, num mesmo contexto, de distintas lógicas demarcatórias, requisitadas a partir da função específica que se reconhece a cada uma delas, mas, não menos, a partir da função de complementaridade que se espera que resulte da sua activação conjunta. Estamos próximos dos "regimes de reprodutibilidade", assunto do próximo capítulo. Mas, para já, e nos termos da nossa problemática, há um ponto essencial a reter: a política miscigenatória não constitui apenas um indicador precioso no sentido de caucionar o desempenho de regimes de adaptabilidade assegurados pela fronteira; representa mais;

---

[191] Nordman, 1998.

porque ela é – e isto se afigura crucial na nossa óptica – uma aposta no elemento híbrido como forma de demarcação. Tanto quanto a partir da definição dos seus limites externos, a colónia portuguesa demarca-se a partir do seu próprio interior. Ora, uma tal aposta e uma tal linha de preferência haveriam de se revelar produtivas, também, no século seguinte, em sede de demarcação identitária do jovem Brasil. É disso que se terá que dar conta em seguida.

5.4. A CONSAGRAÇÃO DEMARCATÓRIA DO ELEMENTO HÍBRIDO

Escreveu-se já que a construção do Estado-Nação brasileiro, ao colocar desafios que não encontravam resposta no contexto europeu, promoveu outro tipo de respostas e outras técnicas, basicamente as que resultaram de uma incorporação da tradição em modalidades próprias do contexto sul-americano, sendo que "o primeiro passo dado nesse sentido foi o da miscigenação", no sentido em que "a cultura brasileira nasceu da articulação vinculada à miscigenação, nasceu envolvida em uma trama de convenções sociais heterogéneas, [pelo que] as suas instituições são marcadas por essa heterogeneidade mediada pelo sincretismo que a compõe"[192]. E, com efeito, consulte-se, dentro deste espírito, o Código Criminal brasileiro de 1830. Produto do modo de construção legislativa e de concepção jurídica que assiste, desde 1822 e até meados do século, ao processo de Independência e de construção do Estado, produto, também, de intelectuais-estadistas formados na Universidade de Coimbra, geração entretanto prolongada pela que frequenta, desde 1827, os Cursos Jurídicos de Olinda e São Paulo, a cultura jurídica brasileira, e de modo muito particular o referido Código, "explicita a *capacidade de hibridização* de elementos tradicionais e modernos, condizentes com a sociedade e a cultura que lhe conferem significado. Ao mesmo tempo em que é reflexo de um conhecimento universal, é particular, não deixa de absorver as peculiaridades de uma

---

[192] Gauer, 2001, 35-36.

sociedade escravista, sem perder o viés da sociedade liberal da época". Deste ponto de vista, "a legislação penal brasileira do século XIX abarca, na mesma construção lógica, o espírito científico ocidental, trazido e relido pela Reforma Pombalina, e a hierarquia revelada pela Escolástica barroco-aristotélica"[193]. Um pensamento jurídico, portanto, indiciador de uma sociedade vocacionada para a conciliação dos opostos, registo polifónico que é afinal, também, o do próprio processo de independência brasileira genericamente considerado, no âmbito do qual, perante as dicotomias entre ruptura e continuidade e entre liberalismo/constitucionalismo e tradição mercantil-escravista, *"venceu o meio-termo*, uma vitória eclética que procurou fundir liberalismo com escravismo e constitucionalismo com absolutismo do mesmo modo que se mantiveram em equilíbrio de antagonismo a Casa-Grande e os Sobrados nas disputas políticas do Império"[194]. Importará agora verificar se esta mesma propensão para o "equilíbrio de antagonismos" se detecta igualmente no momento de forjar uma especificidade político-cultural que de certa maneira o campo jurídico brasileiro já delineava.

A segunda metade do século XIX e os inícios do século XX correspondem, à escala luso-brasileira – também à escala ibero-americana, como veremos – a um momento de particular esforço de clarificação identitária por parte das nações envolvidas. Como é usual em casos que tais, esse esforço tem expressão em fenómenos de demarcação cultural e política, no estabelecimento de diferentes escalas de referência identitária, na reavaliação de memórias nacionais e na sobreposição concorrencial entre os vários critérios avançados para os fins demarcatórios em vista. Compreende-se, neste contexto, que ao levantar-se a questão do relacionamento entre as entidades político-culturais brasileira e portuguesa, tópicos como a dívida, a herança, a fraternidade, a diferença e a originalidade impusessem um estado de permanente mobilização das historicidades, ele mesmo desafiador do *lugar da história* nos processos de definição dos contornos nacionais.

---

[193] Silva, 2003, 265-269.
[194] *Idem*, 269.

E compreende-se, de igual modo, que todo este complexo cruzamento de razões desembocasse em verdadeiras fricções demarcatórias e naquilo a que chamámos já, em outro local, "turbulências do limite"[195].

Esta problemática foi tratada recentemente, de forma esclarecedora, por Marçal Paredes[196]. Da sua análise exaustiva torna-se possível isolar, mesmo correndo o risco de sacrificar a sua abrangência aos nossos objectivos imediatos, cinco aspectos fundamentais directamente relacionados com a nossa investigação. Podemos, na realidade, considerar, do ponto de vista do nosso argumento, que se trata de cinco propostas de resolver o problema da fronteira à escala transatlântica: (i) o entendimento do Brasil como prolongamento de Portugal e, portanto, o entendimento de uma "longa" e eterna fronteira portuguesa, prolongando-se na fronteira brasileira tanto quanto na africana; (ii) a recusa da leitura anterior por via de uma demarcação de sentido oposto, qual seja, a de um afastamento brasileiro da herança portuguesa; (iii) o alargamento da primeira proposta – a da continuidade, portanto –, a uma escala ibérica de referência, no âmbito da qual os povos sul-americanos são entendidos como neo-ibéricos (pressupondo, assim sendo, uma "longa" e eterna fronteira ibérica, prolongando-se na América); (iv) a recusa desta última proposta por via da contraposição de uma escala americanista de referência, ela sim passível de demarcar as culturas sul-americanas; (v) a proposição de uma demarcação brasileira pela originalidade, isto é, basicamente, pela celebração do carácter singular do *mestiço*.

Podemos ensaiar uma tradução deste painel para a linguagem do limite. Obteremos então o seguinte panorama: em (i) e em (ii) temos propostas claramente inscritas num pano de fundo de *ilimitação* (a insistência na continuidade ilimitada da fronteira portuguesa para lá das evidentes rupturas introduzidas pela história encontra correspondência, à luz deste raciocínio, no próprio modelo que a recusa, visto que a leitura do afastamento de Portugal enquanto afastamento evolutivo de dado passado

---

[195] Martins, 2007.
[196] Paredes, 2007.

só pode inscrever-se no tempo longo da ilimitação); em (iii) e (iv) temos propostas que concedem em trabalhar a questão do limite mediante um exercício de complementaridade entre a *dimensão ilimitada* (tal como constatada nos pontos anteriores) e uma *dimensão delimitadora*, que, para não negar aquela, propõe-se demarcar escalas de significação amplas (num caso a Ibéria, no outro a América, são os referentes com que se propõe demarcar o ilimitado); em (v), por fim, deparamos com uma mobilização simultânea e sucessiva das várias figuras do limite: conforme teremos oportunidade de explicar, essa inflexão para o "centro" que é a aposta na originalidade, feita critério demarcatório por intermédio da *mestiçagem*, constrói-se sobre o *círculo vicioso da ilimitação*.

Comecemos pela primeira tendência. Abdicaremos aqui de reproduzir a multiplicidade de posicionamentos e linhas interpretativas passíveis de filiação na visão do Brasil enquanto prolongamento português. Essa tarefa está feita. Para o que aqui interessa, a tendência vale pelo seu todo, sendo que a diferença entre os que, como Oliveira Martins (de igual modo Eduardo Prado ou Eça de Queirós), apelam à "comunidade de sangue" entre portugueses e brasileiros para justificar o Brasil enquanto futuro de dado passado e, donde, como nação neo-portuguesa na América e produto da obra civilizacional portuguesa, e aqueles outros que, no contexto do republicanismo, celebravam na interacção entre as duas culturas a lei das afinidades que, segundo a filosofia positiva, regia a relação de "povos irmãos", não anula o essencial: a visão de uma linha de continuidade transatlântica que recusava reduzir a fronteira cultural (e não só ela, evidentemente) ao rincão lusitano. E porque a fronteira de qualquer uma das duas entidades era sempre, de acordo com esta ideia, fronteira luso-brasileira, daí se seguia que qualquer alteração que às fronteiras brasileiras respeitasse lesava a própria ideia de Portugal. Eis-nos bem em face do ilimitado da fronteira. O debate entre unitarismo e federalismo no Brasil não podia deixar de aparecer, a esta luz, como debate português também (sabido que era, como se rezava em alguns círculos, ser a Espanha um país que chegara à uniformidade por via da "junção violenta de muitos estados"). Bem assim, os sucessos ocorridos na fronteira do Rio Grande do Sul não podiam deixar de ser gravosos para a imagem de Portugal, tanto ou tão pouco que se ensaia uma comparação entre essa ameaça de desagregação no sul do Brasil e a ameaça inglesa sobre as pretensões coloniais portuguesas em África, ambas tidas por problema maior da *portugalidade* nos finais do século XIX[197]. A auto-referencialidade de semelhante visão resulta patente.

É, dissemo-lo já, sobre uma mesma lógica de ilimitação que procede o entendimento simétrico do anterior. Agora, porém, a insistência é no sentido de um afastamento da herança portuguesa e da ligação a Portugal, estratégia de distanciamento que mobiliza primacialmente as matérias da "lei natural" e da "evolução dos povos" e que impõe, com base nesses ensinamentos, a recusa do passado colonial, *maxime* a sua superação, como única forma de obter os traços de originalidade e diferenciação que deveriam resultar do processo evolutivo e da gradual adaptabilidade de qualquer cultura. Araripe Júnior, Manoel Bonfim e Sílvio Romero, por exemplo, alinham por este diapasão. Uma vez mais não cuidaremos aqui das diferenças, profundas ou de ocasião, entre eles. Por todos, seguiremos Romero. E aquilo que de particularmente expressivo pretendemos elucidar, a seu respeito, é a compaginação que pode ser feita entre o seu discurso e o de um outro americano, este do norte, a que já atrás, neste trabalho, dedicámos alguma atenção, Frederick Jackson Turner[198]. Longe do nosso intuito reabrir o debate sobre a recepção e o papel da obra turneriana no Brasil. O que, por outro lado, pretendemos aqui sublinhar é que, independentemente das circunstâncias quanto às condições de recepção, e, ainda, à margem de qualquer preocupação em estabelecer afinidades intelectuais ou doutrinárias entre ambos, a proximidade que se detecta entre os dois discursos é irrecusável. Bem vistas as coisas, Romero, como Turner, tinha pela frente a tarefa de integrar a presença de uma fronteira em movimento e as especificidades por ela introduzida no processo de demarcação de uma dada sociedade cultural e política. A um como a outro se impunha dotar de coerência o movimento ilimitado.

---

[197] Paredes, 2007, 25-122; Homem, 2001, 13-25.
[198] Veja-se o ponto 5.2. do presente estudo.

Uma das principais consequências analíticas a retirar dessa comum necessidade será uma também comum recusa do passado europeu que a cada um coube. Já destacámos este ponto para o caso de Turner. Por seu turno, Sílvio Romero é, quanto a este ponto, igualmente conclusivo. Atente-se, desde logo, na sua convicção de que "uma nação se define e se individualiza *quanto mais se afasta pela história* do carácter das raças que a constituíram, e imprime um cunho peculiar à sua mentalidade", ou, na mesma linha, na sua certeza de que "a nação brasileira, se tem um papel histórico a representar, só o poderá fazer quanto mais separar-se do *negro africano*, do *selvagem tupi* e do *aventureiro português*"[199]. Por detrás destas ideias germinam conceitos do neolamarckismo (dos quais fará também visível uso um Manoel Bonfim na altura de caracterizar o "mal de origem" brasileiro enquanto "parasitismo" português, cuja "cura" era o afastamento do passado ibérico) e o cruzamento de preceitos darwinistas ou aparentados, canalizados para uma interpretação naturalista da evolução dos povos na qual o potencial de mistura e de combinação inesperada de elementos de diversa proveniência era sobrestimado enquanto garante de uma originalidade em permanente eclosão. No âmbito desta linha evolutiva em direcção à singularidade e à diferença em que a própria história se transforma, a fronteira brasileira não pode ser em caso algum a fronteira portuguesa, mas, bem ao invés, a sua constante negação, o lugar do perpétuo movimento para longe de Portugal e das raízes onde estiolava o "velho reino", esse que "havia feito completa bancarrota de ideias" e que, resignado à condição de "ínfimo glosador dos desperdídios franceses", não era mais do que a raiz longínqua que "perdeu definitivamente o encanto a nossos olhos"[200]. A definição turneriana da fronteira norte-americana como movimento ilimitado para longe da origem europeia – movimento pelo qual a América re-nascia em permanência – não é dita de modo substancialmente diferente[201].

---

[199] Paredes, 2007, 114.
[200] *Idem*, 116-121.
[201] Turner, 1986.

Dispunham, entretanto, os cultores da ligação inquebrantável entre Portugal e Brasil de um outro argumento: o da inscrição desse relacionamento na escala mais ampla da *ibericidade*. Fosse no decurso de uma leitura dessa relação nos termos clássicos da herança, fosse, o que para a perspectiva que é a nossa vai dar no mesmo, nos termos de uma marca de negatividade referencial, o certo é que se assiste à regular sugestão de que o posicionamento de excepção detido pelos países ibéricos no contexto europeu – Espanha e Portugal aparecendo, nessas teorias, claramente demarcados relativamente aos saxões – tinha prolongamento natural à escala americana, ou, dito com maior propriedade, à escala "neo-ibérica", fazendo das ex-colónias sul-americanas "filhos ibéricos", nos quais, por conseguinte, seguia vigente o "génio peninsular" cuja transposição transatlântica o curso da história havia garantido (neste cenário, o contexto luso-brasileiro seria um sub-conjunto)[202]. Era como se, de certa forma, o agrupamento de povos formado por Espanha, Portugal e pelas nações que deles haviam derivado em solo americano, se apresentassem como *conjuntamente distintos*, compondo uma fronteira ibero-americana que os demarcasse dos restantes pólos congregadores. O texto de Oliveira Martins intitulado justamente "A Liga Ibérica", publicado em 1892, resume, melhor do que qualquer outro, o espírito deste desiderato[203].

Mas se parece incontornável, a dado estado do debate, que alguma dose de limitação seja imposta às pretensões ilimitadas patenteadas por várias das interpretações em presença, era tudo menos seguro que essa operação, essa busca de uma escala de referencialidade por parte da cultura brasileira, em relação à qual esta pudesse desenvolver sentimentos de pertença, coincidisse com o mundo ibérico. Pense-se que, de acordo com alguns analistas e, sobretudo, a partir da contaminação do pensamento letrado brasileiro pela propaganda republicana, o passado português – ou ibérico, que importava? – era o passado a ser superado. A fundação ou re-fundação do Brasil exigia um sentimento "regenerador", que

---

[202] Paredes, 2007, 77-93.
[203] Martins, 1957. Veja-se também: Matos, 2005; Matos, 2006.

150 | O MÉTODO DA FRONTEIRA

propiciasse o encontro brasileiro com o seu âmago (arrisquemos desde
já: com a sua *fronteira interior*). Tanto assim era que, em simultâneo com
a sugestão da "liga ibérica", mas em nítido sentido concorrencial com ela,
o espírito anti-lusitano se aplica na promoção de uma escala americana
de referência, contraposta à anterior. Este reforço do *cunho americanista*
está presente na órbita do "Manifesto Republicano de 1870", em que o
processo abolicionista brasileiro e a questão do derrube da monarquia se
fazem acompanhar da denúncia do passado português e concretamente
europeu e, ao mesmo tempo, da estima confessa que deveria merecer, nos
areópagos republicanos, o culto do sentimento americanista, vertido na
mensagem óbvia de que *"somos da América e queremos ser americanos"*[204].
Preocupações demarcatórias, claro. Uma vez mais. Só que, desta vez, a
demarcação cultural extirpava o sangue e optava pelo território.

Resta, enfim, a tendência que deixámos propositadamente para o final.
Em rigor, não pode dizer-se que ela inove por comparação com aquelas
interpretações que, de entre as por nós repertoriadas, pugnavam por um
afastamento em relação à herança portuguesa. A ideia do afastamento, de
resto maioritária à escala político-cultural luso-brasileira, é também a que
traduz o espírito da proposta que agora nos ocupa. Mas ela é mais do que
isso: a sua ambição de diferenciação face às raízes portuguesa, ibérica e
europeia (diferenciação também almejada, a breve trecho, frente ao negro
e ao índio) redunda numa aspiração de originalidade. Uma demarcação
pela singularidade e pela essência, pela clara delimitação dos caracteres
específicos, eis do que se trata. Uma fronteira definida a partir de dentro,
dir-se-á também. A ideia pode resumir-se num objectivo: estabelecer as
fronteiras da nação ali mesmo naquele ponto exacto em que deixar de se
sentir o eco daquilo que se entenda ser a *genuinidade nacional*. E esta,
afinal, o que se poderia entender que ela fosse?

Sílvio Romero, sempre ele, sabe o que procura. Ele começa por saber
que o transformismo, para o dizer nas suas próprias palavras, "é a lei que
rege a história brasileira". E se, assim sendo, a *acção da história*, no Brasil,

---

[204] Paredes, 2007, 256.

surge como elemento determinante na definição do carácter brasileiro, é porque só ela (não exactamente só ela, mas a intersecção do historicismo com o materialismo monista) permite explicar o facto de o choque de culturas resultante da ocupação e da colonização não ter preservado nenhuma etnicidade em estado puro; como só ela permite entender que os sucessivos cruzamentos étnicos só podem oferecer, como realidade ontológica passível de ser comemorada enquanto expressão verdadeiramente nacional, a *mestiçagem* ("todo brasileiro é um mestiço, quando não no sangue, nas ideias", dita o mais célebre dos aforismos romerianos)[205]. Este é o resultado único e, por isso, absolutamente singular, dos regimes de adaptabilidade em que se fundou a acção da história no Brasil.

Declinemos o exposto de acordo com o ponto de vista do limite, que constitui o nosso posto de observação privilegiado. Intuitos de demarcação como o protagonizado por Sílvio Romero, ao colocarem o *mestiço* no centro da definição de uma identidade brasileira, consagram o potencial de liminaridade do elemento híbrido. É verdade que, posta assim a questão, a mestiçagem, que apresenta, por definição, um estatuto de transitoriedade e de indefinição, remete fundamentalmente para uma realidade *transfronteiriça*, situada algures entre os distintos caminhos ditados pelas exigências de adaptabilidade. Nem outra coisa se poderia deduzir de um fenómeno produzido a partir da inexistência de pureza e, por consequência, menos apto a delimitações puras do que à definição de contornos demarcatórios difusos. Mas, mesmo posta a questão nestes termos, o facto é que o mestiço é colocado, em definitivo, no *centro*. Como se, de cada vez que a história brasileira perguntasse pelo seu verdadeiro âmago, pela sua essência, ou (digamo-lo, agora, com toda a propriedade) pelo seu *interior*, não pudesse ser senão o mestiço que ela descobrisse. Assim perspectivado, o híbrido é expressão de uma *fronteira interior*. E esta, como sabemos, ou é tida por ponto de partida (o "genuíno nacional") ou é apeadeiro (a "gradual autonomização" da forma mestiça) de uma longa marcha para o futuro. Um trajecto futuro tão ilimitado quanto se

---

[205] *Idem*, 256.

acreditava ser o destino dos povos que, no seguimento da sua própria marcha evolutiva, se haviam voltado para si próprios na demanda do respectivo traço distintivo. O que quer dizer, em sede do nosso argumento, que a tentativa de resolver o *ilimitado* por intermédio de uma *demarcação* feita a partir do *centro* acabava por entregar a fronteira memorial, cultural e política brasileira, de novo, ao *ilimitado* que se abria diante dela, como sempre se usou na sequência de processos de demarcação ancorados na demanda identitária. Hobbes sabia-o; a seu modo, os *Founding Fathers* norte-americanos, também: a noção de movimento, e, por maioria de razão, a de movimento gradual adaptativo, desenvolve apertada convivência com a de ilimitação. Nesta, a linha rapidamente devém circularidade. Esse círculo é por norma vicioso.

6.

REGIMES DE REPRODUTIBILIDADE

Trabalhar-se-á, neste capítulo, a partir da seguinte hipótese: política, administrativa e ideologicamente, as *fronteiras internas* desenvolvem com as *fronteiras externas* uma relação de *desdobramento*; não havendo, e isso é seguro, uma relação de oposição entre elas, a noção de complementaridade será a que expressa, de modo mais conveniente, esse "prolongamento" que ambas exercitam e que tem por consequência a aquisição, por parte de cada uma delas, de propriedades de alongamento dos seus efeitos e de *reprodutibilidade* das suas formas. Mais ainda, a avaliar pelo caso português, e, sobremaneira, pelo caso português tomado no seu quadro ibérico de referência, tudo aponta para que essa ligação seja gradualmente assegurada, ao longo do século XX, pela *região*, com certeza a modalidade organizativa considerada mais operativa para aquele fim. Assim a consideraria pelo menos, em dada altura, a ditadura portuguesa; de resto, já antes dela, como depois dela, se pode testemunhar confiança idêntica. Efeitos prováveis da crença numa *historicidade* da "escala regional" que a habilita a adequar-se, em permanência, aos imperativos conjunturais, basicamente a partir da adopção de sucessivas mudanças de perfil e, não menos, da produção de contínuos desdobramentos de escala, orgânica ou corporativamente produzidos, capazes de suportar o *salto crente* entre entidade demarcada e entidade imaginada. Capazes, por exemplo, de *inscrever* na entidade regionalmente demarcada a entidade nacional ou ecumenicamente produzida. Na terminologia deste trabalho dir-se-á assim: o fácil convívio da ideia de "região" com as várias propriedades do limite, mormente a sua agilidade na hora de se adequar quer às exigências de delimitação, quer às exigências da ilimitação – e, mais do que isso, a sua propensão para viabilizar o desdobramento entre ambas essas propriedades

154 | O MÉTODO DA FRONTEIRA

– faz da escala regional a dimensão apropriada para garantir à fronteira o grau de reprodutibilidade e alongamento escalar que, enquanto *dispositivo*, ela não pode dispensar.

Aquilo que pudemos constatar no capítulo anterior como "valências de adaptabilidade" tem como consequência mais vincada possibilitar, justamente a partir dessas valências, a exibição do carácter reprodutível da fronteira. Se, enquanto mecanismo potencialmente adaptável, a disponibilidade histórica da fronteira fica patente, conforme vimos, por via da plasticidade do seu desempenho em contextos diversos, é, porém, da sua condição de mecanismo convocável por diversas escalas coexistindo simultaneamente em um mesmo contexto histórico que a fronteira retira o potencial de eficácia política, complementar e consequente do primeiro, que lhe confere o estatuto de *dispositivo*.

O intuito da nossa análise é assim o de explicitar de que forma se concretiza, no âmbito de investigação apontado, o referido desdobramento funcional, decompondo o problema pelas suas várias escalas – desde as delimitações administrativas no plano local à definição das entidades regionais e respectiva projecção nacionalista e imperial, bem como à consideração das posteriores escalas europeias de enquadramento – e pelas suas várias fronteiras – fronteira interna, fronteira interior, fronteira externa, por norma mobilizadas em conjunto. Equacionar-se-á, por fim, o sentido da *região transfronteiriça*, tomada enquanto modalidade onde desaguam, de uma forma ou de outra, todas aquelas dimensões escalares da fronteira.

6.1. OS CRITÉRIOS DA FRONTEIRA INTERNA

Permita-se que comecemos por evocar um estudo de caso. Em finais do século XIX e inícios do século XX, a zona serrana da Beira interior portuguesa assiste com particular acuidade a redefinições sucessivas do seu mapa político-administrativo local (com o desaparecimento temporário, inclusive, de alguns municípios e consequente inclusão noutros), originando contenciosos de diferente alcance mas francamente multidireccionais, oponto entre si várias circunscrições locais já de si desavindas por motivo de delimitação dos respectivos termos intermunicipais ou da exploração de baldios, comuns ou não. A promiscuidade então gerada em torno dos diferentes instrumentos de taxinomia territorial, nomeadamente pela atribuição de diferentes sentidos e de uma divergente legitimidade a essa sinalética demarcatória, ao promover "conflitos de interpretações", promove, acto contínuo, a construção de memórias discordantes sobre os limites em causa e sobre a profundidade temporal da respectiva validação. Processos em que uma *história* convocada e manipulada com intuitos probatórios surge menos como "mapa cognitivo" do que como *arena*. Entretanto, a entrada em cena de um elemento "extrínseco" na zona da polémica, o Estado, procurando impor o projecto de florestação dos baldios aos espaços serranos, acarreta sensíveis modificações: reinvenção de fronteiras (com a secundarização das antigas oposições intermunicipais e das respectivas fronteiras locais, sacrificadas à comum oposição local ao comum inimigo Estado), redefinição de escalas (com a gradual ancoragem destes alinhamentos locais numa escala de pertença *regional*, a Beira) e promoção de novos critérios de delimitação (com a imposição de uma lógica racionalizadora, pragmática e cientificamente justificada de definição de fronteiras, concretizada, por exemplo, na importância concedida à nova arena de disputa que é, para cada município, a respectiva adscrição a *regiões vinícolas demarcadas*)[206].

Eis o quadro, genericamente descrito. As ilações que ele autoriza bastam-nos. Há, pelo menos, dois aspectos de manifesta relevância para a nossa temática. O primeiro é a intromissão estatal. É evidente que a presença estatal na zona em causa não esperou pela iniciativa arborícola para se manifestar, os dados relativos à participação das elites sócio-administrativas locais nos labirintos da política nacional e o estabelecimento de labirintos políticos locais em função dessa participação são desse ponto de vista elucidativos. O dado a reter é, neste ponto, o de que, desde logo por princípio, uma empresa como a florestação comporta uma dimensão

---

[206] Martins, 2001.

uniformizadora. Na medida em que é naturalmente alheia às fronteiras locais, historicamente fundamentadas, das quais a leva a prescindir a eficácia que lhe dá sentido e com as quais não têm que conjugar-se os critérios de racionalidade ambicionados para o aproveitamento dos solos, a florestação é um projecto uniformizador em potência. Ao abstrair das polémicas locais em presença e das razões de índole memorial que as sustentam, ela pode ainda considerar-se propiciadora da secundarização da história ou, genericamente, de plataformas de discussão assentes no passado. Donde, o deslocamento gradual e irreversível de uma lógica probatória de discussão, própria da arena da história, para uma disputa de lógica pragmática, eficaz e de pendor racionalizante, deve por isso considerar-se como um desenlace inevitável da entrada em cena do projecto arborícola estatal sobre o contexto serrano em causa. Na realidade, a crescente dificuldade que se detecta em articular, nos moldes tradicionais, a História (entenda-se: os limites territoriais historicamente fundamentados), o Estado (entenda-se: projectos uniformizadores do alcance político da florestação) e a Ciência (entenda-se: as justificações racionalmente avançadas sobre as vantagens de arborização) indiciam um gradual deslocamento dos tradicionais critérios de delimitação[207]. O que nos conduz directamente ao segundo ponto, a valorização entitária da escala regional.

De facto, esta ambiência de redefinição das escalas em presença no contexto dos debates em torno das vantagens e inconvenientes do plano arborícola estatal encontra tradução na valorização de entidades identitárias de cariz francamente englobador e inclusivo, não limitadas aos contornos municipais e compondo uma tendência para que o "regional" surja como alternativa credível ao "local". Nenhum exemplo é a este título mais elucidativo que o investimento feito na noção de *Beira*, designação que parece agora recolher, ao jeito organicista, as virtudes antes reservadas ao corpo físico e moral da "pátria" municipal (acrescidas, desta feita, de um manejo inclusivo do critério da "raça"). Uma inversão que conduz agora, significativamente, a um idealizado reconhecimento, por parte das várias

---

[207] *Idem*, 47-51.

circunscrições locais, "da afinidade de suas ocupações" e das condições de "altruísmo de povos civilizados e de bom coração como sempre foram e se prezam de ser *os habitantes da nossa Beira*", palavras propagandeadas em 1910 por uma imprensa local também ela tendencialmente sintonizada com o ideário de apagar rivalidades entre "irmãos, que são, não só pela raça mas ainda mais pelas condições de vida, de clima, *e sobretudo da região que habitam*"[208]. Acresce que esta tendência para a consagração da escala regional, assim pressentida a partir das instâncias locais, recebe, por essa altura, impulso paralelo a partir do momento em que se vulgariza a propensão para que a *região* seja esgrimida como *critério científico*, o que sucede, em particular, sempre que essa mesma escala regional é valorizada enquanto invólucro preconizado para determinado *projecto económico*. Como se diz, de modo exemplar, em 1912, a pretexto das inevitáveis desinteligências rapidamente levantadas entre os diferentes municípios, na altura em que voltam a chocar entre si a propósito da respectiva inclusão nas *regiões demarcadas* então delineadas para o país vinícola, importava "deixar o passado" – porque nesse momento, com efeito, parecia que a pertinência da região e a respectiva demarcação haviam deixado de derivar de uma legitimidade histórica feita terreno de disputa e arena probatória; pareciam decorrer, agora, de uma legitimidade científica e natural, ou, mais exactamente, como então se prefere, dos princípios "da *egualdade, sciencia oenologica e condições naturaes*" que deviam a sua pertinência às crenças cientistas[209]. Uma boa delimitação de fundo científico; e uma região económica. Nesta relação de causa-efeito se resumia um importante traço de operatividade das fronteiras internas do país. E se a noção de *região demarcada* é um seu produto explícito, convirá adiantar que ela não se limitou àquela dupla funcionalidade, provando ainda ser possível, a partir de uma delimitação económica regionalmente orientada, interferir na própria política de administração territorial e introduzir subtis correcções nos seus efeitos sociais e políticos.

---

[208] *Idem*, 52.
[209] *Idem*, 54.

158 | O MÉTODO DA FRONTEIRA

Detenhamo-nos então, por instantes, na ideia de *região demarcada*. De novo evocamos um estudo de caso. Respeita à "Região Demarcada do Dão" na altura da sua origem e definição (sensivelmente balizadas entre 1907 e 1912, período de particular dinâmica quanto à demarcação do país vinícola que, até então, até à entrada do século XX, contava apenas com a "Região Demarcada do Douro", fixada em 1756)[210]. Por uma questão de economia discursiva, passemos de imediato a uma leitura dessa realidade a partir do nosso ponto de vista. Primeiro aspecto: a demarcação da região vínica assume-se não apenas como expediente de organização da economia da Beira num espaço concreto, mas, para lá disso, como modalidade de ordenamento territorial e administrativo do espaço beirão. Sendo certo que o limite, estimado como pretexto de ordem e de diferenciação, surge como resposta à crise que então assolava o sector dos vinhos, correcto será reconhecer que a região demarcada constitui, sobretudo, um estimável mecanismo de intermediação administrativa. Com efeito, os principais beneficiários da instituição demarcada são grupos de viticultores que ocupam, local e regionalmente, âmbitos de influência decisivos que vão desde a imprensa local e o associativismo elitista (Sindicatos Agrícolas, Ligas de Viticultores)[211] ao próprio Parlamento – essa sede de "uma elite política, os deputados, cume de um edifício cujos fundamentos repousam nos *caciques*"[212] – e que gerem as suas redes de influência por forma a situarem-se nas *zonas de intermediação administrativa* – essas "zonas de incerteza e negociação em que o local e o central imbricam um no outro no interior de um sistema nacional, o qual, sendo embora construído pelo centro, possibilita alguma reconstrução por parte dos actores a quem é emprestada a voz dos sistemas locais"[213], isto é, nem mais, daqueles que sabem colocar-se nos vários postos de intermediação.

Sendo assim, eis um segundo ponto, a "região demarcada" não pode deixar de surgir como via encontrada para favorecer as aspirações

---

[210] Fonseca, 2004.
[211] *Idem*, 44-50.
[212] Sobral e Almeida, 1982, 649.
[213] Ruivo, 2000, 50.

políticas de uma elite rural que, habituada a frequentar, como acabamos de mencionar, vários mecanismos de influência, dificilmente deixaria de o fazer também em relação a esse outro "mecanismo intermédio" de pressão e de poder que é a "região demarcada". Para mais quando se sabe que, na conjuntura em causa, marcada por apertada centralização administrativa, um eventual controlo da administração local não era de molde a entusiasmar estes caciques. A "região demarcada" surge como alternativa, ou, no mínimo, como complemento ideal. Importaria para isso, logicamente, que o próprio carácter institucional com que estatutariamente era enquadrada essa nova entidade que seria a Comissão de Viticultura da Região Demarcada oferecesse garantias de operatividade e de margem de manobra administrativa que se mostrassem compensatórias, ambição que, de resto, o exemplo pioneiro da congénere do Douro mostrava ser exequível. E, com efeito, a ideia com que se fica, em termos genéricos, é a de que estas Comissões de Viticultura, pelas funções que lhes estavam administrativamente atribuídas, tinham uma "natureza pública indiscutível", estando portanto inseridas na administração pública, mas beneficiando, na prática, de uma ausência quase total de tutela estadual, constituindo, em suma, "um organismo público representativo, com funções de auto-administração"[214]. Assim recortadas, instituições deste teor, que imprimiam às regiões demarcadas o carácter de realidades administrativas, económicas e políticas a um só tempo, situadas algures a meio termo entre os tradicionais areópagos da influência local e o governo central, não podiam deixar de configurar um interessante perfil autonómico. E labiríntico, claro.

O terceiro ponto a destacar reporta-se à crescente simpatia de que desfrutava a escala regional, designadamente nos termos do seu acolhimento formal no desenho administrativo do país, a partir de experiências desta cariz. Deve dizer-se que, analisando os critérios demarcatórios a que se recorre, no caso concreto da região vinícola do Dão, para delimitar com o rigor pretendido a área produtora, observa-se, também aqui, que as razões de

---

[214] Moreira, 1998, 102-103.

ordem "histórica", mais ou menos sobrepostas com as de ordem "natural", perdem o passo perante os argumentos de índole técnico-científica e, sobremaneira, perante os de índole puramente económica: afinal, a tríplice valência comummente associada à noção de "região" resolvia-se aqui em favor de lógicas de fixação de fronteiras que correspondessem, tanto quanto possível, à consagração da ideia de "região económica". No caso vertente, a ideia de "Beira Alta". Esta surge como escala visada de modo claro pela elite rural do Dão, numa tentativa de fazer coincidir a região economicamente demarcada com aquela que seria, na sua perspectiva, a melhor delimitação autárquica para a zona[215].

A este ponto da exposição estará já evidente a pertinência de uma das teses que subjaz à nossa análise, qual seja a de que as fronteiras administrativas locais, as delimitações locais do território, são sempre a expressão de dado relacionamento com a escala central e, em rigor, não existe questão demarcatória local ou regional que não seja, por definição, uma questão demarcatória central; sendo que, deste ponto de vista, a figura do labirinto é menos uma aberração funcional ou sistémica do que a modalidade tomada, consubstancialmente, pela obrigatória articulação entre local e central. Ou, se se quiser, entre interno e externo. Se, por conseguinte, os assuntos relativos às fronteiras administrativas locais no Portugal contemporâneo são, tendencialmente, labirínticos e se é, portanto, dessa forma, contando com elevada participação estatal, que, por norma, desembocam na ideia de "região", isso só pode querer dizer que *a região é labirinticamente produzida*. Ora, de uma escala dotada de semelhante credibilidade interescalar pode exigir-se, exigiu-se de facto, que subscreva, em simultâneo, por um lado, as acostumadas pretensões demarcatórias, ordenadoras da política territorial e da racionalidade económica, que, ao assegurarem as diferenças internas, viabilizam orgânica ou corporativamente o todo nacional, e, por outro, as veleidades fundacionais de cariz espiritual mas de efeitos político-ideológicos a que, de acordo com o que reiteradamente mostrámos ao longo deste

---

[215] Fonseca, 2004, 95-97.

trabalho, qualquer entidade demarcada pode ambicionar. Parece certo que a região económica é expressão daquele primeiro objectivo. Tal como, a seu modo (já o veremos) e em conivência com a lógica económica, a circunscrição provincial o será também. Esta, aliás, feita equivalente de "região" sensivelmente desde a década de 20, virá a assumir, por certo tempo, um papel de especial complexidade no desenho organizativo do país. Mas poderia esta conjugação entre as razões materiais e político-administrativas instituir-se em escala competente para assegurar, ao mesmo tempo, o preenchimento do segundo objectivo? E, nesse caso, sob que forma? Até que ponto, no contexto novecentista, encontra realização, uma vez mais, a tese de que delimitação e ilimitação descolam em igualdade de circunstâncias de qualquer processo de fixação de fronteiras?

6.2. A ALUCINAÇÃO DO REGIONALISMO NACIONALISTA

Do ponto anterior herdámos um quadro de interrogações a que se procurará agora dar resposta. Podemos, em todo o caso, até para permitir ao leitor situar melhor o rumo a tomar pela problemática, antecipar desde já aquela que é a nossa percepção basilar nesta matéria e que se pode dizer como segue: a transformação, ou, melhor dito, o desdobramento de "fronteiras internas" em "fronteiras interiores" – entendendo-se estas últimas no sentido (já aqui aludido, mormente na versão acolhida por alguma ideologia alemã oitocentista, e, conforme apurámos, repetidas vezes agenciada em diversos contextos) de fronteiras espirituais feitas núcleo central de sentimentos de pertença e dotadas de capacidades fundantes para efeitos identitários – é, de facto, uma vertente do tradicionalismo português novecentista, encontrando guarida no ideário corporativo do Estado Novo. Também a este nível, é indesmentível o desempenho operativo da *escala regional*: porque, em rigor, aquela transformação fronteiriça rumo à "interioridade" pressupõe o desdobramento do "regionalismo económico" em "regionalismo nacionalista". E se, como tudo indica, pode aceitar-se que o reconhecimento da *província* enquanto circunscrição administrativa comporta precisamente este desiderato, forçoso é ter em

162 | O MÉTODO DA FRONTEIRA

conta que a sua consagração se pode filiar em antecedentes próximos ou coevos inscritos naquele desdobramento de sentido entre fronteira interna e fronteira interior, o mesmo é dizer, naquela coexistência entre demarcação e ilimitação. Ocupar-nos-emos, em seguida, de duas situações desse teor: o projecto de "engenharia social" republicana de colonização da fronteira interna alentejana; e a atribuição, à fronteira nacional, de uma dimensão de interioridade por parte do integralismo lusitano.

A "lição dos horizontes"

Nos inícios do século XX, o republicano Ezequiel de Campos explicava que, numa conjuntura marcada por massivas vagas de emigração, "devemos recorrer principalmente à colonização, forma civilizada das guerras de conquista de outras idades, para fazermos a utilização e o povoamento da metade do país mal habitada e pouco mais que desbravada". Esta ideia, que recolheu suportes doutrinários e estruturou propostas legislativas durante o regime republicano, pressupunha uma iniciativa de aparência afinal bem simples: substituir a propensa emigração portuguesa rumo ao estrangeiro por uma emigração direccionada a essa fronteira do próprio país que era a planície alentejana. Na verdade, para Ezequiel de Campos, como para os que o seguiam nesta visão (António Granjo, Quirino de Jesus), a lógica da ideia encontrava-se legitimada tanto pelos princípios de racionalização agrícola que cientificamente a abonavam e economicamente a justificavam, quanto pelo seu indubitável alinhamento com a própria história pátria, visto, por exemplo, que "é pela colonização que se avança do Cabo da Boa Esperança para os trópicos com a raça branca" e que "foi colonizando, em marcha para Lisboa e de Lisboa para o Sul, que nós fizemos uma nação neste recanto da Península", daí se concluindo que estas "formas diversas, todas elas mostram a supremacia do esforço estranho na terra de meio estranho, mas de maior capacidade produtiva"[216].

---

[216] Campos, 1913, 655-656.

A estas propostas alternativas à emigração desenfreada para o exterior do país se chamou já "uma iniciativa de engenharia social republicana"[217]. Uma engenharia social de expansão interna onde se incluiriam o desbravamento tecnicamente instruído de incultos e a atribuição de lotes às famílias de povoadores a instalar mas que, sobretudo, "não se concebia tanto como uma grande obra do Estado, mas, fundamentalmente, como uma obra resultante das várias acções individuais protagonizadas por múltiplos "portugueses", embora fiscalizados pelo Estado. É necessário notar a ideologia por detrás desta visão económica: trata-se de uma utopia republicana, a da criação de uma comunidade de camponeses prósperos, independentes, base de uma nação auto-suficiente. As raízes desta ideia estavam na tradição do republicanismo clássico, representada por Autores como Maquiavel ou Harrington, para quem uma massa dos lavradores-soldados era a melhor garantia das liberdades cívicas e da independência da República"[218]. É verdade que a ideia tinha antecedentes, de resto já acusados, em propostas porém diversas de um Herculano ou de um Oliveira Martins. Mas é a inspiração de Turner, diríamos nós, que, de igual modo, não anda longe. O que se compreende. Porque do que se trata, bem vistas as coisas, é da verdadeira proposição de uma *frontier*, no sentido turneriano do termo. A fronteira alentejana, com efeito, não parece consumar, por si própria, as energias libertadas pelo projectado movimento para sul. Ela é uma etapa de um projecto de maior envergadura. Como dirá o próprio Ezequiel de Campos, "evidentemente que, [no contexto actual] não nos encontramos em presença de terras extensas e desertas a defender pela fronteira de Espanha com o povoamento por toda e qualquer gente, mesmo a foragida à justiça, como noutros tempos de escassez demogénica" – não de trata, pois, o autor deixa-o bem claro, de uma questão de demarcação interestatal no sentido daquilo que, por oposição à *frontier*, designaríamos hoje por *border* –, do que se trata, dirá ele em fase ulterior, é de "povoar o Alentejo e por

---

[217] Ramos, 1994, 586.
[218] *Ibidem.*

ele preparar *a geração colonial que a sério poderá ir fazer a base étnica de um novo Brasil em Angola*"[219]. Afinal, também aqui e à semelhança do que conhecemos sobre o modo da *frontier* proceder, a sugestão de um percurso expansivo, por modesto que se configure o seu escopo, desdobra-se com relativo à vontade na versão ilimitada do trajecto; e esta, ao fazê-lo, opera a flexão sobre si própria que, ao redireccionar a fronteira expansiva para dentro, para o seu âmago, a converte, nesse gesto, em *fronteira interior*.

Pode assinalar-se, portanto, no seguimento do que vem de ser dito, que no mesmo momento em que se assiste, em Portugal, a um incremento demarcatório em várias frentes, consubstanciado na maturação científica e económica da "região" e no gradual reconhecimento da escala regional como referente demarcatório dotado de relativa operatividade, é também quando, em paralelo, se desenvolve a utopia republicana da colonização da "fronteira" alentejana e, com ela, da sugestão de um movimento expansivo filiado no ilimitado do expansionismo lusitano. É sintomático, sobretudo, o facto de que iniciativas deste cariz, programadas antes de mais para retirar do próprio solo pátrio tudo aquilo que ele pudesse oferecer e para rentabilizar os recursos disponíveis (aqui se insere também o projecto de florestação dos baldios serranos atrás mencionado), encontrem a sua razão primeira em justificações de racionalização económica e de enquadramento científico-técnico das decisões políticas, nas quais entroncam também, por seu turno, as razões justificativas da fortuna delimitadora, orgânica e administrativa da "região". O que é indicador a reter do modo como razão ilimitada e razão demarcatória tendem a fazer casa comum no conceito de fronteira. Não é por isso surpreendente que idêntica estética compromissória se perceba em outras circunstâncias de mobilização pragmática ou teórica do conceito.

Que do corpo de elementos doutrinários situados na órbita do integralismo lusitano constava uma consciência bastante clara do potencial de desdobramento contido na fronteira e da repercussão congregadora que

---

[219] Campos, 1913, 657; 656.

poderia advir de uma fronteira definida como expressão de interioridade, não haverá muitas dúvidas. Num poema significativamente chamado "A lição dos horizontes", o influente António Sardinha retira desse potencial todas as consequências, enunciando, em versão inspirada, a nossa bem conhecida geometria da ilimitação enquanto linearidade desdobrando-se, circularmente, para o interior: "O que estará p'ra além? / Aonde é que eu irei, seguindo sempre em frente? / Aonde? Aonde? Aonde? / E [a Estrada-Nova] chega. E parte. / Há outros Horizontes. / P'ra além daqueles mais e mais ainda. / Há-de, porém, chegar a certo ponto / em que [a Estrada-Nova] outra vez se veja na Planície. / *P'ra que é que ela, afinal, se desenrola, / se não passando o Mundo duma bola, / vem a encontrar-se aonde agora vai, / como se não partisse?!*"[220]. A convicção do ilimitado é pois, neste contexto, não só compaginável quanto sobretudo cúmplice, mesmo dependente, de uma lucidez só conferida pela bem instruída convicção desse ponto alfa e ómega que é um interior bem fundado no qual, seja como for, qualquer viagem termina. Ora, esse ponto, interessa demarcá-lo bem. Pois se "os Horizontes querem partir, mas deixam-se ficar!", é porque, como naquele mesmo local conclui o autor, "a posse da Existência está somente / na aceitação gostosa dos Limites!"[221].

Tudo indica, pois, da perspectiva em que nos colocamos, que a ideia de ilimitado não omite, tão pouco colide, com a vertente mais clássica do limite. É precisamente por isso que também não colidirá com a "sagrada fronteira" da pátria portuguesa. Nem mesmo quando aquela estética da ilimitação se faz coincidir, em dada vertente doutrinária do integralismo, com a noção de "hispanidade", nem mesmo então se desconhece o "dualismo sagrado" de ambas as nações ibéricas. A hispanidade, resultado a que se chega, no contexto integralista, a partir da tentativa de resolução de algumas das dualidades subjacentes aos mitemas da nacionalidade e, em concreto, da tentativa de arquitectar,

---

[220] Sardinha, 1960, 11-16.
[221] *Idem*, 15.

no quadro de um universalismo nacionalista, a harmonia possível entre ruralismo e ecumenismo, assume-se de certa forma como declinação da ideia de fronteira enquanto "fronteira cristã", a um só tempo moral e física. Nessa perspectiva, a hispanidade constituía fundamentalmente uma *soberania espiritual*, imperialismo da alma alheio a qualquer omissão das fronteiras entre as partes que, aliás, nesta ambiência, sobrestimam nelas, por inerência, o estatuto de "fronteiras comuns"[222]. Em definitivo, "a aliança peninsular proposta por Sardinha não se configurava como uma unidade perfeita sob o ponto de vista nacional, mas antes uma *fórmula transcendente de unidade*, ultrapassando a mera projecção das fronteiras e constituindo aquilo a que Ramiro de Maetzu chamara, analisando a tese de Sardinha, a realização da unidade física e moral do género humano"[223]. A vários títulos, este imperialismo evangélico da consciência ibérica – "programa de recuperação da *grandeza perdida* [tanto quanto] programa preventivo antirrevolucionário"[224] – desenhava, na sua vocação transnacional de rigoroso respeito interno por diferenças da ordem do "sagrado", uma conciliação entre fronteira estatal e fronteira do império, sugerindo, também por esta via, a viabilidade de uma articulação entre a componente profunda, original e *interior* e a componente extensiva na definição corporativa da alma nacional. Descontado o "pormenor" da hispanidade, escala de que se descartou, preferindo-lhe a escala colonial do império português, o salazarismo tinha todos os motivos para acolher, não já, propriamente, a ideia, mas sim a lógica subjacente[225].

É, com efeito, uma só e mesma fórmula de realização da fronteira que Salazar utiliza: a que se reporta ao clássico "salto" crente entre, por um lado, uma ilimitação imperial pragmática e missionária, definida como projecto *nacional*, e, por outro, o sólido conjunto de demarcações tanto físicas quanto espirituais que, na base, assegura a justificação do projecto imperial, legitimando-o e com ele estabelecendo uma relação

---

[222] Carvalho, 1993, 123-132.

[223] *Idem*, 125-126.

[224] Loff, 2001, 93.

[225] Para o enquadramento histórico: Jiménez Redondo, 1996; Torre Gómez, 1985.

de complementaridade sem a qual a concepção de um todo nacional estaria comprometida. Só uma cuidada demarcação original, tornada essência, autoriza e confere sentido ao seu desdobramento – é disso que se trata – em fronteira expansiva. Quando se atenta na mobilização do argumento da fronteira pelo discurso salazarista, o que se verifica é, sem excepção, a mesma tópica: em primeiro lugar – argumento da legitimação, permitindo o "arranque" e as expectativas –, Portugal é um país "formado quase de um jacto", com fronteiras definidas precocemente ("fronteiras inalteráveis desde séculos" e que "não foram fixadas a expensas de qualquer outra nação europeia", facto que "nos subtrai às competições históricas das conquistas e desforras"), definição secular em relação à qual, por conseguinte, a tradição e a história não consentem registos dúbios e sobre a qual se edificou, com a correspondente solidez, um povo tão bem demarcado quanto as suas fronteiras no relativo ao seu carácter e à sua missão, de resto coincidentes; em segundo lugar – argumento da consumação das expectativas evangelizadoras, legitimando o "salto" –, a clareza da demarcação na origem permite que "se afirme mais pura a força moral da nossa independência e também da nossa expansão, desde que, firmada a base peninsular, passámos os mares para o alargamento do nosso domínio e manifestação mundial do nosso génio civilizador"; tudo junto, eis "a substância deste nacionalismo que tem de ser a alma da conservação, renascimento e progresso de Portugal". Estas palavras são proferidas por Salazar em 1930. Com variantes de pormenor, a mensagem não se altera em outras ocasiões: em 1931, falando do país "homogéneo na sua formação, de fronteiras imutáveis [...] mas afadigado no mar onde se desenvolveu a sua força de expansão" e onde descobriu novos territórios que "incorporou no seu próprio ser nacional"; em 1934, fazendo notar que "Portugal não se fez ou unificou nos tempos modernos nem tomou a sua forma com o ideal pagão e anti-humano de deificar uma raça ou um império, constituiu-se com os limites que ainda hoje tem na Ibéria" e procurou depois, "com duros trabalhos e sacrifícios, nos oceanos e mundos novos, o complemento da sua acanhada sede europeia"; em 1940, defendendo, em sede de legitimação cruzadística do projecto imperial, que "podemos apresentar perante o mundo, ao lado da identidade de fronteiras

168 | O MÉTODO DA FRONTEIRA

históricas, o exemplo raro da identidade de consciência religiosa"; e assim por diante[226].

A estabilização do discurso salazarista sobre esta estética de desdobramento da lógica fronteiriça não podia senão desembocar, com toda a naturalidade, na formulação alucinatória da própria crença que a suportava, quer dizer, na interpretação gradual desse "salto" legitimador entre origem e destino enquanto definição de uma verdadeira *fronteira interior*. Assim, dirá, em 1936, o ditador: "Como quem desbrava o campo para cultivar e levanta as paredes duma casa para nela viver, *há muitos séculos grandes chefes traçaram com a espada os limites e disseram: aqui se vai edificar a casa lusitana*. Outros a alargaram depois". Ou, em 1939, com o mesmo sentido, porventura ainda com maior expressividade: "A descoberta abnegada e teimosa é sem dúvida um título; mas o que está feito é mais – é a fusão da raça e da terra, *o alargamento, até aos confins do sertão, das estreitas fronteiras da Península, a mesma Pátria reproduzida*, alma e sangue, ao modo de mãe em seus filhos"[227].

A "Pátria reproduzida". Em si mesma, a expressão permite a descodificação de uma leitura da fronteira enquanto desdobramento dinâmico entre escalas de referência identitária que, prolongando-se no interior da escala maior que é o império, o fazem, porém, menos em nome da glorificação de uma lonjura infinita do que em nome da possibilidade de reificar, ao nível de cada uma dessas escalas, o âmago essencial e rigorosamente *interior* da nacionalidade. Como na "Lição dos horizontes" de Sardinha, nenhuma "Estrada-Nova" pode ir contra o facto de que a continuidade da linha recta flecte, circularmente, para a origem e que "o Mundo não passa de uma bola". É neste ponto exacto, neste ponto em que a fronteira é requerida como dispositivo viabilizador de estratégias de reprodutibilidade, estratégias de edificação de pontes, saltos ou passagens entre as diferentes

---

[226] Todas estas citações são extraídas dos discursos publicados de António Oliveira Salazar, datados, respectivamente, de 30 de Julho de 1930, de 17 de Maio de 1931, de 28 de Abril de 1934 e de 25 de Maio de 1940.

[227] Discursos proferidos a 26 de Maio de 1936 e a 9 de Outubro de 1939 (o itálico das citações é nosso).

escalas de uma mesma configuração política e em que, deste modo, algum desempenho comunicacional lhe é requerido, é neste preciso ponto que a escala regional revela, uma vez mais, a operatividade que então se lhe reconhece. Porque é de facto a ela, à marca de interioridade espiritual que ela corporativamente assegura à escala nacional, que o dispositivo da fronteira recorre para dar conta do desempenho que o Estado Novo lhe solicita. Será também esse, sem surpresa, o momento em que, por via da entidade "província" feita circunscrição administrativa e escala de afectos, o "regionalismo económico" alucina em "regionalismo nacionalista". Desdobrando-se nos trópicos.

O desdobramento tropical da escala provincial

Ao defender, à entrada da década de 1930, que as entidades provinciais, delimitadas para efeitos administrativos, deveriam estar "solidamente inscritas na alma e no território nacional", o geógrafo português Amorim Girão, interveniente directo nos projectos de reforma administrativa então ensaiados para o país, ditava a consagração emocional da *província*. Atestava a sua capacidade como fronteira interior. Reivindicava, numa palavra, a exigência de que as fronteiras internas da nação constituíssem a primeira plataforma de um programa mais vasto de interiorização do todo nacional. Por essa altura, a noção de Província, herdando parcela considerável da tradição descentralista e, ao mesmo tempo, da consagração administrativa da escala regional, tornara-se já equivalente da ideia de região e tornava-se agora, cada vez mais, conceito cúmplice do de nação. Convicções como a de que a região, sobretudo desde que administrativamente concretizada em Província, aportava valências de compactação identitária e de robustecimento integrador à escala nacional, ou como aquela, tornada máxima do regionalismo estado-novista, de que "não há patriotismo sem regionalismo", compreendem-se naquele sentido. Organicamente, o regionalismo ancorava o nacionalismo[228].

---

[228] Catroga, 2005, 203.

170 | O MÉTODO DA FRONTEIRA

A estima funcional da "província-região" decorre em boa dose das suas propriedades integradoras: integração política das elites regionais, integração económica das condições geo-humanas, integração histórica da tradição; integração, acima de tudo, do país regional no *país corporativo*. Na verdade, se pode considerar-se que este rol de propriedades integradoras se foi alicerçando de modo paulatino desde antes do Estado Novo e que o acolhimento por este concedido à Província é de alguma maneira herdado, não é menos certo que "a novidade, neste plano, teve sobretudo a ver com a inserção desta herança na estruturação de um regime que a si mesmo se definia como defensor do Estado uno, indivisível, orgânico, corporativo e autoritário", vocacionado para integrar o que vem de trás (e assim sucedia de facto com o cruzamento de fenómenos como o associativismo regionalista, a cultura de "reaportuguesamento" e o culto folclorista dos traços de ruralismo interpretados como essências espirituais da alma nacional) "numa *política do espírito* mais totalizadora, sistematizadora e diversificada quanto aos seus objectivos, e mais sofisticada nos meios postos ao seu dispor pelo poder político central"[229]. Para todos os efeitos, sob o ponto de vista do estado corporativo, o interesse da demarcação provincial andava na estrita dependência da sua agilidade em coadunar dimensão regional com unidade nacional, as demarcações internas da nação só ganhando sentido na referência ao todo indivisível a que se reportavam.

Esta insistência que fazemos no peso da unidade e na obsessão pela articulação corporativa das parcelas justifica-se. Estamos a lidar com um projecto de arquitectura política concebido como desígnio de ordem e de autoridade. E o lado autoritário pedia, ao lado da elevação da Província, a manutenção do Distrito enquanto circunscrição administrativa, situação de compromisso que é de resto a que vem a ser oficialmente acolhida pela Constituição de 1933 e pelo Código Administrativo de 1936. Assinala Fernando Catroga que "o Distrito continuava a ser uma circunscrição útil do ponto de vista de um Estado que, a par de se qualificar como

---

[229] *Idem*, 213-242.

corporativo e orgânico, também se caracterizava como uno e autoritário. Ora, as mediações distritais (mormente a exercida pelo Governo Civil), municipais e até paroquiais ajustavam-se melhor às necessidades "policiais" e securitárias do exercício do poder"[230]. Em boa linguagem corporativa, o distrito, por aleatória que fosse, no dizer de alguns, o tipo de delimitação por ele forjado, assegurava os mecanismos de compactação ordenada e de ligação autoritária ao centro das várias zonas de coerência histórico-económicas regionalmente fixadas. Em boa linguagem do limite, entretanto, dir-se-á que o facto de se privilegiar a dada altura a *fronteira interior* (a Província), não implica descurar a *fronteira interna* (o Distrito). Rigorosamente mesmo, o que pode ser dito é que a activação simultânea destas diferentes valências do limite se apresenta como o núcleo duro do sistema. Este será, para a problemática da fronteira, o primeiro dos dois aspectos que podem talvez reconhecer-se como singulares no horizonte do salazarismo. Levando mais adiante este nosso raciocínio desembocaremos forçosamente no outro.

No cerne do referido núcleo está, entretanto, o "regionalismo externo". Produto, também ele, do século anterior, correspondendo à agremiação daqueles que, radicados fora da sua "pátria local" de origem (esmagadoramente em Lisboa), se associavam a partir do culto de um comum sentimento de pertença, este regionalismo evolui gradualmente desde uma referenciação local de cunho municipalista para uma escala de referencialidade sobretudo provincial, cuja expressão maior são as Casas Regionais. Pela década de 30 do século XX tudo isto está já muito nítido. Os estudos sobre a *Casa das Beiras* dizem-no bem[231]. O que para nós se torna importante destacar, a partir desse caso concreto, é que este tipo de "casas regionais" permite explorar ao máximo o permanente circuito de transmutação da *fronteira interna* (no caso, a "Beira" como região administrativa) em *fronteira interior* (no caso, a "Beira" como traço da portugalidade), sendo desta forma que regionalismo e nacionalismo são,

---

[230] *Ibidem.*
[231] Simões, 2005; Forte, 1996; Melo, 2006.

de facto, expressões equivalentes. Autárquicamente institucionalizada, a Província estimulava as razões económicas que racionalmente a justificavam; já enquanto "Casa Regional" essa escala provincial podia entregar-se às decorrências político-simbólicas que, no âmbito, precisamente, de uma "política do espírito" se justificava incrementar. A operatividade do "regionalismo nacionalista" sustenta-se neste ponto. Quando estiver em causa a gestão de sentimentos de vinculação no âmbito de um Império acossado quanto à incorporação das colónias, o seu contributo apresenta-se inestimável. Recorde-se que na ideia de "fronteira interior", tal como a temos vindo a utilizar, está presente um equilíbrio, ou uma tensão, entre uma "dialéctica do território" e uma "dialéctica do tempo", e que, assim sendo, mesmo quando essa fronteira remete para esse âmago originário, interior e essencial, que define a relação entre um espaço, uma língua e um povo, é na expectativa de aí *fundar* algo, ou seja, de fazer desse território sagrado, espiritual, dessa fronteira interior, o fundamento de um projecto, de um rumo a tomar em direcção a um local de destino. Ora, o que é a Beira regional, referente administrativo e espiritual da Casa das Beiras, senão o local fundante da diáspora beirã, e, com ela, do destino da Pátria? Esse será um dos principais traços do "regionalismo externo" – com ele, a região prolonga a sua função orgânica em direcção à sua função unificadora no espaço e no tempo.

À luz do que vem de ser dito, melhor se compreende o posicionamento político (não por casualidade auto-designadamente apolítico) da Casa das Beiras e dos seus dirigentes, e, desde logo, a profunda ligação ao regime do Estado Novo que se percebe da consulta do "Boletim da Casa das Beiras de Lisboa", bem como, aspecto a reter, dos Boletins das congéneres Casas das Beiras moçambicana e brasileira, respectivamente a de Lourenço Marques e do Rio de Janeiro. É que, sendo a Casa das Beiras o organismo central do "regionalismo beirão" e assumindo-se este como o arauto principal do próprio "regionalismo", caberá também a essa Casa a tarefa de propagandear e defender as virtudes do "regionalismo ultramarino", na acepção do enaltecimento da unidade da Nação. Através de um mesmo apego e sentimento de vinculação às origens (apesar da distância) exibido pela casa-mãe de Lisboa e pelos seus desdobramentos ultramarinos, o "regionalismo nacionalista" proclama-se nos trópicos e desdobra-se na sua versão de "regionalismo imperial"[232]. Consulte-se, a este título, o Boletim dos beirões de Moçambique. Nem por azo da distância e da diferença de contexto espacial em relação à metrópole os juramentos de portugalidade prescindem de adoptar a mesma escala regional de referência: "Assim como as Beiras são terra portuguesíssima, a mais portuguesa de Portugal – assim o lar beirão é um lar muito português, o mais português de todos. É natural. É óbvio: pode o Estado Novo contar com o lar beirão, vendo nele um dos seus fundamentos mais consistentes"[233]. O periódico da Casa das Beiras do Rio de Janeiro alinhará pelo mesmo diapasão, mostrando até que ponto a visão do Brasil e o discurso sobre ele, ao mobilizarem a crença numa "comunidade lusa imaginada", o fazem no terreno desse veículo de sedimentação que é o regionalismo beirão. Os exemplos nesse sentido são esclarecedores, filiando-se declaradamente nesse momento emblemático de 1940 que é a colocação, na Embaixada do Brasil em Lisboa, de uma placa comemorativa ofertada pelos emigrantes da Beira residentes na outra margem do Atlântico, cuja inscrição dizia: "As províncias da Beira, raiz da Lusitânia e coração de Portugal: ao Brasil, uno e forte, pátria gloriosa de Lusitanos na América"[234].

O alinhamento das precedentes considerações autoriza-nos a um balanço. O ponto fundamental, cujo significado parece percorrer, transversalmente, as diversas situações, forjando um sentido para elas, é o da persistência escalar. Ela é absolutamente decisiva: quem parte e, por maioria de razão, quem parte império adentro, leva na bagagem as fronteiras de origem. É disso que se trata. Por isso, mais do que de "prolongamento", imagem que temos vindo a utilizar para descrever os vários fenómenos de desdobramento de fronteiras e o modo como, em cada uma dessas ocasiões, uma demarcação sólida na origem tende a reproduzir-se enquanto projecto ilimitado, trata-se aqui, com maior propriedade, de verdadeiro fenómeno de "transposição", o da transposição

---

[232] Simões, 2005.
[233] *Idem*, 119-128.
[234] *Idem*, 135.

174 | O MÉTODO DA FRONTEIRA

das fronteiras regionais para os trópicos. Ou seja, mais do que realizar uma extensão dos limites fundacionais nos termos da conjugação entre *frontier turneriana* e *fronteira interior fichteana*, ousa-se – alucinatoriamente, isto é, sem outra justificação aparente que não a do seu essencialismo referencial em matéria de nacionalidade – a transposição das próprias demarcações originárias. Quem se movimenta, pois, transporta consigo as escalas concatenadas de limites que o corporativismo disponibiliza, e transporta-as visando a sua reprodutibilidade. Como se a ilimitação não se resignasse a beneficiar da legitimação conferida, na fonte, pelas fronteiras "sagradas" (integralismo) e "imutáveis" (salazarismo) que a impulsionam, impondo-se agora carregar consigo essas demarcações que a antecedem e a permitem, as quais, invariavelmente, ela co-memorará. Reconhecer-se-á, em suma, que não está aqui em causa, apenas, a insinuação de um ponto simultâneo de origem e de destino, por norma deduzido das fórmulas expansivas, mas a insistência em levar durante o trajecto esse mesmo ponto demarcado, ritualizando, tanto quanto possível, a relação com ele. Este transporte das fronteiras é traço do corporativismo estado-novista. Na óptica de uma problemática da fronteira será então uma sua segunda marca de singularidade.

Assim recortada a questão, bem se percebe a impressão com que ficamos de que a falência autárquica da circunscrição provincial, datada de 1959 (em resultado conjugado de deficitária autonomia financeira e política, inadequação perante novas lógicas de planificação económica e recessão política da crença corporativa)[235], não poderia, em contrapartida, ditar a falência automática das tarefas de compactação identitária e de uniformização espiritual deduzidas de um regionalismo de dinâmica provincial e expressão nacional. Não poderia prescindir delas, em concreto, um Estado Novo cada vez mais preocupado e cercado pela questão colonial[236]. Talvez por isso se faça questão de frisar, no próprio acto formal de destituição administrativa da circunscrição provincial, que,

---

[235] Catroga, 2005, 231-234.
[236] Sánchez Cervelló, 1993; Rosas, 1994; Castelo, 1998.

exceptuada a sua responsabilidade autárquica, a província continuava a exercer "os seus demais efeitos", numa altura, para mais, em que – di-lo o próprio Salazar logo em 1960 – se insiste no trabalho a fazer ao nível da "consciência da unidade nacional", tida por "forte escudo contra a acção de propagandas externas". Na nossa terminologia: a Beira como "fronteira interior" sobrevive à Beira como "fronteira interna".

Não é inédita, de resto, esta sobrevivência da "fronteira interior". A sua predisposição para o deslocamento, seja à escala do nacionalismo, do regionalismo, ou do regionalismo nacionalista, é marca de mecanismo resistente. Em Espanha, onde já desde os finais da Segunda Guerra "los símbolos de identidad del nacionalismo español, asociados con el franquismo, se vieron desprestigiados, e incluso anulados – temporalmente al menos – como arsenal movilizador", o que é interessante notar (em termos de "versatilidad" e "omnipresencia") é que "en el combate con el franquismo moribundo, deslegetimado este ya para las generaciones jóvenes, el instrumento movilizador más eficaz no fuera, por ejemplo, el obrerismo revolucionário (tan predominante entonces en el mundo intelectual), sino, de nuevo, los nacionalismos. Unos nacionalismos ahora alternativos al español y revestidos de esa legitimidad progresista, democrática y modernizadora que aquél había perdido"[237].

A compressão da fronteira externa

Perguntemos, por fim, o que sucede no momento em que aquele dispositivo de limites referenciais concatenados, tal como detectados para o caso português, perde o horizonte que, servindo-lhe de baliza, lhe justifica o movimento. O mesmo é perguntar pelo que acontece, em relação a este assunto, aquando do inevitável fim do Portugal imperial. Para o que a uma problemática da fronteira pode importar, acontece, em perspectiva portuguesa, também em perspectiva ibérica (outro tanto haveria a dizer

---

[237] Alvarez Junco, 1997, 66-67. Consulte-se também Alvarez Junco, 2001.

176 | O MÉTODO DA FRONTEIRA

em perspectiva africana) um facto principal, a saber, o efeito conjugado da compressão da fronteira exterior portuguesa, a partir de 1974-1975, e da adesão conjunta à Europa de Portugal e de Espanha, em 1986. Por essa altura, a fronteira externa lusa passará rapidamente, em cerca de uma década, de fronteira imperial a fronteira nacional e depois, por via da inserção europeia, a fronteira interna (do espaço europeu). Deste aspecto arrancam umas quantas linhas de problematização. Limitemo-nos a ensaiar, de modo breve, o respectivo esboço.

Assim, está por esclarecer ainda o modo e as consequências desta conversão da *fronteira exterior* (detentora, por definição, do estatuto de exterioridade absoluta, manifestação eminente do centro e, no caso da ditadura portuguesa, cabeça hipostasiada da cadeia de fronteiras internas) em *fronteira interna*, ou seja, em "fronteira interna da Europa". A pista aqui a seguir parece ser a da evolução tomada, no contexto de finais do Estado Novo e no período de transição política para a democracia, bem como nos tempos imediatamente sucedâneos à entrada na Europa, por essa *cadeia desdobrável de fronteiras internas* (canonicamente estruturadas a partir de uma relação com o centro e, donde, organicamente reportadas, acto contínuo, à fronteira referencial externa): de que modo assiste essa cadeia à modificação rápida da sua escala de referencialidade, sucessivamente colonial, nacional e europeia, na certeza de que em algum ponto é a sobreposição das várias escalas a gerir o processo; e de que modo e a que ritmo ocorrem as tentativas de depuração dessa amálgama, num cenário inicial de precária difusão de liturgias cívicas de peso e eficácia suficientes por parte da nova sede referencial europeia; nestes dois tópicos estarão contidos os elementos nodais da questão.

Por outro lado, e reflectindo sempre sobre uma lógica de evidente interdependência entre fronteira externa e fronteiras internas, interessaria estabelecer devidamente o tipo de relação que pode haver entre, de uma parte, a consciência de amputação de parte substancial do tradicional significado identitário e diferenciador garantido pela fronteira externa enquanto fronteira nacional face a Espanha (eventualidade decorrente da integração europeia de Portugal e, em concreto, da abdicação demarcatória que esta implica a favor de um centro "longínquo"), e, de outra parte, a recusa portuguesa em proceder à amputação de sinal contrário (agora a favor de pequenos centros internos e dispersos), em direcção a uma lógica de redução pela qual parte da referencialidade da fronteira externa passasse para os níveis inferiores aos da escala nacional, precisamente os da escala regional, para mais num contexto europeu de estímulo a uns quantos níveis de relacionamento directo entre fronteiras internas e fronteira europeia (sugerindo, com sustentação ou sem ela, níveis não necessariamente cobertos pela mediação nacional). Se, na ausência de um reconhecimento mínimo, por parte dos portugueses, do tipo de relação efectivamente estabelecido entre a fronteira europeia e a fronteira nacional, a margem de manobra sobejante para introduzir novos deslocamentos de limites teria de ser diminuta, compreende-se que, em 1998, a "regionalização" não pudesse senão chumbar o seu referendo. Mas, naturalmente, é do cruzamento desta hipótese com o quadro de justificações normalmente aduzidas para explicar este resultado eleitoral que há-de partir o aprofundamento deste aspecto.

Mais decisivo se apresenta, até pela sua indeclinável actualidade, o problema derivado do anterior, ou seja o da obrigatória redefinição funcional do papel dessa "fronteira externa-interna" que passa a ser, no quadro europeu, a fronteira luso-espanhola, indicador das relações ibéricas. O problema pode decerto ser encarado por diversos prismas. Mas parece seguro que ele não deixará de remeter, em elevado grau, para as nossas conhecidas questões de simultaneidade de escalas – económicas, culturais, identitárias – e, nesse sentido, para a questão da sua articulação. O que é assinalável, deste ponto de vista, é que a adesão portuguesa à Europa pareça novamente desembocar, em contexto inteiramente diverso do pré-democrático, é certo, num problema de desdobramento de escalas de referencialidade mais ou menos sobrepostas. E se não pode deixar de saudar-se o facto de não haver lugar, hoje em dia, perante os balizamentos compreensivos fornecidos pela actualidade, para uma resolução dessa sobreposição escalar por via da sua subjugação a propostas de uniformização ou de espiritualização de sentido como as que o nacionalismo, o patriotismo, o colonialismo e o regionalismo em conjunto ditaram, nem por isso se poderá deixar de olhar com a devida reserva as recorrentes sugestões

178 | O MÉTODO DA FRONTEIRA

de consensualidade tensa e de co-memoracionismo apressado que em sede europeia vão sendo alvitradas para equiparar as diversas escalas de integração, reconvertendo o "ruído" entre elas a um "desdobramento" pretensamente harmónico. Do mesmo modo que merece apropriada dose de atenção o facto de a secular propensão para que, em contexto português, o debate sobre descentralização desemboque, à escala nacional, no "perigo espanhol", parecer hoje desembocar, sobremaneira, no debate sobre a escala "regional" subjacente às relações hispano-portuguesas; um debate que, nesta óptica, não é outro senão o da difícil articulação entre as atracções integradoras das escalas europeia e ibérica. O que, ao comprovar, também por aqui, que as fronteiras exteriores e as fronteiras internas são um só e o mesmo problema, diz bem da impossibilidade de abordar a integração regional hispano-lusa à margem da actual problemática das fronteiras europeias. É o que passamos a fazer. O que toma particular significado, sobretudo depois da abordagem a que procedemos no decurso deste capítulo, é que, como veremos, as novas regras de atracção e de ordenamento escalar ditadas pela integração europeia acabarão por desaguar, também elas, na escala regional, sobre a qual trabalham e sobre a qual se instalam. Percebe-se: o deslocamento de limites necessita sempre de uma âncora de sentido, se possível âncora operativa também, que assegure os mecanismos de desdobramento entre os vários limites em movimento. Já apreciámos este aspecto. Destituído (até certo ponto) do revestimento "nacionalista" que se lhe acoplara durante a maior parte do século XX português, o "regionalismo", enquanto escala preferencial de articulação de fronteiras, não deixará porém de ser requisitado pela integração europeia, aí reinventando novas fórmulas alucinatórias da sua vigência ou, pura e simplesmente, novos perfis funcionais.

6.3. INTEGRAÇÃO (AS NOVAS REGRAS DA ATRACÇÃO)

Por definição, qualquer iniciativa de *integração* solicita um esforço paralelo de *demarcação*; a integração, constitutivamente e rigorosamente, *é* essa demarcação. O debate europeu dos últimos anos tem apontado de modo inequívoco o problema das fronteiras como um dos desafios mais salientes do projecto de integração europeu. Nem sempre, contudo, a questão tem sido colocada da melhor forma. Ainda em tempos recentes (em Março de 2006) o Parlamento Europeu pedia à Comissão que fornecesse uma "definição operacional da capacidade de absorção da UE", onde se indicassem, nomeadamente, critérios tendentes a determinar quais as fronteiras geográficas da Europa. Uma vez mais, o sentido da demanda é questionável. Dir-se-ia, com efeito, que a pergunta "por onde passam as fronteiras da Europa?" se tem imposto a uma outra, que me parece mais eficaz e que é a seguinte: "quais as fronteiras constitutivas da Europa?". No primeiro caso, solicita-se, fundamentalmente, uma determinação que dê por resolvido o problema; no segundo, aceita-se o problema como inerente à ideia e à construção europeias. É justamente esta a perspectiva em que me coloco: a da fronteira como mecanismo ordenador das várias escalas europeias.

Deste ponto de vista, qualquer análise deverá ter em consideração, pelo menos, três níveis problemáticos do fenómeno: o da definição de fronteiras; o da mobilidade de fronteiras; e o da articulação de fronteiras. Trata-se de três dimensões fortemente complementares, cuja conjugação nem sempre procede do mesmo modo, nem com os mesmos efeitos. Ao ponto de ser possível sustentar que essa incidência diferencial é não apenas a expressão de diferentes escalas europeias mas um dos mecanismos produtores das diferentes escalas europeias. Vejamos o assunto mais de perto.

Primeiro nível problemático: definição de fronteiras

Existem, genericamente falando, duas modalidades possíveis de definir uma fronteira: ou uma demarcação "pelo exterior"; ou uma demarcação "pelo interior". A Europa vive, inevitavelmente, na tensão entre ambas, embora não pareça muito ciente desse facto.

A *demarcação pelo exterior* corresponde ao modelo de definição mais clássico, sendo aquele que associamos de modo mais imediatista à definição das fronteiras: de acordo com este, uma entidade política, cultural ou económica delimita-se, em primeira instância, com base na definição das suas exterioridades, isto é, a partir do estabelecimento de determinados critérios de relacionamento capazes de determinar, com o rigor possível, as condições de diferença, inclusão, exclusão, filtragem ou transgressão que deverão regular o fluxo relacional com outras entidades. O seu resultado mais pragmático expressa-se em políticas de delimitação, de expansão, de cooperação ou de enfrentamento.

Já a modalidade a que chamámos *demarcação pelo interior* assenta numa lógica diversa. Digamos que, agora, a entidade a demarcar se define, em primeira instância, em moldes designativos, auto-afirmativos, a partir da afirmação daquilo que é, na convicção de que os seus limites estarão, precisamente, lá onde essa entidade deixar de ser. Porque, aqui, a sua diferença originária é o quadro dos seus elementos característicos; e o seu primeiro factor de singularidade é o projecto que a anima. Trata-se, em linguagem epistemológica, de uma definição ostensiva. Se a anterior modalidade aposta no limite para vincar uma posição, esta ostenta a respectiva posição para produzir os correspondentes limites. Se aquela se realiza enquanto regulação, esta realiza-se enquanto pólo de atracção. De alguma maneira, esta modalidade de "demarcação pelo interior" encontra a sua mais emblemática expressão na consagrada imagem da Europa como entidade estruturada sobre os valores da democracia, da paz e do desenvolvimento e que, a partir do magnetismo por eles irradiado – ou especialmente a partir desse magnetismo –, se abre à descoberta das suas fronteiras.

É possível sustentar que, em boa medida, a história da construção europeia é a história da harmonização destas duas modalidades. Trata-se, porém, de uma harmonização tensa. O que se compreende. Desde logo, porque a activação preferencial de uma ou de outra, ou, melhor dizendo, o respectivo lugar tópico, variou sensivelmente consoante a conjuntura histórica considerada. Assim, em 1986, por altura da adesão de Portugal e Espanha à Comunidade Europeia[238], dir-se-ia que a modalidade de

---

[238] Royo, 2005; Silva; 2005; Pinto e Teixeira, 2005; Ribeiro, 2004; Martín de La

definição "pelo interior" suplanta os restantes modelos em presença, o que significa que a Europa, ao receber os dois países ibéricos, como que se limita a dar resposta, com essa integração, à sua capacidade atractiva sobre o exterior. Já quanto à integração a leste, em 2004[239], tudo indica que esse mesmo móbil, se bem que inegavelmente presente, se manifesta em paralelo com uma outra preocupação forte, qual seja a de uma Europa que procura responder a novos desafios estratégicos e económicos e, com eles, a uma necessária redefinição das suas exterioridades pertinentes, quer dizer, uma Europa que se redefine enquanto se expande.

Por outro lado, cada uma daquelas modalidades de definição da fronteira europeia potencia determinados riscos. Assim, por exemplo, uma Europa de vocação expansiva que privilegie a definição das suas exterioridades pertinentes, como é a da recente conjuntura do "alargamento", pode ser facilmente vítima da "mentira neo-liberal, que parte do princípio de que a integração da Europa pode ser feita unicamente em bases económicas, que isso é perfeitamente suficiente e que procurar uma integração social e política é supérfluo, senão pernicioso", o que justifica "a ultrapassagem das fronteiras nacionais *por força da economia*", fazendo com que "os fundamentos sociais e políticos do projecto europeu continuem num estado subdesenvolvido"[240]. Nesta óptica, "o processo de "alargamento" da União aos novos países membros, parece marcar verdadeiramente a irreversibilidade de uma entrada da Europa nas lógicas da mundialização capitalista", ao mesmo tempo que dá por adquirida a equivalência entre construção europeia e postulado económico liberal[241].

Por outro lado, são hoje também patentes as armadilhas contidas no modelo a que chamámos o da definição da fronteira europeia "desde o interior". Repare-se como a incomodidade com o alastramento da União em diversas direcções tem levado distintos sectores políticos a crisparem o seu posicionamento defensivo em torno, precisamente, de uma identidade

---

Guardia y Pérez Sánchez, 2001; Tello y Torre Gómez, 2000.

[239] Pereira Castañares y Sanz Díaz, 2001.

[240] Beck, 2006.

[241] Balibar, 2005.

182 | O MÉTODO DA FRONTEIRA

europeia que se crê demarcada com base num quadro de valores e de referências histórico-culturais rígidos, o suficiente, pelo menos, para a partir deles procurarem definir umas quantas fronteiras de exclusão.

Na verdade, a impressão com que se fica é a de que, neste preciso momento, as duas modalidades demarcatórias da fronteira europeia aparentam ter perdido o tendencial sentido de equilíbrio e de complementaridade, ameaçando resvalar para uma curto-circuitagem mútua: sirva de exemplo o caso da incorporação da Turquia[242], em que a pretexto do debate sobre a delimitação externa da Europa se põe verdadeiramente em causa o âmago do projecto europeu, ao procurar reconverter a definição "interior" da Europa-pólo-de-atracção numa Europa-clube -cristão, com isso lesando, de resto, o magnetismo europeu e, por arrasto, a própria capacidade interventiva da Europa sobre as fronteiras da democracia.

Segundo nível problemático: mobilidade de fronteiras

Falar, hoje, numa problemática da fronteira europeia é também, obrigatoriamente, reflectir sobre o elemento da mobilidade, quer dizer, sobre a propensão das fronteiras actuais para se deslocarem, redefinindo, nesse movimento, novas cartografias dos espaços e das pertenças identitárias e cívicas. Só neste contexto, aliás, se poderão entender os rumos da cidadania europeia, ou, melhor dizendo, os rumos das cidadanias emergentes à escala da Europa.

Uma coisa parece segura: os tradicionais paradigmas da cidadania estão hoje espartilhados entre os referenciais da cidadania estadual e as evidências das *cidadanias múltiplas*. Neste âmbito, a questão da compatibilização entre as "cidadanias nacionais" e a "cidadania europeia" é apenas uma das dimensões de um problema mais fundo, mesmo paradoxal, ao nível do Estado de direito democrático: o da presente dissonância "entre um *direito fundamental* constitucionalmente plasmado – o direito à cidadania,

---

[242] Morgan, 2004.

ligado, em via de regra, a um estatuto de nacionalidade – e um *direito humano* – o direito dos "não cidadãos" beneficiarem dos direitos (pelo menos de alguns deles) inerentes ao estatuto de cidadania"[243]. É a cidadania um direito fundamental ou um direito humano?

Certa mesmo é a necessidade de um novo entendimento da(s) cidadania(s). E se é verdade que o multiculturalismo como conceito referencial de uma nova modelação cidadã não parece capaz de fornecer vias alternativas em número superior aos nós cegos que tem produzido em contexto europeu[244], também as propostas (de inspiração kantiana ou habermasiana[245]) de entendimento da Europa como um novo projecto cosmopolita não parecem conter uma pulsão concretizadora equivalente à justeza dos seus pressupostos teóricos. É provável que a matriz do problema se situe, sobretudo, ao nível de algumas dimensões muito precisas do actual panorama de mobilidade das fronteiras europeias. Uma delas é a compatibilização entre circulação e imigração. Outra, é a compatibilização entre securitarismo e garantismo.

Dando por válida a leitura dos que apontam a circulação e a mobilidade como os verdadeiros desafios dos próximos cinco, dez, vinte e cinco anos, durante os quais se tornará forçoso tornar os nossos sistemas administrativos e políticos tão flexíveis e adaptáveis quanto as motivações das pessoas para se movimentarem, então haverá de reconhecer-se que, como sustentam essas mesmas leituras, "a actual batalha contra a imigração ilegal é um desperdício de dinheiro e que, por exemplo, os EUA poderiam reduzir em muito a emigração ilegal se fizessem do México um parceiro" – conselho válido também para a Europa[246]. E, de facto, quando sabemos das dificuldades económicas por que passa a agência europeia de coordenação de fronteiras da UE (designada "Frontex") para efeitos do patrulhamento das águas atlânticas, somos tentados a reconhecer a pertinência da ideia. Contudo, mesmo se é fácil aceitar o postulado de que "há que facilitar a

---

[243] Canotilho, 2007. Ver também: Morrison, 2003; Gillingham, 2003.
[244] Catroga, 2006.
[245] Habermas, 1996; Beck e Gideens, 2005.
[246] Papademetriou, 2006.

mobilidade e geri-la", não se vislumbra, sob risco de total desregulação e desequilíbrio, no quadro europeu actual, qualquer possibilidade de prescindir de mecanismos de filtragem dos fluxos imigratórios, mais parecendo que o verdadeiro desafio que para já – para já, repito – é lícito colocar é afinal, é ainda, o modo de compatibilizar (ou seja, gerir) o potencial da circulação com a inevitabilidade da imigração.

Entretanto, convirá de igual forma estar atento a essa outra compatibilidade inadiável entre securitarismo e garantismo, uma equação igualmente resultante do deslocamento de fronteiras produzido nos últimos anos. Percebe-se o alcance das recentes palavras de um Ministro da Defesa de um país europeu: "No passado, a fronteira da segurança europeia estava em Berlim. Hoje, transferiu-se para o Médio Oriente. É lá que está o centro de gravidade dos conflitos internacionais e das ameaças à segurança europeia. E, ontem como hoje, na guerra fria como nos nossos dias, a fronteira da segurança nacional é a fronteira da segurança europeia"[247]. Inegavelmente, os alinhamentos europeus de cada Estado, ao mesmo tempo que produzem o deslocamento estratégico da fronteira, contraem obrigações em matéria de segurança e defesa. Convirá, porém, que essa postura solidária não seja pretexto para a instalação gradual de um direito penal excessivamente securitário, o qual, mesmo se auto-justificado com a preservação da segurança europeia, é ameaça insustentável ao magnetismo europeu estruturado sobre a democracia e o Estado de direito. O perigo, aqui, é o da insinuação do chamado "Estado punitivo", com o seu cortejo de restrições: adopção de uma cultura de controlo; proliferação de leis de emergência; contracção de espaços livres de direito; sugestão de um "direito penal do inimigo"; entre outras[248]. O argumento insuportável de que a redução de direitos, liberdades e garantias (suportada em reais problemas de aumento da criminalidade, ou estribado na prevenção anti-terrorista) corresponde a uma redução de liberdade que visa salvar a própria liberdade, é fundadamente anti-

---

[247] Teixeira, 2006.
[248] Costa, 2005; Zaffaroni, 2007.

europeu: não tanto porque envergonhe os fundamentos europeus, mas sobretudo porque expõe a incapacidade europeia para encontrar uma via crítica do assunto, idealmente distinta da dos seus parceiros no jogo estratégico internacional.

Terceiro nível problemático: articulação de fronteiras

De alguma maneira, as questões levantadas nos pontos anteriores já nos foram introduzindo no carácter problemático com que é vivida a forçosa convivência entre as diversas escalas em presença no contexto europeu. Trata-se, na sua maioria, de questões de sobreposição de escalas. Pelo que a tarefa parece ser, desta feita, a da sua necessária articulação[249].

A complexidade do assunto reside no facto de as fórmulas orgânicas e institucionais pós-estatais ou supra-nacionais não poderem, maugrado a sua imposição tendencial, ignorar a permanência das velhas fórmulas, nomeadamente no quadro da estatalidade[250]. Com efeito, a escala nacional de referência dá mostras de persistir a diferentes níveis da realidade europeia: pense-se, a título de exemplo, nas inúmeras manifestações de proteccionismo e de "patriotismo económico" que põem a descoberto instintos nacionalistas e proteccionistas antes guardados para as relações externas europeias mas agora internamente esgrimidos, numa tendência pouco compaginável com os caminhos da integração europeia, mais parecendo uma expressão da tantas vezes citada "fadiga do alargamento". E pense-se, em simultâneo, no ressurgimento de alguma propensão teórica para voltar a erigir o "nacional" como princípio ontológico, na pressuposição de que uma Europa pós-nacional só poderá ser uma Europa pós-democrática e de que quanto mais Europa, menos democracia. Ora, como bem lembra Beck, aquele tipo de argumentação "esquece que a Europa caminha para a democracia por uma via que não é nem pode

---

[249] Buchanan e Moore, 2003.
[250] Willke, 1997; Martins, 2005.

ser idêntica à dos Estados-nação tomados como padrão. O processo europeu pertence a outra categoria, quanto mais não seja porque se a UE se formou a partir dos Estados mas não é, ela própria, um Estado, no sentido clássico, mas um império do consenso e do direito". Além de que "podemos questionar se os modelos de democracia desenvolvidos pelo Estado moderno se aplicam à UE ou se, para dar legitimidade à política europeia, não seria necessário desenvolver modelos diferentes, pós-nacionais"[251].

Estas considerações não podem, naturalmente, omitir aqueles múltiplos aspectos em que o Estado desempenha funções insubstituíveis, seja em matéria de referencialidade, seja em sede de regulação, seja em outras áreas. Até porque, em rigor, os Estados europeus (ao contrário do que acontece nos sistemas federais) "não delegaram no centro europeu as decisões do foro da política externa e da defesa, nem resolveram a questão da democracia supranacional". Neste ponto, por conseguinte, o peso das fronteiras estatais persiste, de forma indelével, autorizando supor que qualquer vertente da construção europeia que se efectue no desconhecimento explícito deste facto corre sério risco de impossibilidade. A compreensível vontade de reformular os processos de decisão europeus, conferindo mais poder aos centros governativos e permitindo cooperações reforçadas no domínio da política externa e da defesa, deve pois entrar em linha de conta com este aspecto. Motivos bastantes, estamos em crer, para a aposta em modelos que articulem as diferentes escalas vigentes no terreno, ao invés de insistir numa leitura do tempo histórico como substituição mais ou menos linear de uma por outra. Mas não será precisamente este esforço de articulação o desígnio de um texto constitucional europeu? Não será este o desígnio do próprio conceito de interconstitucionalidade?

A ideia de interconstitucionalidade remete precisamente para "o estudo das relações internacionais de concorrência, convergência, justaposição e conflitos de várias constituições e de vários poderes constituintes no mesmo espaço político, enfrentando assim o intrincado problema da

---

[251] Beck, 2005.

articulação entre constituições e da afirmação de poderes constituintes com fontes e legitimidades diversas [devendo por isso abordar-se numa] perspectiva amiga do pluralismo de ordenamentos e de normatividades"[252]. A sua aplicação acorda-se, portanto, com um tempo histórico no qual, ainda que as constituições continuem a ser simbolicamente a magna carta da identidade nacional, a sua força normativa terá parcialmente de ceder perante novos fenótipos organizativos, isto é, "associações abertas de estados nacionais abertos"[253]. Um tempo histórico marcado pela "transformação das ordens jurídicas nacionais em ordens jurídicas parciais, nas quais as constituições são relegadas para um plano mais modesto de *leis fundamentais regionais*[254].

Mas não constituirá, precisamente, esta "regionalização do nacional", um "quarto nível problemático" ao qual se chega pelo efeito conjugado dos outros três?

6.4. A ESCALA *TRANSFRONTEIRIÇA* COMO CELEBRAÇÃO DO OBJECTO

Em síntese. O cuadro dos desafios europeus é amplo; o das tensões também. Sucede que a diferente incidência de cada um desses desafios e dessas tensões, bem como as diferentes respostas localmente ensaiadas para lhes fazer face, ao produzirem, nessa dissonância, um permanente deslocamento interno de fronteiras, revelam bem até que ponto o problema das fronteiras europeias é também sempre, de alguma maneira, o das suas próprias fronteiras regionais. E estas, como sabemos, colocam, por definição, um outro problema: o da respectiva escala de funcionalidade. Um breve olhar sobre o caso concreto, o português, com o qual regressamos de novo ao âmbito ibérico, permitir-nos-á uma aproximação ao assunto.

---

[252] Canotilho, 2006.

[253] *Idem.*

[254] *Idem.*

188 | O MÉTODO DA FRONTEIRA

Como avaliam os portugueses a problemática europeia, situados en 2006, vinte anos após a sua adesão à Europa? Sigamos os inquéritos Eurobarómetro relativos aos dois últimos anos[255]. Primeira constatação: a questão democrática é já um dado adquirido, tanto como a paz e a estabilidade. Os portugueses não imputam directamente à Europa essas aquisições, ou, pelo menos, não estabelecem hoje uma relação entre o que consideram matéria consolidada e o enquadramento europeu. E quanto aos problemas mais "quentes" do dossier europeu? Uma eventual entrada da Turquia não é problema. O alargamento europeu em geral também não: se é certo que assusta quanto à deslocalização das empresas e aos efeitos possíveis no emprego, reconhecem-se-lhe, ainda assim, as possíveis vantagens. Bem assim, nem a imigração ou o terrorismo causam receio particular. Não há reservas significativas à Constituição europeia; nem, de resto, ao reforço das instituições comunitárias, em quem, aliás, os portugueses confiam. O ponto nevrálgico, aquele que verdadeiramente conta, é a crise económica: desemprego; situação económica; inflação. São estas, por esta ordem, as preocupações maiores dos portugueses, o que aproxima mesmo Portugal, neste aspecto, mais dos países novos membros do que da Europa dos quinze.

Ora, um país que não se teme da maior parte dos problemas mais "ruidosos" à escala europeia, mas que, em contrapartida, parece obcecado com a sua viabilidade económica, surge, naturalmente, neste início do século XXI, muito mais vocacionado e disponível para reflectir a outras escalas. Escalas mais directamente implicadas na sua situação económica e tidas por mais convenientes ao que se acredita ser a real dimensão dos seus problemas. Escalas regionais, com certeza. Escalas ibéricas, em suma. É por isso que a Espanha surge, neste momento, vinte anos após a adesão conjunta dos dois países à Europa, como uma das escalas referenciais mais desafiantes dos portugueses (diversas auscultações têm escalpelizado esta tendência: debate-se, hoje, em Portugal, com gradual incidência, a dependência face à economia espanhola, o deslocamento de capitais, a

---

[255] http://ec.europa.eu; http://ftp.infoeuropa.ciejd.pt

questão da efectividade da independência portuguesa em razão do peso da economia espanhola; desenvolve-se um sentimento de inferioridade em relação a Espanha e à sua integração, enquanto que, em paralelo, se intensifica uma fascinação portuguesa por Espanha, sugerindo, até certo ponto, uma sensível modificação na tradicional representatividade do anti-espanholismo, essa "doença infantil do nacionalismo português"[256]). E é por isso que, em definitivo, à luz desta escala, a fronteira europeia de Portugal é, antes de tudo, a fronteira com a Espanha.

A história da fronteira portuguesa apresenta, a traços largos, três momentos fundamentais. O primeiro é o da fronteira ibérica; o segundo (que na verdade constitui uma resposta ao primeiro) é o da fronteira imperial; e o terceiro é o da fronteira europeia[257]. Em absoluto rigor, pode assinalar-se um hiato entre estes dois últimos: o período entre a Revolução de 1974 e a adesão à Europa, em 1986, isto é, entre o fim da fronteira imperial e o início da fronteira europeia, durante o qual Portugal ficou reduzido à fronteira espanhola. Mas não será que, olhando estruturalmente para o problema, o verdadeiro hiato foi afinal o da fronteira imperial, e que, em fim de contas, a história da fronteira portuguesa é a de um país inevitavelmente à espera de Espanha, numa tendência em que, ao que parece, a adesão à Europa não implicou uma inversão mas antes uma recolocação?

Há duas maneiras de interpretar estas minhas palavras. Os mais distraídos logo tratarão de as filiar nos 27% de portugueses e nos 44% de espanhóis favoráveis a uma união ibérica e recentemente revelados pelas sondagens[258]. Mas é provável que as minhas palavras sejam tão somente a expressão de uma das realidades mais subtis da construção europeia: a da regionalização da problemática das fronteiras da Europa, ou seja, a da permanente activação local ou regional desse mecanismo ordenador da diversidade que é uma fronteira. De resto, já havíamos anticipado o veredicto. A abertura da nossa análise à escala europeia desemboca, sem

---

[256] Segundo a expressão de Lourenço, 1988, 82.

[257] Moreira, 1999; Marchueta, 2002.

[258] Para Portugal: http://intercampus.pt; para España: http://tiempodehoy.com

190 | O MÉTODO DA FRONTEIRA

remissão, na escala regional, à qual a problemática da fronteira é assim devolvida. De certa forma, é como se, em paralelo com a eternização do debate sobre as suas fronteiras externas, alguma Europa (à qual se junta também hoje, com especial relevo, o caso ibérico) tenda a desenvolver uma compensadora centração nas suas fronteiras internas. Por mais que a tendência pareça ganhar hoje um peso inusitado, ela acompanha desde a primeira hora a própria ideia de integração europeia. Uma situação que comprova, uma vez mais, a extrema interdependência entre fronteiras externas e fronteiras internas e que permite abonar, também por esta via, o estabelecimento de regimes de reprodutibilidade asociados ao dispositivo fronteiriço. Outro tanto fará, e por maioria de razão, uma outra tendência: a eleição de uma *escala transfronteiriça* como modalidade de ordenamento e de resolução do limite. Porque através dela a fronteira deixa de ser unicamente a garantia demarcatória que produz o sentido; ela "salta" para o *centro* da entidade demarcada; e, aí, ela *é* o sentido.

Não tendo cabimento, neste trabalho, uma apreciação das diferentes versões pragmáticas nas quais se concretiza a ideia "transfronteiriça" (cooperação transfronteiriça; integração transfronteiriça; região transfronteiriça; regime jurídico transfronteiriço; etc.), assunto sobejamente tratado[259], o ponto que aqui nos interessa é tão só o que dialoga directamente com a problemática deste livro. Nos termos da nossa análise, a definição de uma escala balizada, a partir de dentro, por intermédio da sua própria instalação sobre o limite que a atravessa, como sucede com a "escala transfronteiriça", corresponde a um momento em que a fronteira passa de objecto funcional de manejo a objecto de celebração, isto é, a razão instituinte de uma coerência. Ali, o objecto é requerido para efeitos exteriores a si; aqui, ele desdobra-se no próprio efeito. Nos termos do presente trabalho trata-se, na prática, de uma situação que exibe, sem rodeios, o carácter de *dispositivo* que historicamente a fronteira foi construindo: no "transfronteiriço" convergem, efectivamente,

---

[259] Martínez Pérez, 2006; Montenegro e Giménez Béliveau, 2006; Jacinto, 2005; Moura, 2005; Brito, 1997; Palard, 1997; Jacinto, 1995.

o potencial de aquisição funcional que dita os regimes de adaptabilidade associados à fronteira (porque se trata, de facto, da manifestação de um desempenho não tradicionalmente incorporado no mecanismo) e o potencial de desdobramento interescalar que dita os regimes de reprodutibilidade que lhe andam igualmente associados (porque se trata, de facto, da exibição de uma capacidade congregadora de diferentes escalas fronteiriças numa só, a transfronteiriça).

Em vão se fará conotar a noção de escala transfronteiriça com qualquer ideal de "fim das fronteiras", expressão, aliás, desprovida de razoabilidade técnica. Em vão, porém, se procurará omitir que, na sua génese e mesmo para lá dela, a escala transfronteiriça assumiu por vezes um ideal de recusa, talvez apenas de superação, da própria fronteira, como que instituindo-se para levar a cabo a sua resolução. Resultado provável de uma tentação para ler o "trans" do conceito enquanto superação do respectivo objecto. Será contudo mais eficaz, parece ser mesmo incontornável, que a escala transfronteiriça assuma a fronteira que lhe subjaz, fazendo do "trans" do conceito uma questão de posição. Para o melhor e para o pior, ela está instalada sobre a fronteira. E, inevitavelmente, sobre o seu *método*.

7.

TRÊS DESAFIOS CONTEMPORÂNEOS
AO DISPOSITIVO DA FRONTEIRA

Dotado, hoje, de um considerável repertório de competências, o *dispositivo* da fronteira é posto à prova a diversos níveis. Sempre o foi, é verdade. Os dispositivos têm essa característica assustadora de ganharem esse estatuto, justamente, a partir do seu fortalecimento por ocasião dos sucessivos reptos colocados por cada momento histórico, que eles logo incorporam para arredondar o seu potencial de funcionalidades. Dito isto, as circunstâncias que rodeiam esse pôr à prova apresentam especificidades. No caso concreto da actualidade, é crível que o fogo cruzado lhe chegue por duas ordens de razões: quer porque a história, à medida em que lhe "engordava" as aptidões, ensinou a colocá-lo sob suspeita, temendo-se dos índices performativos registados pela fronteira em matérias menos comemoráveis, quer porque, numa outra direcção, o seu carácter complexo e multiforme induz a apressadas mobilizações de algumas das propriedades da fronteira, com os mais diversos intuitos e no âmbito dos modismos mais diversos. Esta popularização desmedida, por si só, é factor de turbulência. Mas o que com ela triunfa é o ícone da fronteira, não o mecanismo que lhe subjaz.

Ora, esses mecanismos residentes na fronteira, que motivos haveria, para além daquela eventual suspeição, para que atravessassem hoje um período de especial agitação? Primeira hipótese: eles teriam deixado de assegurar as funções que tecnicamente deles se esperariam. Descarte-se esta explicação. Na realidade, se há contorno actual da fronteira que não merece discussão ele tem precisamente a ver com uma simultânea capacidade para se apresentar sob novas formas (isto é, para processar regimes de adaptabilidade) e para se desmultiplicar por diferentes escalas

194 | O MÉTODO DA FRONTEIRA

(isto é, para assegurar regimes de reprodutibilidade); dado serem estas as tarefas que secularmente ela foi assegurando, descartar-se-á, assim sendo, a hipótese da falência por incumprimento de expectativas funcionais. Segunda hipótese: a actualidade teria, pura e simplesmente, deixado de requisitar esses mecanismos. Não é sério raciocinar nestes termos. Porque o facto é que a aparente diluição das fronteiras é em grande parte o produto de uma expansão inusitada dos níveis de requisição de modalidades fronteiriças, no âmbito da qual a aparência da diluição esconde o fenómeno da sobreposição desenfreada. Terceira hipótese: as fronteiras não estão em perda; deslocam-se. É esta a hipótese que interessa seguir. Dela derivam, naturalmente, problemas novos, junto com problemas antigos com nova roupagem e com problemas cuja novidade é um modo novo de acolher o antigo. Do nosso ponto de vista, trata-se, basicamente, de desafios ao dispositivo, não, forçosamente, de tentativas da sua erradicação. Se a nossa leitura está certa, é expectável que o dispositivo da fronteira não tarde a proceder à incorporação da maior parte destes desafios, fortalecendo-se a partir do alargamento do seu potencial. Uma hipótese perturbadora. Será por isso que é preferível estar atento ao seu desempenho do que ensaiar-lhe um elogio fúnebre.

7.1. O DESAFIO DA HISTORICIDADE OU DO CONTEXTO

Assistir-se-á hoje a uma hipervalorização da ideia de *margem*?

Do *lugar* (latino-americano) *de onde escreve* e a partir do qual uma estratégia de suspeição parece fazer sentido, Nelly Richard questiona o facto de a presente optimização das margens, vertida na revalorização de algumas categorias periféricas, como a de latinidade, a de barroco, a de género (ou, acrescentar-se-ia na mesma toada, a de contaminação, a de dialogismo, ou, inclusive, a de fronteira...) até há pouco ignoradas pelos centros dominantes da modernidade ocidental, essa optimização das margens, dizia, ser hoje como que promovida por esses mesmos centros. E interroga-se: traduzirá esta tendência uma *perversa inflexão do centro*

— "o qual aspira a apropriar-se da alteridade da periferia e do protagonismo anti-hegemónico desta"[260] — em direcção às suas próprias fronteiras?

Vale a pena atentar com mais detalhe no seu discurso e naqueles pontos que fundamentam a sua incomodidade. Em primeiro lugar, e ainda que involuntariamente, a crítica pós-moderna permitiu que "o Centro" fosse o primeiro a consciencializar-se da sua própria crise de centralidade e, por consequência, a pressentir a proliferação das suas margens e o respectivo potencial de zonas de ensaio. Em segundo lugar, e do ponto de vista das periferias assim "antecipadamente" descobertas, tal acarretou uma urgência de demarcação a vários níveis: entre "uma marginalidade latino-americana e uma [não coincidente] defesa pós-moderna das margens"[261]; e entre a celebração da diferença *como exotismo* — isto é, "como um complemento de alteridade destinado a nuancear, mais do que a subverter, a lei universal" — e o reconhecimento, aos sujeitos (periféricos) dessa diferença, do direito de negociarem os termos da sua própria diferença ao arrepio dos repertórios pré-estabelecidos. Finalmente, um terceiro ponto que não apenas justifica o carácter visivelmente "defensivo" daquelas demarcações quanto, sobretudo, expõe os jogos de autoridade que, se subsumidos nas *margens* do problema, podem inquinar o debate: "mesmo quando o seu discurso recorrente é o do des-centramento, aqueles que o formulam continuam investidos da reputação, académica ou institucional, que lhes permite situar-se, eles mesmos, "no centro" do debate"[262].

É com certeza a percepção de quadros perversos deste teor que tem justificado, de igual modo, idêntico esforço de distanciamento crítico em relação a um outro lugar-comum enquistado na noção de fronteira, qual seja o da definição da actualidade enquanto "diluição de fronteiras". Mais adiante teremos oportunidade de analisar com maior pormenor esta

---

[260] Richard, 1993, 157.

[261] Precaução também acautelada por José Joaquín Brunner, para quem a pós-modernidade ocidental não é senão a forma desde sempre tomada pela modernidade na América Latina (Brunner, 1993). Esta linha de debate está bem visível nos diversos trabalhos incluídos em Beverley, 1995.

[262] Richard, 1993, 156-161.

leitura, designadamente ao nível da respectiva dimensão política. Mas é talvez produtivo, para o nosso raciocínio, sugerir desde já o que pode encerrar uma tal leitura, colocando, para tanto, o problema no plano das "fronteiras culturais" e das "fronteiras epistemológicas", terrenos que se têm revelado particularmente vulneráveis a entusiasmos estéreis: "Se tudo é cultura, e se esta está um pouco por todo o lado, então, ela não está de facto em lado nenhum". É, por certo, perante tão desconcertante e já banal verificação, ou frente a outras similares, que António Sousa Ribeiro e Maria Irene Ramalho se preocuparam em denunciar, como logro, um suposto fim das fronteiras epistemológicas, essa "ilusória diluição das fronteiras" em que somente se compraz, como mau intérprete da pós-modernidade, um "pós-modernismo de reacção", ignorante de que, como sustentam aqueles autores, "um pensamento crítico, pelo contrário, é, por definição, um pensamento fronteiriço, exerce-se, não para além das fronteiras, mas *na* fronteira, isto é, mostra-se capaz de se situar nos espaços de articulação"[263]. Estou de acordo com os termos da denúncia. Parece-me, apenas, e até em ordem à sua não apropriação por um pensamento tradicional subitamente reconfortado pelo que acredita serem as suas referências normalizadoras, que essa denúncia deve ser considerada um ponto de partida, e não de chegada, dos esforços demarcatórios que a apetência diluente das fronteiras interdisciplinares torna necessários. Isto porque, em rigor, uma tal necessidade — e, com ela, a legitimidade de insistir num posicionamento sobre a fronteira e não para lá dela — não pode em caso algum omitir que esse mesmo lugar fronteiriço e articulador vive em constante negociação do seu posicionamento, dando-se a perceber na sua mobilidade, o que faz com que, *por definição*, um pensamento crítico se exerça, mais do que sobre a fronteira, sobre a mobilidade constitutiva de uma fronteira em permanente processo crítico de reconfiguração e cuja pertinência é aquilo que importa, em cada caso, apurar[264].

---

[263] Ribeiro e Ramalho, 1999, 76.

[264] Penso que esta "nuance" é importante, também, para repensar a eficácia de conceitos como o de "zonas de transacção" (Galison, 1996), ou o de "objectos de fronteira" (analisados por Nunes, 1998), os quais, ao procurarem responder sobretudo à questão da "passagem"

TRÊS DESAFIOS CONTEMPORÂNEOAS AO DISPOSITIVO DA FRONTEIRA | 197

Seja como for, e à laia de primeiro balanço destas aproximações erráticas à complexidade do problema da fronteira e, sobretudo, das condições da sua mobilização, o facto é que as dimensões abordadas, ao denunciarem vincados níveis de turbulência, bem como a sua sobreposição desordenada, inscrevem-se naquele que poderemos considerar o paradoxo mais genuíno do enredo fronteiriço. Chamar-lhe-ei o paradoxo da demarcação emancipatória. E é possível exprimi-lo assim: se o centro aprendeu a esconder-se nas fronteiras, quer travestido de margem, quer desmultiplicado numa pluralidade de centros, isso acontece no contexto de uma realidade especializada na anulação das diferenças, na incapacidade de distinguir, identificar ou demarcar, ou seja, no contexto de "sistemas obesos", para aplicar uma expressão de Baudrillard que, neste particular, me parece de alguma utilidade[265]. E, com efeito, o centro parece sentir-se bem na obesidade, nessa apetência disformante para sair para lá de si ao ponto de incorporar também os seus opostos, nesse excesso de papéis que lhe proporciona ser ao mesmo tempo centro e margem e que o desresponsabiliza em relação a ambas as funções. Como deixar de evocar, perante semelhante panorama, a propensão que as fronteiras também têm, porque também lhes é inerente, para operar distinções, para separar, e, por isso, para se constituirem em garante contra a obesidade? O problema é que, ao fazê-lo, realizamos uma exigência paradoxal: a de pedir às mesmas fronteiras que, em virtude da sua reconhecida ambiguidade, escondem o centro, que activem, em simultâneo, as suas capacidades diferenciadoras, por forma a indicar onde terminam as margens e a denunciar onde deveriam começar os centros. Em qualquer dos casos, uma coisa parece certa. Se, como ensina a experiência recente, "a proliferação caótica dos poderes torna difícil a identificação dos inimigos e, por vezes, a própria identificação das

---

entre as várias fronteiras disciplinares, podem, eventualmente, descurar o carácter instável daquilo que é ultrapassado. O mesmo se diga em relação à própria "multidisciplinaridade", um projecto que, à força de se instituir sobre a própria noção de disciplina, corre o risco que lhe diagnostica Wallerstein (1995): o de se limitar a reproduzir as fragilidades dessa noção.

[265] Baudrillard, 1983, 39-49.

198 | O MÉTODO DA FRONTEIRA

vítimas"[266], parece de todo legítimo reconhecer à dimensão demarcatória um insuspeito carácter emancipador. Até que ponto a estima dessa dimensão é proporcional à sua putativa eficácia, é o que convém hoje averiguar.

A reavaliação das historicidades

Ensaiemos então uma rápida incursão naquilo que poderemos designar por "nó conceptual" da fronteira, por forma a reconhecer os principais vectores que, actualmente, nele coexistem. Sugiro a retenção destes: (1) a pregnância actual de uma metáfora da fronteira que, não sendo exclusiva da actualidade (pode, com segurança, fazer-se remontar ao âmbito da metafórica kantiana), parece ganhar hoje contornos icónicos suficientes para beneficiar de uma consagração paradigmática que a impõe como a configuração de maior visibilidade do conceito; (2) a paulatina adequação da historicidade existente no conceito ao papel de lastro histórico subsumido naquele recorte metafórico; (3) a incapacidade de fazer interagir de modo interessante as duas evidências anteriores, em resultado da gradual afeição de cada uma delas à tarefa que lhes cabe (uma como pregnância, outra como lastro), e tendo como consequências mais incontornáveis as que constam das duas alíneas que se seguem; (4) a estranheza, de pendor apático, perante a eclosão de momentos de disfuncionalidade nesta repartição de tarefas — entenda-se: daqueles momentos em que a esfera do político, captada sob a forma do geopolítico ou do histórico, impõe a sua presença, e a sua complexidade, ao ponto de, pelo simples facto da sua eclosão autónoma, questionar o lugar icónico da vertente metafórica — o que deve entender-se como expressão de um défice de articulação "ao longo" do conceito; (5) a promoção e culto de uma imputada instabilidade, tida por inerente ao conceito, a qual, sendo-o embora, se perverte no carácter auto-justificativo com que logo é evocada em situação de risco e, a breve trecho, numa

---

[266] Santos, 1998, 18.

comodidade consensual que não traduz senão uma incapacidade em agilizar o conceito e em lhe garantir uma operatividade sempre comprometida pela ausência de esforços demarcadores, aliás estigmatizados como redutores; (6) a ocorrência de *paradoxos* cuja matéria se deve reconhecidamente inscrever no campo do conceito e que, não tendo a mesma filiação que as atrofias atrás mencionadas, não pode confundir-se com elas, devendo antes reportar-se à interferência de equações que rasgam transversalmente o conceito e nele participam: as vicissitudes da tensão entre regulação e emancipação são um bom exemplo destas.

Aos paradoxos implicados na fronteira já fizemos atrás referência, e voltaremos ainda a fazer. Fiquemos por isso com os restantes pontos, que justificam um tratamento conjunto. O que, neles, parece estar em causa é tanto a incapacidade de articular aquilo que, por comodidade, distinguiremos como "fronteira histórica" e "fronteira metafórica", quanto a incontornável irradiação desta última pelo campo do conceito. Este segundo aspecto, correlato do anterior, solicita um esforço de elucidação; e a pergunta que lhe está subjacente é a seguinte: sendo metáfora, a fronteira é-o de quê?

Convirá, a este respeito, distinguir dois momentos. No âmbito da metafórica kantiana, fortemente ancorada na política, a fronteira, quando convocada como metáfora, tem um referente explícito: as fronteiras dos Estados. Já atrás nos referimos a este aspecto[267]. A situação é diferente no caso da fronteira metafórica da actualidade. Ao falar de "fronteira metafórica actual" (e para lá de se procurar um efeito de distinção: em relação à kantiana) refere-se aqui, fundamentalmente, aquela vertente do conceito que emergiu com visível fulgor no âmbito das reconfigurações paradigmáticas multidireccionais a que têm sido sujeitas uma ordem científica e uma ordem política ora cada vez mais dispostas a estimar, como mais-valia, o carácter de transitoriedade em que são obrigadas a rever-se, ora aspirando a um mirífico ponto arquimediano que lhes permita equacionar o seu posicionamento. Uma emergência que, ao ocorrer em

---

[267] Veja-se o cap. 3.

200 | O MÉTODO DA FRONTEIRA

paridade com a de uma amálgama de fenómenos híbridos e virtualmente nómadas, parece promover a fronteira enquanto local promíscuo, e, por isso, espaço natural de uma "sujectividade emergente"[268]. Dir-se-ia que, desta feita, ao ser metáfora, a fronteira entende sê-lo, sobretudo, de uma "ansiedade de contaminação": algo daquela ansiedade que Andreas Huyssen surpreendeu, para diferentes lapsos épocais da contemporaneidade, como parte tensionalmente constitutiva das vanguardas artísticas e culturais, e cuja filiação com os diferentes contextos pós-modernos foi já equacionada por João Arriscado Nunes[269].

Assim referenciada, não custa perceber que a metafórica da actualidade se apresente, de alguma maneira, como recuperação de uma certa dimensão da fronteira, por forma a garantir, também, a incorporação no conceito daquela matéria que, pretensamente, houvera sido outrora objecto de depuração, sobremaneira a matéria reportada à faceta instável e promíscua do conceito. Admitamos, mesmo se é discutível, que este esforço de reposição encerra uma inegável "aspiração emancipatória"; mas – mesmo admitindo que assim é – será que esse material a recuperar transporta, *obviamente*, um "potencial emancipatório"? Uma possível via de esclarecer esta dúvida seria, concerteza, a activação do que atrás chamámos o lastro histórico que subsiste nas configurações fronteiriças. Dada, porém, a desconcertante propensão auto-referencial, tecnicamente icónica, da fronteira metafórica actual, estará ela disposta a abrir-se à sua historicidade? Como relacionar de modo fecundo o referencial de historicidade que permanece no corpo do conceito e a configuração metafórica em que este parece sobremaneira rever-se?

Mais do que averiguar prioridades, mais, também, do que empreender uma investigação destinada a apurar linearmente aquilo que, no que a fronteira é, deriva do que a fronteira foi, o problema solicita, fundamentalmente,

---

[268] Santos, 1995.

[269] Nunes, 1996, 37-51. Remeto, a propósito da tensão forçosamente despoletada entre "ansiedade de contaminação" e lógica demarcatória, especialmente ao nível dos movimentos esteticistas, para as considerações de Monteiro, 1996, 110-119. Consulte-se também Ribeiro, 2002.

um processo de *articulação*[270]. Uma articulação menos genealógica do que dialógica, porque apostada em fazer da fronteria histórica um interlocutor válido para a fronteira metafórica. Assim perspectivado, o estudo das vicissitudes históricas da fronteira toma o sentido de uma *interpelação*. Uma interpelação que denuncia a disponibilidade da fronteira actual para dialogar com o seu referente histórico e o seu interesse em perceber como se articulam, em si mesma, uma contemporaneidade *stricto sensu* e um passado que se expressa em termos de "contemporaneidade do não contemporâneo"[271]. Uma interpelação, enfim, que não ignora o facto de qualquer diálogo pressupôr um retorno, e que, por conseguinte, não desconhece igualmente a necessidade de daí tirar as devidas consequências, mormente quanto à possibilidade de a configuração metafórica se repensar criticamente em moldes mais estimulantes.

Deste ponto de vista, as matrizes ibéricas e americanas surpreendidas no decurso deste trabalho podem considerar-se, a justo título, peças instrutórias desse diálogo entre as diferentes temporalidades que referenciam o conceito de fronteira. São múltiplas, nesta perspectiva, as linhas de reflexão abertas. Merece-me um apontamento, desde logo, o facto de a tensão entre regulação e emancipação, com que hoje, frequentemente, se procura designar o que seria o recorte contemporâneo do conceito de fronteira, surgir já de modo bem nítido no contexto dos alvores da modernidade e, inclusive, em contextos anteriores a ela. Isso permite colocar com alguma firmeza a hipótese de que a recuperação daquele "material instável" do conceito que, presumivelmente, dele fora arrancado pela modernidade (objectivo aparente do que atrás chamámos a "fronteira metafórica actual"), não poderá entender-se como a recuperação de uma fronteira que desde então se teria instalado apenas numa das suas vertentes, mais parecendo que a inflexão operada pela modernidade terá consistido em activar, em regime de alternativa, ou mesmo de simultaneidade, quer a dimensão ordenadora, quer a dimensão instável (entenda-se "ilimitada"),

---

[270] Grossberg, 1996.
[271] Koselleck, 2002.

e não em introduzir aquela, *ex nihilo*, num conceito que supostamente a não conheceria e que importaria, por isso, recuperar nessa sua suposta pureza original. O que, em meu entender, deve conduzir desde já ao reconhecimento de que qualquer proposta de pensar a fronteira, hoje, à margem desta simultaneidade, e ainda que o faça em benifício de uma vertente emancipatória que estaria disponível, sem mais, no corpo do conceito, se arrisca a produzir um pensamento ineficaz.

Exemplar é também a pista analítica que decorre da questão do "conservadorismo", tal como historicamente ela se detecta[272]. Com efeito, a sua verificação não pode deixar de brigar com um carácter emancipatório automaticamente associado à ideia de fronteira, e, inclusive, aos modos de esta se realizar historicamente. Mas, assim sendo, é a legitimidade desta tradição que parece necessário discutir. A esse respeito, os dados que coligimos sobre diferentes momentos e contextos históricos não deixam grande margem para dúvidas. Recorde-se, por todos, o caso emblemático da *american frontier*. Não será de mais acentuar que, independentemente dos esforços narrativos que o configuram, o "espaço aberto" implicado na fronteira americana funcionou, *de facto*, como estratégia de resolução dos conflitos internos, "escoados" para a fronteira durante a primeira fase da história constitucional americana, não admirando, por isso, que o esgotamento desse espaço de mobilidade tenha implicado profunda perturbação nesse mesmo espírito constitucional[273].

De alguma maneira, portanto, o cariz marginal desse "espaço em aberto", permanentemente reconstruído, acaba por funcionar menos como o contrário do seu centro originário de referência, e mais, talvez, conforme no presente estudo já referimos, como uma outra natureza deste[274]. Circunstância que, aliás, não passou despercebida a Kopytoff, ao repensar as teses de Turner a pretexto das fronteiras africanas,

---

[272] Vejam-se os pontos 1.3 e 4.1 do presente estudo.

[273] Hardt e Negri, 2000, 164-182.

[274] Ver o ponto 5.2.

TRÊS DESAFIOS CONTEMPORÂNEOAS AO DISPOSITIVO DA FRONTEIRA | 203

recorrendo, também ele, à expressão "conservadorismo"[275]. É que, ao aparecerem-nos configuradas como espaços de liminaridade — espaços ambíguos, alheios às classificações convencionais, hiatos na cultura englobante — as fronteiras respondem então pela lógica funcional do próprio limiar. Ora, de acordo com esta, e conforme explica um outro Turner (Victor), se a liminaridade comporta um permanente exame da estrutura englobante e, eventualmente, a sua reversão, funciona sobretudo como um reforço da própria estrutura, na medida em que lhe garante os interstícios, as pausas que qualquer sociedade necessita para se solidificar[276]. Como lembra, a este respeito, Prigogine, mesmo quando o "limiar" marca o aparecimento de um regime de funcionamento novo, esse novo deve entender-se de uma maneira *relativa*, isto é, sempre explicável por referência ao que o produz[277]. Retira-se desta incursão que mesmo a ideia de *frontier* não pode remeter, sem mais, para um espaço de todas as possibilidades, reconfigurador porque inerentemente libertador, supostamente instituído em espaço de ruptura socio-cultural frente ao paradigma dominante. Que ela possa comportar, também, em maior ou menor grau, estas dimensões — e que nelas radica um potencial de inspiração não despiciendo para pensar a subjectividade emergente[278] —, é matéria que se aceita; apenas o reconhecimento daquela outra vertente me parece, também, indispensável.

A sua omissão, com efeito, não deixaria de implicar uma percepção deficiente do modo tensional como regulação e emancipação convivem e se intercruzam no espaço do conceito, correndo o risco de fazer equivaler, mecanicamente, o acto da transgressão ao pólo da emancipação. Ora, não só as indicações fornecidas pela nossa matriz histórica de referência sugerem a impossibilidade de uma tal correspondência mecânica, como o próprio debate em torno do material sobre o qual a fronteira trabalha — a *linha* — remete para um panorama mais complexo. Heidegger assinala-

---

[275] Kopytoff, 1987.
[276] V. Turner, 1974, 242.
[277] Prigogine, 1993.
[278] Como faz Santos, 2000.

204 | O MÉTODO DA FRONTEIRA

-o: a linha "não é, de nenhuma maneira, algo que está ali, em face do homem, algo que se pode ultrapassar, [visto que] o homem mais não faz do que permanecer na *zona crítica da Linha"*. Pelo que, sustenta, o desafio implicado no limite não é tanto o da sua transgressão, quanto, sobretudo, o da adequação à sua própria *presença*. Eis o ganho: a atitude de *reflectir* a linha prolonga o questionamento, justamente ao não o dar por resolvido, ao continuar a expô-lo à *responsabilidade* implicada na consideração da linha[279].

Significa isto, para o nosso propósito, caso dúvidas ainda houvesse a esse respeito, que não lidamos com avaliações demarcatórias dadas à partida, que o que aqui emancipa, pode, ali, num outro contexto, manifestar propriedades de constrangimento; e que o contrário é também possível. Quem poderá garantir, por exemplo, que o processo de fixação de uma linha demarcatória sobre determinado espaço territorial, desde que patrocinado pelos centros dominantes da configuração estatal implicada, é feito, inevitavelmente, contra os interesses das populações localmente instaladas? Há de facto casos, historicamente configurados, em que assim é: Peter Sahlins detectou isso de modo claro, para a zona pirenaica, nos finais do Antigo Regime, altura em que um intercâmbio informal entre ambos os lados da fronteira se vê lesado pela tentativa estatal de controlar esses meandros[280]. Mas é também possível encontrar casos, como o que detecta Donna Flynn para certas zonas da actual fronteira entre a Nigéria e o Benín, em que a rigidez demarcatória de uma linha fronteiriça inter-estatal estrutura e referencia uma dinâmica local que, tendo-se "apropriado" da linha de demarcação e dos processos de controlo, transgressão, e circulação nela implicados, e tendo aprendido a negociar com o Estado o seu posicionamento, só poderá sentir-se lesada por um qualquer abrandamento ou fossilização dessa mesma linha demarcatória[281]. Por outro lado, o facto

---

[279] Heidegger, 1968.

[280] P. Sahlins, 1989.

[281] Flynn, 1997. Evoquemos, ainda quanto ao carácter negocial possibilitado pela fronteira, o estudo da movimentação judeoconversa na raia de Portugal e Espanha nos inícios da modernidade ibérica (Huerga Criado, 1993), bem como as conclusões de um

TRÊS DESAFIOS CONTEMPORÂNEOAS AO DISPOSITIVO DA FRONTEIRA | 205

de qualquer limite comportar sempre uma dimensão de excesso que o prolonga, para "fora" de si mesmo, em direcção quer ao que o prenuncia, quer ao que lhe sobrevive (a tal "zona crítica da linha", evidente porque irremediável), traduz-se, em última instância, numa improbabilidade de resolução do próprio limite. Este, em rigor, nem sequer solicita a sua resolução, superando-se, unicamente, como perpétua reinvenção de si mesmo. Motivo pelo qual pode dizer-se, com propriedade, que o maior produtor de fronteiras é a própria fronteira.

Em suma, quer este debate, quer os que estão subjacentes aos aspectos anteriormente evocados, explicam, em boa medida, a complexa turbulência que rasga de um lado ao outro a noção de fronteira. Se alguma conclusão pode daí tirar-se é, para já, a de que a própria dualidade regulação-emancipação se afigura, em fim de contas, algo redutora para traduzir a linha de complexidade do mecanismo da fronteira. E se é certo que a reavaliação de historicidades a que procedemos neste trabalho não é suficiente para construir, a partir dela, um discurso alternativo sobre a fronteira, não é menos verdade que ela permitiu chamar a atenção para um dos aspectos nucleares do conceito: a capacidade de *desdobramento* revelada pelas fronteiras, ora por um efeito de desmultiplicação, ora por um efeito de diluição. É, de facto, matéria nuclear. Atrás dela, repare-se, seguem as questões que exponenciam, hoje, a referida turbulência: a da reprodução, a da multiplicidade, e, mais importante, a da (in)visibilidade. Sabemos hoje que, diferentemente da máxima marxista, o que é sólido não se dissolve no ar; *desloca-se* no ar: o desaparecimento de um muro, de uma fronteira, em dado local, são por norma acompanhados da sua reificação ou reinvenção, em novo local, sob nova forma, e, concerteza, com fraca visibilidade. Que fazer? À partida, pareceria aceitável erigir em desafio primordial a denúncia destas invisibilidades e a sua devolução à respectiva visibilidade. Mas não será que, ao assim agir, estar-se-ía a prolongar, inadvertidamente, uma desajeitada fórmula de distinção entre

---

oportuno estudo sobre a actualidade da "tripla" fronteira entre Brasil, Argentina e Paraguai (Montenegro e Giménez Béliveau, 2006).

206 | O MÉTODO DA FRONTEIRA

essências e aparências, traduzindo, afinal, uma incapacidade em lidar com a paradoxal realidade do invisível?

A recuperação das invisibilidades

Do ponto anterior herdámos uma inquietação: se a desmultiplicação desenfreada das fronteiras parece exigir, a olho nú, um esforço de clarificação dessa vertigem, não é menos verdade que o projecto de devolver alguma visibilidade ao que a não tem esbarra com sérias reservas de ordem fenomenológica. Vejamos onde nos pode conduzir esta linha de reflexão.

Começarei por defender o carácter aurático das fronteiras. Melhor dizendo, o carácter aurático implicado nos processos de percepção de uma qualquer fronteira, e cuja activação se dá, quase por inerência, no âmbito da respectiva experienciação. Trata-se, convém dizê-lo, de uma aura que resiste aos actuais fenómenos de desmultiplicação e reconfiguração das fronteiras. Na verdade, não só essa mobilidade a não prejudica, como a incrementa até. Convencer-se do contrário (de que a tendencial banalização da fronteira viria a impedir, automaticamente, o seu culto icónico) seria voltar a incorrer numa ilusão de matriz benjaminiana, ainda para mais sem a desculpa de um contexto epocal como aquele que enquadra as opções de Walter Benjamin, e ao qual estas terão, forçosamente, de ser reportadas. Em 1936, ano de *A obra de arte na era da sua reprodutibilidade técnica*[282], o espectro do nazismo e, com ele, a perversa fusão da arte, da política e do quotidiano veiculada pelo discurso estético nazista, levam Benjamin, como explica António Sousa Ribeiro, à procura de "uma estética imune a essa falsa reconciliação, [elevando] a confiança no potencial emancipador das novas tecnologias de produção e reprodução da obra de arte a um extremo fortemente problemático": a possibilidade de uma arte não-aurática, simultaneamente capaz de "desenvolver novas categorias

---

[282] Benjamin, 1992.

TRÊS DESAFIOS CONTEMPORÂNEOAS AO DISPOSITIVO DA FRONTEIRA | 207

estéticas que, diferentemente dos conceitos tradicionais como criação, genialidade, estilo, entre outros, se revelem inutilizáveis pelo nazismo", e, dada a possibilidade virtualmente infinita da reprodução, de eliminar a distância ao nível das formas colectivas de recepção da obra[283].

Não me deterei nas muitas correcções de então para cá introduzidas na ideia[284]. Limitar-me-ei a chamar a atenção para o facto de boa parte delas colocar o enfoque na questão do "original". É o que faz, por exemplo, Heinich[285], ao assinalar que o conceito de aura deve ser entendido como a outra face da moeda da própria reprodutibilidade técnica, visto ser precisamente a possibilidade do múltiplo que gera o culto daquilo que, sendo único, daí retira o seu estatuto aurático. Ora, do ponto de vista do presente estudo, o que significa do ponto de vista da fronteira, importa igualmente colocar a questão da permanência da aura não apenas em termos de originalidade, o que, para todos os efeitos, continua a empurrar a aura para o lado da criação, mas também ao nível daquilo que se reproduz, quer dizer, daquilo mesmo que, ao multiplicar-se — e, mais do que isso, precisamente em virtude dessa multiplicação desenfreada — transporta consigo um carácter aurático, ao arrepio de qualquer critério de originalidade. Bem ao invés, é de um critério de *ausência* que agora se

---

[283] Ribeiro, 1994, 19-21.

[284] A começar pelas do próprio Benjamin. Mais, com certeza, do que qualquer outro indicador, é por certo a rapidez a que, por essa altura, se processam e se reformulam as diferentes tomadas de posição que diz bem da perturbação trazida pelas possibilidades abertas pela reprodução, e dos dilemas que esta implicava. Aliás, neste contexto, homens como Benjamin, ou Adorno, mas também como Siegfried Kracauer (Barnouw, 1994; v. também Frisby, 1988), não se limitam a ser a expressão deste facto: expressam também o repensar das próprias noções de temporalidade, de tradição, de experiência, ou de expectativa — e, por isso, de passado e de presente — a que a questão da reprodutibilidade, nem sempre de modo directo, acaba por conduzir. Tenham-se por bom exemplo disto mesmo as hesitações de um Karl Löwith, em 1933, na sua correspondência com Leo Strauss, sobre a relação entre presente e historicidade (Barash, 1999). Bem se compreende, assim sendo, que uma problemática da fronteira (mecanismo de vocação reprodutível) não possa deixar de comportar, também ela, uma problemática da própria temporalidade, conforme se sugere mais adiante neste estudo e conforme uma investigação mais demorada poderá com certeza esclarecer.

[285] Heinich, 1983, 107.

208 | O MÉTODO DA FRONTEIRA

trata. Está aqui em causa uma linha de reflexão passível de ser filiada no pensamento do próprio Benjamin. Se, como ele acaba por sustentar, "a verdadeira aura transparece em todas as coisas", o que, de resto, justifica que a aura de cada coisa se altere radicalmente "a cada momento da sua perceptibilidade"[286], e se, como consta de um conhecido aforismo benjaminiano, a aura é a manifestação de *uma lonjura*, por mais próximo que possa estar aquilo que a evoca, forçoso será reconhecer àquelas figuras perceptivas que, à imagem do múltiplo, do disperso, e do invisível, garantem um efeito de "lonjura", uma inusitada capacidade de incremento aurático. Uma capacidade menos devedora, ou nem sequer devedora, de um efeito presencial, aurático porque tangível, quanto sobretudo de um efeito de expectativa, aurático porque *potencial*. Compreende-se, assim sendo, que, no caso de um mecanismo em constante labor reprodutivo, como a fronteira, a braços com a questão das condições da sua própria percepção mas, ao que tudo indica, não podendo mais omitir a sua forte propensão para se realizar como invisibilidade, o reconhecimento do seu carácter aurático se apresente, neste sentido, como o primeiro passo para a sua consideração enquanto *potência*.

Giorgio Agamben, estribado no pensamento aristotélico, recupera um entendimento da *potência* como "a presença de uma ausência". Esta corresponderá, segundo ele, à efectiva existência, aliás consciente, de uma privação [*steresis*], a qual, porém, nem por esse facto deixa de ter correspondência numa forma [*eidos*]. Por este motivo, a actualidade de determinada coisa não corresponde ao esgotamento do respectivo potencial; este perserva-se a ele próprio, enquanto tal, como que associado ao acto, seguindo vigente naquilo que se actualiza[287]. Fazendo o transporte destas considerações para o nosso campo de problematização, diria que elas comprovam a necessidade de não limitar os entendimentos do fenómeno fronteiriço à denúncia programática das invisibilidades nele residentes, sobretudo naqueles casos em que tal tarefa pareça eivada do pressuposto

---

[286] Molder, 1997, 57.
[287] Agamben, 1999, 177-184.

purista de que o que anda omisso, fugidio, ou imperceptível, corresponde a outras tantas modalidades desviantes da realização estética da fronteira, as quais haveria, tão só, que devolver à respectiva condição de visibilidade. Creio mesmo, tida em conta a presença incontornável destas dimensões menos canónicas, chamemos-lhes assim, que o que está em causa, ao invés, é a recuperação do invisível para o debate, até como forma de detectar as condições em que se processa a sua manifestação. Nesta perspectiva, a tarefa que nos incumbe não é tanto, não será sequer, a de conferir visibilidade ao que a não tem, quanto, fundamentalmente, a de proporcionar, ao campo analítico da fronteira, alguma inteligibilidade do invisível, lidando com ele enquanto tal, e não como a forma vespertina do visível. É que, precisamente, o invisível não é, por definição, um *pré* do visível: dado que a sua própria definição é dada, negativamente, como aquilo que não se vê, ele reporta-se ao visível; mas não porque se inscreva na linha evolutiva deste, antes porque desenvolve com este uma relação de alteridade.

Este aspecto tem sido justamente posto em destaque por alguma metafenomenologia recente. Propondo-se repensar as perspectivas de Merleau-Ponty ao nível da percepção, José Gil não deixa de assinalar como, no âmbito do pensamento pontiano, a concessão de um "primado ontológico à visão" acarreta a limitação automatista do conceito de presença à esfera do visível, enquanto que, por seu turno, "o invisível nunca gozará senão de uma presença degradada, pois o seu modo de apreensão ou captação depende, acompanha e prolonga, toma em suma por modelo a apreensão intuitiva do visível, [relevando] de uma "visibilidade segunda"; fazendo, para mais, com que semelhante leitura do invisível, ao "encaminhar-se para o visível como para a sua vocação original", não escape assim a "uma teleologia do *ver*"[288]. Ainda de acordo com este autor, só uma maior atenção às *pequenas percepções* permitirá "libertar o campo específico do invisível" — "um invisível radical, não inscrito, não manifesto, mas que tem efeitos (por isso mesmo) no visível". Não

---

[288] Gil, 1996, 9-36.

inscrito, de facto: porque enbloba todas as imagens disjuntadas dos seus correspondentes verbais, portadoras de "conteúdos não-conscientes de sentido". Gil chamar-lhes-á *imagens-nuas*, produtoras de pequenas percepções[289].

Pode a fronteira ser entendida à margem de toda esta panóplia de invisibilidades, permitindo-se dispensá-las na convicção (mas, nesse caso, fundada em quê?) de que as suas modalidades de realização a não comportam? Pode a sua análise dispensar-se de ter em conta que o fenómeno fronteiriço se manifesta e se concretiza, também, sob a forma de "ausência", uma ausência entendida menos como um modelo nocturno da percepção, ou como a afloração de um "inconsciente", do que, à maneira de Jonathan Crary, como uma das capacidades ínsitas na própria experiência da "atenção"[290]? Seguramente que não. Compreende-se, até certo ponto, a dificuldade em abrir a problemática nesta direcção: é que, com muita probabilidade, temos pensado a questão da fronteira mais do lado da sua materialidade, objectiva e substantiva, do que do lado da sua recepção enquanto experiência (o que explicará, por exemplo, as tensões envolvidas nos processos de "mapeação" das fronteiras: Meneses, 2000). Quando, afinal, tudo aponta para que os presentes fenómenos cruzados de fragmentação, diluição, reconfiguração, mas, basicamente, de multiplicação descoordenada das fronteiras, e, com eles, a crescente dificuldade em acompanhar esse movimento e em avaliar os diferentes sentidos políticos e estéticos que o engendram e que nele se engendram, correspondam a um momento de transformação da lógica do aparecer. Um momento em que, no próprio campo da fronteira, uma lógica de irradiação e de manifestação dos mecanismos fronteiriços baseada em demarcações tanto mais eficazes quanto mais visivelmente perceptíveis, vai inexoravelmente sendo suplantada por uma outra, talvez igualmente demarcadora mas que, se o é, recorre, para tanto, à sua vertente de "imagem-nua", optando por activar, preferencialmente, as invisibilidades igualmente residentes na

---

[289] *Ibidem.*
[290] Crary, 1999, 42-65.

configuração fronteiriça. Compreende-se: esta última lógica surge como a mais adequada àqueles momentos de "impaciência" do conceito, em que este, não abdicando de demarcar, não abdica também de ser fugaz. Quer dizer: momentos, como o da actual transição paradigmática, em que uma fronteira ambiciosa de se realizar como síntese dos contrários, parece ferida de morte em matéria de mediação. Estará?

Convirá não deixar passar sem reflexão o facto de a discussão em torno da actual problemática da fronteira ter desembocado, quase naturalmente, na questão da mediação. Na verdade, tenho por boa a hipótese de trabalho (que aqui me limitarei a esboçar) que aposta no contágio entre, por um lado, as turbulências que assaltam o conceito de fronteira, e, por outro, o que parece ser uma crise de sentido instalada em torno da mediação. A similitude nem sequer pode espantar-nos. A fronteira, é sabido, tem uma dimensão mediadora. Difícil seria, por conseguinte, que permanecesse alheada das vicissitudes por que passam, actualmente, as instâncias mediadoras e a própria mediaticidade, latamente considerada. Uma perturbação que parece resultar, a um tempo, tanto da libertação dos "meios" em relação à sua clássica funcionalidade (a de agentes do relacionamento entre pólos autónomos, mais ou menos estáveis mas, em qualquer caso, não coincidentes com esses meios e inconfundíveis com o processo de mediação por eles activado), quanto da irreversível interferência da técnica nos processos de comunicação e de mediação. Tendências que, ao promover a "digitalização da experiência", promoveriam, afinal, a reconversão da mediação em imediaticidade técnica[291]. Cabe perguntar, face a este quadro, se a dimensão mediadora da fronteira deverá considerar-se definitivamente perdida, como que por "arrasto", ou se, ao invés, ela pode funcionar como reserva experiencial para uma medialidade gradualmente alheia a esperas, a diferimentos... a demarcações, em suma.

Em qualquer dos casos, como facilmente se reconhecerá, o paralelismo entre os dramas do fenómeno mediador, assim resumidamente expostos, e os do fenómeno fronteiriço, é por demais evidente. Num caso como noutro,

---

[291] Miranda, 1999; Miranda, 2002.

a tensão entre o "múltiplo" e o "meio" parece redundar em verdadeiros nós cegos epistemológicos, hermenêuticos e pragmáticos. "Reprodução" e "diluição" aparecem como as configurações mais visíveis deste impasse; e, tal como se pôde já assinalar a respeito da parelha "presença" e "transgressão", também aqui é impossível fazer-lhes corresponder, simetricamente, uma eventual dualidade entre um pólo de regulação e um pólo de emancipação. Ora, dado que esta impossibilidade, pela sua recorrência ao longo da nossa análise, se foi impondo com indesmentível força, aquilo que se questiona é a própria viabilidade de libertar, no conceito de fronteira e a partir dele, algo como um pensamento emancipatório verdadeiramente alternativo, pretensão assumida, já o dissemos, de múltiplas linhas interpretativas forjadas sobre o conceito. E, legítimamente, questiona-se o que podem encerrar os pensamentos definidos em tais termos.

A reinvenção das alternativas

De acordo com as reflexões anteriores, tudo indica que uma reinvenção crítica da fronteira passa, forçosamente, pela potenciação simultânea de três dimensões que ela comporta: uma dimensão temporal onde caiba a noção de *steresis*; uma dimensão heteronímica; e uma dimensão contextual. Dito isto, e antes de me referir propriamente a cada uma delas, não posso deixar de reconhecer a dificuldade de produzir algo como uma teoria crítica da fronteira, se a expressão me é permitida.

Uma dificuldade que parece decorrer, em primeira instância, e uma vez mais, da multidireccionalidade constitutiva do conceito, seja esta de inerência ou de ocasião, ou, o que é mais provável, de ambas, mas que constitui factor de resistência e de perturbação na hora de trazer para o campo da fronteira alguns dos mais estimulantes desafios lançados pela teoria crítica mais recente. Evoque-se, a título de exemplo, a crucial substituição de uma luta contra o consenso por uma luta contra a resignação, tal como veiculada há uns anos atrás: "numa situação em que o consenso deixou de ser necessário e, portanto, a sua desmistificação deixou de ser a mola do inconformismo, [será] possível lutar contra a

TRÊS DESAFIOS CONTEMPORÂNEOAS AO DISPOSITIVO DA FRONTEIRA | 213

resignação com as mesmas armas teóricas, analíticas e políticas com que se lutou contra o consenso?"[292]. Ocorre-me, a este propósito, que entre uma denúncia do consenso e uma luta contra a resignação, a fronteira acaba por implicar, de modo algo desconcertante, ambos os registos: porque se a existência das fronteiras pode produzir *resignação* (na medida em que pode pressupôr um estádio de conformação, um manter determinada situação "em conformidade", com critérios de exclusão e de desigualdade e para fins de opressão e de normalização), a inexistência dessas mesmas fronteiras pode, por seu turno, ser produtora de *consensos* (no sentido de uma ausência demarcatória, promotora de ícones analíticos escamoteadores das diferenças e das oposições que subsistem por detrás das aparentes neutralidades, ou mesmo das aparentes pontes[293]). Ou seja, o ganho aparente do fim das fronteiras traria de volta, afinal, o antigo "fantasma" normalizador que pretendia afugentar. Seria concerteza fácil inventariar outros exemplos deste teôr. Duvido que fosse produtivo. Creio mesmo, de acordo com o ponto de vista que vim sugerindo ao longo da presente reflexão, que a impossibilidade de escamotear as resistências daquele teôr obriga, desde logo, a considerá-las parte integrante do conceito, e que este conhecerá uma agilização tanto mais eficaz quanto mais aberto se mostrar ao reconhecimento eminentemente paradoxal do seu próprio carácter.

É pois de dentro desta perspectiva que aqui convoco as três ideias tópicas a que atrás fiz referência. A primeira, relativa, por conseguinte, à mobilização de regimes de temporalidade capazes de incorporar, presentificando-os, os elementos de ausência, ou, com maior rigor, de *privação*, remete — se bem interpreto o pensamento de Chouquer —, para uma modalidade temporal cujas principais manifestações são a latência e a discrepância: a sua ocorrência dá-se sempre que o recorte inicial de determinada "forma" persiste e produz efeitos no âmbito de

---

[292] Santos, 2000, 34.

[293] Razão tinha Simmel em menorizar a figura da *ponte* face à figura da *porta*. A ponte está condenada a produzir ligação; já a porta — que pode abrir-se ou fechar-se —, ao produzir ligação, fá-lo no seguimento de uma opção: a do seu não fechamento (Simmel, 1988).

214 | O MÉTODO DA FRONTEIRA

uma configuração temporal posterior, a qual, quer por pressupô-la já extinta, quer por constatar a sua inadaptação, hesita entre a denúncia do seu carácter obsoleto e o reconhecimento dos seus efeitos latentes ou mesmo evidentes[294]. Sugerir, para a fronteira, uma tal *dimensão*, equivale pois a entendê-la como uma "forma" onde, actualmente, se articulam, de maneira instável e nem sempre clara, distintas temporalidades.

Isto afigura-se-me importante importante a dois níveis. Desde logo, porque permite conferir o devido relevo a um sem número de dimensões residentes no campo da fronteira mas que, ao configurarem-se como ausência, ou como indicadores latentes ou potenciais, são normalmente menos estimadas por um pensamento tradicionalmente distraído em relação à invisibilidade. Já aflorámos este aspecto. Por outro lado, só esta consciência das co-temporalidades parece capaz de enquadrar a estranheza que sentimos hoje perante os modos de realização absolutamente díspares — e que julgaríamos reduzidos a determinada datação histórica — do fenómeno fronteiriço. Penso, por exemplo, na disparidade de lógicas delimitadoras em presença no espaço político mundial. Assim, ao mesmo tempo em que a tradicional fronteira inter-estatal aparenta passar, nalguns pontos, por um processo de fossilização e de aparente desinteresse pelos correspondentes instrumentos demarcatórios, em contrapartida, uma gradual concepção volumétrica dos Estados e uma percepção vertical do seu território vêm, por seu lado, tornar essencial a tarefa demarcatória: a que delimita as respectivas soberanias aéreas, mas, talvez com maior urgência, dirá o regime jurídico internacional, a que delimita estas últimas do espaço exterior, fragilmente comum, que lhes fica suprajacente[295]. O que é assinalável é que este tipo de preocupação decorre no mesmo instante em que são trazidas para a ordem do dia lógicas de demarcação fronteiriça que suporíamos talvez acondicionadas a um tempo bem anterior: refiro-me, por exemplo, à retoma da tendência para a edificação de muros, não metafóricos mas fisicamente inscritos no solo (este desdobramento

---

[294] Chouquer, 2000.
[295] Pureza, 1998, 143-147.

TRÊS DESAFIOS CONTEMPORÂNEOAS AO DISPOSITIVO DA FRONTEIRA | 215

explicativo justifica-se; afinal o tempo presente é dito, para variados efeitos, como pós-queda do muro), com o objectivo de sustentar políticas de separação e de alimentar, mediante modalidade técnica e conceptualmente "arcaica", ideais de impermeabilidade e de filtragem; e refiro-me, de novo a título exemplar, à forma como é esgrimido o argumento do sagrado em matéria de delimitação, como sucede no caso das reivindicações recorrentes em contexto israelo-árabe a propósito da pretendida não-coincidência entre uma soberania de superfície e uma soberania ao nível do sub-solo, com a justificação de aqui se encontrarem as fundações de antigos templos. Por conseguinte, o tempo da "fronteira atmosférica" (de justificação pretensamente científico-natural) é também o tempo da "fronteira física" (de justificação pretensamente reguladora) e da "fronteira simbólica" (de justificação pretensamente religiosa). Ambos são também o tempo — repare-se bem — do que, para lá do grau de precisão vocabular em causa, tem sido apelidado de "fronteira feudal". Esta surge, de modo exemplar, na ainda recente prática de governos sul-americanos de ceder porções do território nacional às organizações de guerrilha, negociando repartições de competências no seio do território assim demarcado, no âmbito de uma redemarcação interna de áreas de influência que parece recuperar uma lógica feudal de distribuição do espaço público e que não deixará por certo de ser esgrimida pelos que têm caracterizado a actual cena política como a da emergência de "novos feudalismos".

Falemos agora da dimensão *heteronímica*. Apelar para esta dimensão significa recusar a ambição purista de extirpar as vertentes previsivelmente mais incómodas da noção de fronteira, ou uma recomposição feita com base numa pressuposta configuração originária que a historicidade do conceito nem sequer consente. Falar-se-á, ao invés, da fronteira e seus heterónimos: a fronteira-evidência; a fronteira-transgressão; a fronteira-visibilidade; a fronteira-ausência; a fronteira-*frontier;* a fronteira-*border*; a fronteira-diluição; a fronteira-reprodução; entre outros. Mesmo dando por certo que aquilo que está em jogo, em qualquer dos casos, seja sempre a preocupação em libertar o potencial emancipatório do conceito, quem poderá ir para lá disso, apostando, em definitivo, num só daqueles nomes? e quem poderá prescindir de algum deles? Esse é o cerne da questão.

Não se trata, pois, como está bom de ver, de promover uma dimensão híbrida; o que está aqui em causa é diferente. De alguma forma, é a pretensão a funcionar num certo registo benjaminiano que suporta esta dimensão heteronímica, e que tem a ver com a fertilidade reconhecida às "encruzilhadas" para estimularem o debate — mais do que para forçarem, com pressa dogmática, as escolhas definitivas — entre os diferentes tópicos que, no âmbito do enredo fronteiriço, se mostram capazes de desenvolver esforços de alteridade, mantendo, porém, evidentes, as fissuras e os abismos entre si. Ou seja, mantendo, porém, evidente, a possibilidade da *demarcação*.

Face ao que vem de ser dito, a dimensão *contextual* assume a maior relevância. Se, de acordo com o que vimos, a fronteira não tem um modo de realização privilegiado, então só a possibilidade de avaliar, a cada momento, contextualmente, o sentido político tomado pela configuração fronteiriça em presença, se afigura operativo. Só a tarefa de decidir, em cada situação, qual dos heterónimos da fronteira se revela mais capacitado para perfigurar objectivos emancipatórios e proceder à sua viabilização, se afigura eficaz. Assim sendo, a conjugação das três dimensões aqui referidas, e, de modo mais óbvio, da dimensão heteronímica e da dimensão contextual, parecem desembocar no seguinte desiderato: fazer da fronteira uma questão de *heteronímia posicional*. Contra esta proposta, objectar-se-á, talvez, com o risco de um apelo ao "contexto" poder redundar num apelo à "fragmentação", ou com a atomização da experiência que daqui pode resultar. Direi, pela minha parte, que o problema está mal colocado: a experiência não tem que ser previamente compactada para melhor ser transmitida (de resto, a ciência também não); o fundamental são as condições de circulação do que é experienciado. Disse-se já que, "mais do que de uma teoria comum, do que necessitamos é de uma *teoria da tradução* que torne as diferentes lutas mutuamente inteligíveis e permita aos actores colectivos "conversarem" sobre as opressões a que resistem e as aspirações que os animam"[296]. O que quer dizer que a nossa proposta de

---

[296] Santos, 2000, 27.

TRÊS DESAFIOS CONTEMPORÂNEOAS AO DISPOSITIVO DA FRONTEIRA | 217

uma *heteronímia posicional* aplicada ao caso da fronteira, indo, também ela, neste mesmo sentido, não se limita a estimular a *tradução*, mas, ao fazê-lo, impede que a conexão entre os diferentes locais de sofrimento seja — seja *novamente* — vendida como cartilha. Pois se se trata, hoje, e acredito que sim, de evitar o "desperdício da experiência", então é também disto que se trata.

7.2. O DESAFIO DA PÓS-ESTATALIDADE OU DA ARTICULAÇÃO

Regulador e reconstrutor, para o mais recente Fukuyama (leia-se *State-Building*[297]); supervisor e estratega, para Helmut Willke (pense-se em *Supervision des Staates*[298]); garantidor, contratualizador, ou articulador de escalas jurídicas e de redes constitucionais, de acordo com outras tantas propostas recentes de lhe redireccionar a operatividade num mundo policêntrico – aparentemente, nestes inícios do século XXI, o Estado "está de regresso". Em absoluto rigor, mais convirá dizer que o Estado, pura e simplesmente, *está*. O facto de a sua manifesta vigência ser percebida enquanto regresso não decorre de um prévio e momentâneo exílio do Estado para fora da História, tendo mais a ver com a não consumação das expectativas finalistas que ao longo das últimas três décadas foram prognosticando esse exílio, fosse em termos de obsolescência histórica, de esgotamento de centralidade, ou de exaustão teórica e operativa, expectativas essas que, ao não se consumarem, ou, pelo menos, ao não se realizarem em moldes escatológicos, fazem com que o debate sobre o Estado seja hoje, antes de mais, o debate sobre a sua própria *continuidade*. Donde, se, pura e simplesmente, o Estado *está*, isso significa, em absoluto rigor, que ele *permanece*. O que nem pode estranhar-se: tratando-se do Estado, o reconhecimento do seu lugar tópico desdobra-se, automaticamente, no seu paralelo reconhecimento enquanto *duração*.

---

[297] Fukuyama, 2005.
[298] Willke, 1997.

E porque há boas razões para crer que é justamente ao nível deste desdobramento que encontram explicação quer a presente vigência do Estado numa ordem política que *a priori* tenderia a dispensá-lo, quer as condições em que se processa o debate sobre a sua *adaptabilidade* e reconversão funcional, justifica-se uma linha de reflexão sobre o modo como historicamente se configura esse desdobramento entre lugar e devir, isto é, o modo como um Estado gradualmente vocacionado para se constituir em síntese permanente dos processos cruzados de *espacialização do tempo* e *temporalização do espaço* e que nessa vocação institui uma das marcas da sua própria historicidade, adquire particular aptidão para se colocar, em cada momento, seja numa posição de virtual transhistoricidade, seja (é hoje o caso) numa posição de pragmática disponibilidade para *operar* a compasso da conjuntura e das suas escalas concretas, duplicidade intuída como condição da sua própria perenidade.

De alguma maneira, um dos eixos analíticos do presente trabalho pode mesmo definir-se como um inquérito situado ao nível de um dos clássicos *eixos de fundamentação* estatais, precisamente o eixo da *permanência*, no âmbito do qual (mediante a activação de circuitos vários de legitimação, crença ou resiliência) os conceitos residentes de *soberania*, de *história* e de *fronteira* refazem incessantemente a configuração estatal[299]. Nesta perspectiva, este livro constitui também, de alguma forma, um inquérito sobre o processo de auto-instituição do Estado enquanto *continuidade*. É, com efeito, minha convicção que só análises deste teor, designadamente as que, como a que levámos a cabo a partir da "fronteira", incidem sobre o desempenho dos referidos *eixos de fundamentação estatais*, permitem depois colocar, com um mínimo de pertinência, uma questão irrecusável: a do grau e do modo de compatibilidade que pode existir entre esses eixos de fundamentação e os actuais paradigmas político-jurídicos de enquadramento do Estado. Da resposta a esta pergunta depende, forçosamente, o entendimento sobre as actuais modalidades de reconfiguração do Estado e sobre as diferentes leituras da actualidade em

---

[299] Martins, 2007. Ver também: Sobral, 2003.

termos pós-estatais. É esse o debate que aqui se pretende abrir. Na certeza de que a problemática da fronteira o não dispensa.

A fronteira não se esgota no Estado, certamente; aliás, a *naturalidade* de uma suposta coincidência da fronteira com o que seria a sua modalidade presumivelmente essencial, a fronteira estatal, é, fundamentalmente, uma presunção do Estado; o grau de conivência entre ambos é, contudo, elevado (porque, maugrado aquele efeito de presunção, o certo é que a fronteira "trabalha", de facto, ao nível dos eixos de fundamentação do Estado). Com o que, tido em conta o estudo aqui desenvolvido sobre a fronteira, deve considerar-se satisfatoriamente instruída a ideia de uma apurada propensão do Estado para instituir as condições da sua própria permanência. Como, do mesmo modo, deve ter-se por satisfatoriamente abonada a sua capacidade para transformar esses processos em material *fundante* da sua existência, da sua razão e da sua durabilidade. De tal forma que, perante a questão de saber o que poderá explicar a continuidade do Estado, é sempre possível responder que, em primeira instância, ele perdura porque "trabalha" para isso – porque existe para durar e porque, historicamente, logrou fazer desse objectivo parte integrante da sua própria função[300]. Tudo o que pudemos observar ao nível da fronteira elucida de forma suficiente este aspecto. Mas, como se compreenderá, para que ele perdure será necessário também – em segunda instância, dir-se-á – que ele seja, em cada momento, requerido pela conjuntura histórica em virtude de alguma operatividade que se lhe reconheça, sem o que, é de admitir, nem toda a sua diligência impediria algum tipo de curto-circuitagem ao nível dos seus eixos de legitimação e fundamentação. Ora, é exactamente neste ponto que se levantam hoje, de forma recorrente, uma série de interrogações cuja formulação expressa ou implícita é a seguinte: qual a capacidade operativa de uma entidade político-institucional como

---

[300] Assim se explicaria, aliás, por que motivo essa interrupção da continuidade que é o "estado de excepção" permite identificar, precisamente, momentos de perversa inflexão da razão estatal, bem como explicaria a perigosa tendência desse "estado de excepção" para se tornar ele próprio permanente, afinal a sua suprema ambição. Vejam-se a este respeito: Bercovici, 2004; Agamben, 2004.

o Estado – que, visivelmente, assenta a sua auto-instituição enquanto permanência na *historicização* dos seus elementos constitutivos –, num mundo contemporâneo que, sob o efeito conjugado da mundialização e da crise da razão prognóstica, teria chegado, de acordo com alguma teorização recente, a um ponto de quase *deshistoricização*?

O modo da mudança

Vejamos aquela formulação com mais detalhe. A sua pertinência lógica parece correcta. Mas é enquanto expressão do que poderemos chamar *discursos da pós-estatalidade* que ela ganha interesse particular para o nosso propósito, designadamente pela forma como veicula dois dos lugares-comuns mais decisivos dessa discursividade, a saber, a convicção de que a contemporaneidade entrou numa fase de predomínio do espaço sobre o tempo e uma leitura da mudança histórica e das condições de emergência do novo francamente ancorada nas noções de sequencialidade ou de alternância evolutiva entre contrários (ontem o tempo, hoje o espaço; ontem a história, hoje o pós-histórico; ontem o Estado, hoje o pós-estatal) e, assim sendo, tão subsidiária do pensamento linear quanto a matriz paradigmática cuja ultrapassagem constituiria justamente o seu objecto.

Em outra ocasião tive já oportunidade de abordar o primeiro aspecto, pelo que me limito aqui a remeter para esse estudo[301]. Registarei apenas, de passagem, que o campo historiográfico viveu de facto as últimas décadas sob o peso de uma desconfiança mútua entre tempo e espaço, no sentido até em que a mundialização, entendida como expressão das espacialidades múltiplas às quais deram voz as diferentes feições tomadas pelos finalismos pós-coloniais, pós-históricos e pós-nacionais, terá prolongado uma já antiga versão da contemporaneidade recente como pós-temporalidade. E, por arrasto mútuo, como pós-estatalidade. Mas é também inegável que, em paralelo, foi ficando clara a inviabilidade dos desenvolvimentos

---

[301] Martins, 2005, 325-332.

TRÊS DESAFIOS CONTEMPORÂNEOAS AO DISPOSITIVO DA FRONTEIRA | 221

mais radicais daqueles lugares críticos, à medida em que das tensões no interior do próprio pensamento pós-colonial emergia um distanciamento crítico para com a estética pós-histórica e em que se reconhecia o terreno armadilhado de um espaço sem historicidade[302]; e à medida, também, em que a tradicional associação da história à escala nacional foi deixando de estar sob fogo cerrado, provada que era não apenas a sua compatibilidade com histórias produzidas em referência a outras dimensões escalares de menor visibilidade, como, sobretudo, a inevitabilidade de a "história global" ser pensada nos termos da interpenetração entre a escala transnacional e – porque "o facto é que as nações não estão prestes a desaparecer" e "o Estado ainda é um actor maior da cena internacional e global"[303] – as escalas estado-nacionais[304].

Ora, sendo certo que esta tendencial compatibilização decorre sob o impulso da também gradual denúncia do verdadeiro sentido dos finalismos (consubstanciada, por exemplo, no aviso de que "se está a assistir, não ao fim da história, mas tão-só, ao fim das filosofias do fim da história"[305]) e de uma gradual percepção da deriva essencialista onde se inscrevem tanto a maioria dos discursos do fim da história quanto a crítica pós-histórica desses discursos, deverá reconhecer-se que ela traduz, sobremaneira, o reconhecimento de uma impossibilidade, qual seja a de, hoje, pensar a *mudança* enquanto *superação*, isto é, verticalmente, como um processo em que o *novo* corresponde, sobretudo, à substituição do que existe, preferindo-lhe, ao invés, um pensamento do novo enquanto *lateralidade*, expresso em situações de compatibilidade ou concomitância, em que, para o dizer de uma maneira consagrada, o novo não tem de se dar no sentido do *mais*, podendo dar-se no sentido do *de outro modo*[306]. Parece

---

[302] Dirlik, 2000, 85-87.

[303] Mazlish, 1998, 41-52.

[304] Pocock, 2005; Rüsen, 2002; Stuchtey e Fuchs, 2003; Werner e Zimmermann, 2003; Berger, Donovan e Passmore, 1999. Sobre os "pontos de vista" implicados nesta problemática, é fundamental a consulta de Mendes, 2007.

[305] Catroga, 2003, 158.

[306] Vejam-se, a propósito da "sempre iminente irrupção do novo": Catroga, 2003, 158-161; Koslowski, 2005, 187-211.

ser este, com efeito, o *modo da mudança* que mais convém à análise de um tempo que apresenta como imagem de marca a articulação permanente de elementos contraditórios e no qual os elementos da permanência surgem, por via da sua necessária reconversão e adaptabilidade, como produtores fortes da mudança. A ignorância deste aspecto, ao invés, parece condenar a análise a uma infeliz produção de *pathos*, resultado previsível de uma obsessiva propensão para atribuir a cada momento o estatuto de ponto ómega de uma mudança anunciada e, forçosamente, marcante – "ruidosa" seria a expressão patologicamente conveniente.

Poderá deduzir-se, pois, tudo somado, que a operatividade dos actores, mecanismos, tradições e instituições presentes hoje no cenário histórico-político mundial decorre sobretudo da sua capacidade para se moldarem às exigências de compatibilidade inter-escalar e não tanto da sua maior ou menor vinculação a determinado paradigma de relacionamento entre tempo e espaço. Mais ainda, a particular disponibilidade, historicamente alicerçada, de algumas daquelas entidades para produzirem o respectivo *horizonte de permanência* a partir da respectiva concretização em *lugares concretos*, é naturalmente factor de estima na balança de um mundo global preocupado, justamente, com a complexa gestão da pluralidade a que o obriga o duplo fenómeno da aceleração do tempo e da extensão do espaço. Afinal, o duplo fenómeno que implicou uma perda de centralidade do Estado – perda de exclusividade, a diversos níveis; perda de operatividade, em consideráveis dimensões; perda de relevância, pelo efeito conjugado daqueles factores; perda, inclusive, de boa parte da sua dimensão de projecto. Mas não, em definitivo, da sua dimensão de *mecanismo*, ou de configuração de mecanismos, valência que lhe é assegurada pelo eixo de fundamentação da permanência, onde, com frequência, "reside" a fronteira e onde se processa, bem o vimos, o esforço de harmonização entre espaço e tempo. E porque não pode a razão global prescindir de mecanismos com esta característica, o Estado junta à sua constitutiva propensão para durar esse requisito fundamental que é a sua solicitação funcional pela conjuntura histórica. Por isso perdura. E enquanto houver mecanismos da estatalidade a serem requisitados, é bem provável que a história não esteja, para os cultores da sua leitura como fim, em condições de acabar.

O *Estado pós-estatal*

É crível que o horizonte da pós-estatalidade não dispense o próprio Estado.

Se a vertente de mecanismo *regulador* se apresenta como uma das facetas da requisição da estatalidade no quadro da contemporaneidade, de igual modo a valência da *permanência* parece habilitá-la a participar numa série de desafios hoje colocados à escala mundial, desafios esses que, oscilando entre a dispensabilidade do Estado e a reflexão sobre as condições da sua prestabilidade, acabam por encontrar no seu carácter de entidade *durável* o elemento decisivo para o estabelecimento das pontes possíveis. Será esse o caso dos desafios ligados ao conceito de *sustentabilidade* e, de modo genérico, às gramáticas ambientais, cuja apetência para se realizarem no âmbito de regimes de temporalidade estruturados sobre a permanência ganha expressão manifesta na mobilização tópica da ideia de *intergeracionalidade*. O encontro entre sustentabilidade e estatalidade por via do argumento da temporalidade é tanto mais significativo quanto existem boas razões para acenar com os danos causados pelas soberanias estatais ao estatuto transnacional do ambiente, com a histórica incapacidade das fronteiras estatais para se adequarem às exigências de um desenvolvimento sustentável que nelas encontra, frequentemente, obstáculos à sua vocação universal, ou com a responsabilidade directa da estatalidade em situações de esgotamento de recursos ou de atentados contra os direitos humanos, já para não falar da inadequação da escala de intervenção estatal perante situações de catástrofe ambiental latente ou de conflitos armados que expõem de forma clara a sua inaptidão. Todos estes argumentos, e muitos mais, têm sido esgrimidos com recorrência; e porque poucas dúvidas existem quanto à sua pertinência, é consensual que a eles se fica a dever em grande parte o abalo sentido ao nível da tradicional centralidade do Estado e a denúncia da sua manifesta inoperatividade para aqueles efeitos. Sucede, porém, que o próprio desígnio de sustentabilidade se configura, só pode mesmo configurar-se, como *desígnio de durabilidade*, isto é, de permanência, conforme o atesta, aliás, a própria preocupação em inscrever o conceito de *gerações futuras* no debate sobre o desenvolvimento. E é neste ponto – que constitui também, evidentemente, um problema de regulação, mas que não pode deixar de remeter para a questão da historicidade dos próprios regimes de sustentabilidade – que a estatalidade se demonstra compatível com (entenda-se requisitável por) o horizonte projectualista da *sustainability*.

Resultado deste encontro é o chamado "Estado ambiental", o qual "constitui, no plano da racionalidade político-constitucional, o prolongamento do paradigma da durabilidade/sustentabilidade no domínio da racionalidade económica"[307]. A metodologia da sua implantação pressupõe, assumidamente, um "clima planificatório", uma "óptica conservacionista", o recurso a "instrumentos de regulação" e uma procura de "equidade intergeracional". Não por acaso, o recurso a esta gramática de "matriz estatocêntrica", se assim se lhe pode chamar, não vai sem uma advertência cautelar: a de que, ao reconhecer-se "o paradigma da durabilidade como horizonte" e a *planificação* como instrumento privilegiado da política do ambiente, isso é feito "não, obviamente, no sentido de ressuscitar a velha planificação central, expressão historicamente situada do alcance asfixiante que o princípio do Estado adquiriu no contexto da regulação"[308]. Bem se percebe a advertência. É que, dada a notória vinculação desta linha de análise ao critério da permanência, essa linha fica com muita probabilidade sujeita aos avatares desse mesmo critério. Um deles é a propensão imobilista, exemplarmente concretizada na forma como o entendimento do ambiente como realidade ante-estatal, ante-fronteiriça e como que tornada essência ante-histórica, faz repousar a sua legitimidade nesse carácter pré-constituído, da ordem do natural, ao qual aborrecem, necessariamente, o carácter errático da história e, inclusive, a inconstância da alternância democrática, tida por interrupção cíclica da durabilidade planificadora. Um outro é a propensão prognóstica, hoje orientada em torno do problema das futuras gerações e da forma dramática como se procura garantir, em simultâneo, que, em seu nome, o futuro fica

---

[307] Pureza e Frade, 2001, 8.
[308] *Idem*, 9.

em aberto, mas também, paradoxalmente, que não há futuro garantidamente em aberto sem um esforço planificador que o condicione duravelmente[309].

Ora, é matéria historicamente sabida que a tarefa de prognosticar um futuro comporta sempre essa outra, incontornável, que é a de fechar irremediavelmente a porta aos outros futuros possíveis. Por isso, perante semelhante pretensão, não será ousadia dizer que o desenvolvimento sustentável enquanto projecção sobre o futuro, ao procurar oferecer-se à história enquanto horizonte de esperança, arrisca-se a produzir, nessa sua linearidade optimista, uma nova filosofia salvífica da história, ou, numa terminologia mais conveniente à nossa reflexão, um novo horizonte de ilimitação. Mas será essa a modalidade do limite conscientemente visada pela gramática ambiental? Prescindirá ela do limite enquanto demarcação (olhado de forma suspeita pela sua notória conotação estado-nacional) para se entregar ao expansionismo de um limite feito *frontier*? É de esperar que não. Na verdade, o problema, aqui, como em muitas outras áreas da actualidade, é o da dramática identificação dos inimigos pertinentes. Deverá então sustentar-se, quanto a isso, que a razão ambiental não tem que prescindir da noção de demarcação. Ela não prescinde das fronteiras; desloca-as; propõe, nesse simulacro transfronteiriço que é, comprensivelmente, o de uma lógica ambiental, não a eliminação do limite mas a sua recomposição noutros moldes. Os seus moldes, por certo que sim; mas, mesmo assim, reinventando, nessa deslocação, as valências da fronteira. Só assim, de resto, só porque ela trabalha sobre a fronteira, a razão ambiental se encontra sujeita a essa sedução do limite que é o seu desdobramento entre demarcação e ilimitação, do mesmo modo que se encontra sujeita a esse terreno armadilhado com que se defrontam todos os regimes de obliteração de fronteiras, que é o da tendência para omitir as fronteiras que eles próprios reinventam. No espaço, desde logo, e logo após – fundacionalmente – no horizonte do futuro. A luta da razão ambiental não é contra o Estado, com o qual ela parece ainda ter de articular-se,

---

[309] Estas tendências encontram expressão, por exemplo, em alguns dos artigos incluídos em Agius e Busuttil, 1998. Ver também, no mesmo âmbito, Machado, 2000. Ainda sobre o mesmo assunto: Laslett e Fishkin, 1992.

226 | O MÉTODO DA FRONTEIRA

ou no quadro da *global governance* ou para se defender dela. Não é também contra as fronteiras, que sinalizam, nas suas várias escalas, os correspondentes níveis de responsabilidade em política ambiental. A sua luta é contra o essencialismo, quer o das alucinações proféticas e salvíficas, quer o de alguma razão pura.

Eis porque, tudo somado, reiteramos a ideia: é crível que o horizonte da pós-estatalidade não dispense o próprio Estado. No plano da historicidade, onde forçosamente se joga o lugar do Estado no mundo contemporâneo, não há razões consistentes para dar por encerrado o seu papel, mais parecendo ser, precisamente, a forma como constitutivamente ele labora em prol da sua permanência e procura instituir a sua própria inevitabilidade que o colocam particularmente bem apetrechado para responder às necessidades de articulação, regulação e de durabilidade – isto é, em última instância, necessidades de traçar limites – que hoje se levantam nas mais diversas áreas. Certo é que, ferido de operatividade, amputado da sua centralidade e do seu lugar canónico entre os actores da sociedade internacional e, sobretudo, questionado na sua condição histórica e retórica de horizonte de perfectibilidade e de palco de consumação das expectativas do progresso, o Estado persiste. Aliás, de acordo com a nossa hipótese, ele persiste na exacta medida em que, perdidas determinadas dimensões do seu tradicional recorte histórico, e, sobremaneira, a que o identificava como fim de si mesmo, as possibilidades de a ele recorrer – de recorrer a determinados *mecanismos* da estatalidade (a fronteira é obviamente um deles) – aumentam exponencialmente. Que por detrás dessa requisição da estatalidade surjam hoje os mais diversos e ínvios objectivos é outra questão. Ela tem a ver, em grande parte, com a impossibilidade de determinar, em cada momento, o exacto sentido tomado pela regulação ou pelas novas formas de projectualismo (uma ambiguidade que as páginas anteriores procuraram evidenciar). Por outro lado, tem ainda a ver com o facto de os elementos tradicionalmente residentes nos eixos de fundamentação do Estado (soberania, história, fronteira...) e ainda aí actuantes, terem alargado, em paralelo, o seu âmbito de acção para lá dos eixos da configuração estatal, colocando a sua funcionalidade ao dispor dos mais variados intuitos e surgindo hoje sob diferentes formas.

A fronteira, em concreto, que tradicionalmente delimitava, preferencialmente, identidades definidas em relação à escala nacional, é hoje convocada, em permanência, para delinear essas mesmas funções de pertença à escala de grupos delimitados pelos criterios do género, por ejemplo. O alargamento da sua requisição funcional, neste como neutros casos, não levanta dúdivas. Como, entretanto, é hoje evidente que essas escalas não se excluem mutuamente mas convivem em sobreposição mais ou menos tensa, a articulação entre elas apresenta-se como o verdadeiro desafio. A articulação é também um dos desafios do "Estado pós-heróico" dos nossos dias. Por isso se justifica falar hoje, mais do que da ultrapassagem ou superação do Estado – que, conforme se defendeu atrás, o presente *modo da mudança* não consente –, da existência de *um novo fenotipo organizativo*[310].

Tem sido dito, com efeito, que fenómenos como a crescente internacionalização da ordem jurídica e a supranacionalização politicamente integradora devem tanto a uma profunda requalificação do Estado e a uma descentração do seu clássico entendimento quanto à imperiosa necessidade de lhe conservar distintas facetas e funções políticas, a exemplo daquelas onde assenta a *teologia política* das tradições constitucionais europeias, ou a exemplo daquelas funções de regulação e mesmo de previsão que têm levado alguns autores a avançar com o conceito de *Estado supervisor e estratega* como o mais adequado à sociedade de conhecimento[311]. Num como noutros casos, o que fica patente é o modo como se vai recortando, na estética política da estatalidade, a tendência para protagonizar um desempenho articulador entre várias escalas, missão que, no fundo, sempre foi a do Estado, ainda que despida agora do lugar de topo da cadeia de comando, e, o que é mais significativo, fazendo da própria dinâmica dos seus elementos constitutivos e da forma por eles tomada em cada momento (veja-se o caso da fronteira) a sua própria dinâmica.

---

[310] Canotilho, 2005, 666-674.

[311] Nisso insiste, por exemplo, Helmut Willke, que fala mesmo de *ironia do Estado* para descrever a postura distanciada – "irónica", portanto – que deve ser a deste Estado arbitral e supervisor (Willke, 1997).

Este último aspecto é importante. Frisou-se já, em sede de teoria da Constituição Europeia, que esta "não precisa da "velha teoria do Estado", mas os "novos Estados" continuam a ser agentes insubstituíveis no compromisso constitucional europeu: tal como as Constituições, também os Estados estarão *em rede* no projecto da União Europeia"[312]. Para lá da sua implicação em matéria constitucional europeia, a ideia da rede (também ela uma das formas de manifestação do limite e, em particular, da figura da ilimitação) não pode deixar de evocar o desempenho similar que lhe é atribuído no quadro do expansionismo contemporâneo, o qual, precisamente, se caracterizaria pela implantação de um controlo em rede mais do que pela conquista, autorizando, assim sendo, a estabelecer uma correlação entre a modalidade da integração europeia e a da expansão da soberania americana. É provável que, em determinados aspectos, haja margem para estabelecer essa correlação. Mas, por outro lado, é também possível entender a colocação de Estados em rede, simplesmente, como expressão do esforço levado a cabo pela estatalidade para se adaptar ao presente modo de a ilimitação se dar. Compreender-se-ia, de resto, que assim fosse: desde o seu desenvolvimento como *frontier*, o Estado parece condenado a perdurar ao ritmo da ilimitação. Estará?

7.3. O DESAFIO DA DEMOCRATICIDADE (OU DA DEMARCAÇÃO)

O que podemos pedir à fronteira que nos não possa ser dado por outro tipo de dispositivo? O que pode, em concreto, pedir-lhe a democracia? A pergunta faz todo o sentido. Lidamos com um dispositivo que historicamente se apropriou de diferentes propriedades e funções e que, desse modo, disponibiliza alguma variedade de mecanismos. Resta saber da disponibilidade do conceito para a sua democratização.

Por democratização de fronteiras não pode entender-se a depuração de algumas das suas propriedades. Não acredito que se possa ir por aí. Trata-

---

[312] Canotilho, 674.

se de recuperar o conceito para o jogo democrático, sabendo, entretanto, que ao assim fazermos estamos a comprar tudo por junto. Não se compra apenas o supostamente necessário. Não existe isso. Por isso a fronteira é assunto fortemente político: obriga à gestão permanente da sua actuação e solicita, a todo o momento, que sobre as suas propriedades, funções e contextos de desempenho sejam tomadas opções. Este seu permanente desdobramento em realização prática, pelo qual a fronteira se consuma em acção, é nela a expressão da dimensão política. Reconhecer, na fronteira, a presença do *político*, começa por ser reconhecer-lhe a tensão que a atravessa entre contingência e referência; e reconhecer-lhe a propensão para fundar novas e diferentes referencialidades, para suscitar a adesão e o consenso, tanto quanto a disjunção e o conflito; e, sobretudo, reconhecer a imperiosa necessidade de tomar decisões a seu respeito, sendo que se trata, evidentemente, de decisões com consequências que vão para além de cada fronteira em causa e que, pormenor importante, outros não teriam querido tomar e assumir, sendo grande a probabilidade de que tivessem decidido de modo diferente. Se a fronteira, como a política, é questão de oportunidade, ela é oportunidade de distinção. A fronteira, fundamentalmente, *demarca*. Demarca o lugar de onde provém a decisão, ao mesmo tempo que demarca o objectivo atingido pela decisão. Politicamente, por conseguinte, ela propicia o exercício da demarcação; funcionalmente, ela comporta uma dimensão de mecanismo demarcatório.

Insistir na demarcação soará, talvez, a um toque a rebate no sentido de um suspeito apelo à contenção ou de um retorno da fronteira sobre as suas fórmulas mais estanques e soberanistas, ou, até, sobre as suas fórmulas mais compagináveis com os discursos de lei e ordem saídos do clamor securitário dos nossos dias. Nada de mais errado. A demarcação é mesmo a única garantia contra o totalitarismo securitário que se insinua de modo larvar por detrás da nostalgia de uma ordem perdida e que não costuma clamar por demarcação – clama por limites crispados e barreiras de exclusão, e, pior, pela generalização desmedida desses limites, numa vertigem que se faz desembocar precisamente em cenários mais ou menos populistas de ausência de limites. Como se não tivéssemos aprendido nada com o diálogo de historicidades que ensaiámos nas páginas porecedentes e não

230 | O MÉTODO DA FRONTEIRA

reconhecessemos aqui o célebre desdobramento alucinatório do limite em direcção ao seu horizonte de ilimitação. A este "salto" populista se oporá a demarcação. Claro que isto levanta tantos problemas quantos aqueles que se propõe resolver. Como demarcar? Quais os limites pertinentes? Com que critérios?

Se é no eixo democrático que nos movemos, a amplitude das respostas não pode deixar de se reduzir significativamente. Hà demarcações insustentáveis. Muitas das que sobram, porém, apresentam factores de similitude que as aproximam por cima das respectivas diferenças. Eis um bom exemplo: "Al igual que el poder aprende a hacerse valer no siendo absoluto, la mejor seguridad no es la seguridad completa, que además tampoco existe. La mejor seguridad es la que se obtiene en el frágil marco de una sociedad democrática, con toda su apertura, contingencia e indeterminación. Y al igual que el poder aprende a desarrollar estrategias indirectas, el afán de seguridad debe evolucionar desde el enfrentamiento y la protección hacia la cooperación. Esta es la mejor seguridad de la que pode dotarse una sociedad democrática"[313]. Ora, "abertura, contingência e indeterminação" são materiais trabalhados pela fronteira, gradualmente incorporados no seu código genético, valências que a fronteira enfrenta, sem as anular, mas mantendo-lhes as propriedades. A possibilidade de as mobilizar para efeitos demarcatórios deve pois ser considerada. Porque a questão da demarcação é esta: quando não a produzimos, isso quer dizer que essa demarcação inexiste, ou que deixamos a tarefa aos que eventualmente a hão-se realizar com criterios não democráticos, sejam eles de ordem moral ou totalitária? Não podemos decidir que um dispositivo terminou o seu prazo de validade histórica só porque entenderíamos preferível que assim fosse; mais vale constatar os modos da sua evidência e lidar com eles; porque, seja como for, a sua inactividade é mera possibilidade – um modo, entre outros, de o dispositivo expressar a sua vigência.

Não se decrete, pois, quer por antecipação, quer por omissão do concreto, a inaptidão das fronteiras, ou a amputação de algumas das

---

[313] Innerarity, 2004, 165.

suas propriedades e funções julgadas menos simpáticas. Do que se trata é de, mantendo em vigor o seu potencial multiplice e o exercício político sobre elas, possibilitar o acesso mais livre e mais dinâmico a essas mesmas propriedades, imprimindo um cunho democrático a esse ponto decisivo que é a *negociação* das fronteiras. O exercício democrático é a boa decisão, tanto como o convite à boa negociação. A fronteira é questão de ambas e será tanto mais democrática quanto nela se reflectir quer uma, quer outra. A simples recusa de uma delas é antidemocrática neste sentido, libertando a fronteira para tarefas obscenas.

Claro que isto tem um preço. Elevado, de resto. Não é seguro em que sentido a fronteira vai actuar. Não é seguro qual das suas funcionalidades se vai exprimir. Não é seguro que haja controlo sobre um eventual desdobramento alucinatório das várias modalidades fronteiriças rumo à sua auto-celebração. Não é seguro, quer tudo isto dizer, que se consiga uma filtragem mínima sobre a sua reconhecida *disponibilidade*. E nada está absolutamente garantido, também, pelo seguinte: porque é árduo o consenso sobre quem o irá fazer (a fronteira tem autor), sobre os intuitos com que o irá fazer (a fronteira tem dimensão fundacional), ou sobre a teoria argumentativa usada para legitimar esse acto político de activação do dispositivo (a fronteira é ambígua quando mobilizada teoricamente). A fronteira é, de facto, incondicionalmente, disponível. Sem remissão ficaremos à mercê da conjuntura, da oportunidade ou da inovação que, interagindo com determinada propriedade da fronteira, lhe hão-de modificar a forma, o conteúdo, a relação com o visível, ou o grau de ineditismo (a fronteira promove regimes de adaptabilidade). Como sem remissão ficaremos à mercê da possibilidade de que essa fronteira tão criteriosamente desenhada se deixe contaminar, promiscuamente, mediante a irresistível sedução sobre ela exercida por outras escalas fronteiriças (porque esse mecanismo que é a fronteira estrutura-se no âmbito de regimes de reprodutibilidade). Cada decisão, com efeito, carrega em si todo este lastro histórico que o conceito foi construindo.

E, contudo, a pergunta a fazer-lhe é sempre a mesma: compensará ela? Dado que a resposta é incerta, a pergunta é corajosa; mas, em matéria demarcatória, só a decisão será, ou não, democrática.

BIBLIOGRAFIA

AARNIO, Aulis, *The Rational as Reasonable: a treatise on legal justification*. Dordrecht: D. Reidel Publishing Company, 1987.

AFONSO, Carlos Alberto, *O Poder do Espaço: dominação simbólica, território e identidade nas montanhas de Trás-os-Montes*. Coimbra: Departamento de Antropologia da Faculdade de Ciências e Tecnologia da Universidade de Coimbra, 1994.

AGAMBEN, Giorgio, *Estado de excepção*. São Paulo: Boitempo, 2004.

AGAMBEN, Giorgio, *Potentialities. Collected Essays in Philosophy*. Stanford: Stanford University Press, 1999.

AGIUS, Emmanuel; BUSUTTIL, Salvino, eds., *Future Generations and International Law*. London: Earthscan Publications, 1998.

ALBUQUERQUE, Martim de, *Jean Bodin na Península Ibérica. Ensaio de História das Ideias Políticas e de Direito Público*. Paris: Fundação Calouste Gulbenkian, Centro Cultural Português, 1978.

ALMEIDA, Luís Ferrand de, *A Colónia do Sacramento na época da Sucessão de Espanha*. Coimbra: Faculdade de Letras da Universidade de Coimbra, 1973.

ALMEIDA, Miguel Vale de, *Um mar da cor da terra: raça, cultura e política da identidade*. Oeiras: Celta, 2000.

ÁLVAREZ JUNCO, José, *Mater Dolorosa. La idea de España en el siglo XIX*. Madrid: Taurus, 2001.

ÁLVAREZ JUNCO, José, "El nacionalismo español como mito movilizador. Cuatro guerras", in Rafael Cruz y Manuel Pérez Ledesma, eds., *Cultura y movilización en la España Contemporânea*. Madrid: Alianza Editorial, 1997, págs. 35-67.

ANDERSON, Benedict, *Imagined communities. Reflections on the origin and spread of nationalism*. London: Verso, 1983.

AREIA, Manuel Laranjeira R. *et al.*, coords., *Memória da Amazónia. Alexandre Rodrigues Ferreira e a Viagem Philosófica pelas capitanias do Grão-Pará, Rio Negro, Mato Grosso e Cuiabá, 1783-1792*. Coimbra: Museu e Laboratório Antropológico da Universidade de Coimbra, 1991.

BADIE, Bertrand, *Um mundo sem soberania. Os Estados entre o artifício e a responsabilidade*. Lisboa: Instituto Piaget, 2000.

BALIBAR, Étienne, *Europe, Constitution, Frontière*. Bègles: Éditions du Passant, 2005.

BALIBAR, Étienne, *Nous, citoyens d'Europe? Les frontières, l'État, le peuple*. Paris: La Découverte, 2001.

BALIBAR, Étienne, "Fichte et la frontière intérieure. À propos des *Discours à la nation allemande*", in E. Balibar, *La crainte des masses. Politique et philosophie avant et après Marx*. Paris: Galilée, 1997, págs. 131-156.

BARASH, Jeffrey Andrew, "The Sense of History: on the Political Implications of Karl Löwith's Concept of Secularization", *History and Theory*, 37-1 (1999), págs. 69-82.

BARASH, Jeffrey Andrew, "Les sources de la mémoire", *Revue de Métaphysique et de Morale*, 1 (janviers-mars 1998), págs. 137-148.

BARNOUW, Dagmar, *Critical Realism. History, Photography and the Work of Siegfried Kracauer*. Baltimore and London: The Johns Hopkins University Press, 1994.

BARTELSON, Jens, *A Genealogy of Sovereignty*, Cambridge: Cambridge University Press, 1996.

BAUDRILLARD, Jean, *Les stratégies fatales*. Paris: Grasset, 1983.

BAYART, Jean-François, *Le gouvernement du monde. Une critique politique de la globalisation*. Paris: Fayard, 2004.

BAYART, Jean-François, *L' illusion identitaire*. Paris: Fayard, 1996.

BECK, Ulrich, "Nationalisme et Libéralisme: deux grandes mensonges sur l'Europe", *Courrier International*, 35, 2005.

BECK, Ulrich; GIDDENS, Anthony, "Carta abierta sobre el futuro de Europa", *El País*, 2 de octubre de 2005.

BENJAMIN, Walter, "A obra de arte na era da sua reprodutibilidade técnica", in Walter Benjamin, *Sobre Arte, Técnica, Linguagem e Política*. Lisboa: Relógio D'Água, 1992, págs. 71-113.

BENNINGTON, Geoffrey, "La frontière infranchissable", in *Le passage des frontières. Autour du travail de Jacques Derrida* (Colloque de Cérisy). Paris: Seuil, 1995, págs. 69-81.

BERCOVICI, Gilberto, *Constituição e Estado de Excepção Permanente. Actualidade de Weimar*, São Paulo: Azougue Editorial, 2004.

BERGER, Stefan; DONOVAN, Mark; PASSMORE, Kevin, eds., *Writing National Histories. Western Europe since 1800*. New York: Rotledge, 1999.

BERQUE, Jacques, "Qu' est-ce qu'une identité collective?", in *Échanges et Communications. Mélanges offerts à Claude Lévi-Strauss*, I. Paris: Mouton, 1970.

BETTENCOURT, Francisco; CURTO, Diogo Ramada, coords., *A Memória da Nação*, Lisboa: Sá da Costa, 1991.

BEVERLEY, John *et al.*, org., *The Postmodernism Debate in Latin America*. Durham: Duke University Press, 1995.

BODIN, Jean, *Les Six Livres de la République (reproduction de l'édition de Lyon, 1593)*, Paris: Fayard, 1986.

BONAFÉ-SCHMITT, Jean-Pierre, *La médiation: une autre justice*. Paris: Syros-Alternatives, 1992.

BONAZZI, Tiziano, "Frederick Jackson Turner's Frontier Thesis and the self-consciousness of America", *Journal of American Studies*. 27-2 (1993), págs. 149-171.

BORGES, Anselmo, *Corpo e Transcendência*, Porto: Fundação Engenheiro António de Almeida, 2003.

BOURDIEU, Pierre, "Les rites comme actes d'institution", in Pierre Centlivres et Jacques Hainard (dir. de), *Les rites de passage aujourd´hui* (Actes du Colloque de Neuchâtel - 1981). Lausanne, 1986, págs. 206-215.

BRAGA, Teófilo de, *História da Universidade de Coimbra*, t. I, Lisboa, 1982.

BRITO, Wladimir Augusto Correia, *A Convenção Quadro Europeia sobre a cooperação transfronteiriça entre as colectividades ou autoridades territoriais. Estrutura, natureza jurídica , relação material com o direito interno, sujeitos e objecto*. Coimbra: Faculdade de Direito da Universidade de Coimbra, 1997.

BRITO, Joaquim Pais de Brito, *Retrato de Aldeia com Espelho. Ensaio sobre Rio de Onor*. Lisboa: Dom Quixote, 1996.

BRUBAKER, Rogers, *Citizenship and Nationhood in France and Germany*. Cambridge: Harvard University Press, 1994.

BRUNNER, José Joaquín, "Notes on Modernity and Postmodernity in Latin American Culture", *boundary 2*, 20-3 (1993), págs. 35-54.

BULL, Hedley; KINGSBURY, Benedict; ROBERTS, Adam, eds., *Hugo Grotius and International Relations*, Oxford: Clarendon Press, 1992.

CARDOSO Adelino; MARTINS, António Manuel; SANTOS, Leonel Ribeiro dos (eds.), *Francisco Suárez (1548-1617). Tradição e Modernidade*, Lisboa: Edições Colibri -Centro de Filosofia da Universidade de Lisboa, 1999.

CAMPOS, Ezequiel de, *A conservação da riqueza nacional*. Porto: Typographia A. J. Silva Teixeira, 1913.

CANDAU, Jöel, *Mémoire et Identité*. Paris: Presses Universitaires de France, 1998.

CANDAU, Jöel, *Anthropologie de la mémoire*. Paris: Presses Universitaires de France, 1996.

CANOTILHO, Joaquim José Gomes, "Ter cidadania / Ser cidadão. Aproximação à Historicidade da Implantação Cidadã", in *Cidadania: uma visão para Portugal*. Lisboa: Gradiva, 2007.

CANOTILHO, Joaquim José Gomes, *"Brancosos e Interconstitucionalidade. Itinerários dos Discursos sobre a Historicidade Constitucional*, Coimbra: Almedina, 2006.

CANOTILHO, Joaquim José Gomes, "Precisará a Teoria da Constituição Europeia de uma Teoria do Estado?", in *Colóquio Ibérico: Constituição Europeia. Homenagem ao Doutor Francisco Lucas Pires*. Coimbra: Coimbra Editora, 2005, págs. 666-674.

CARRUTHERS, Mary, *The Book of memory. A study of memory in medieval culture*. Cambridge: Cambridge University Press, 1990.

CARVALHO, Paulo Archer de, *Nação e Nacionalismo. Mitemas do Integralismo Lusitano*. Coimbra: Faculdade de Letras da Universidade de Coimbra, 1993.

CASTELO, Cláudia Orvalho, *"O Modo Português de Estar no Mundo". O Luso-Tropicalismo e a Ideologia Colonial Portuguesa (1933-1961)*. Porto: Afrontamento, 1998.

CATROGA, Fernando, *Entre Deuses e Césares. Secularização, Laicidade e Religião Civil*. Coimbra: Almedina, 2006.

CATROGA, Fernando, "Geografia e Política. A querela da divisão provincial na I República e no Estado Novo", in Fernando Taveira da Fonseca, coord., *O poder local em tempo de Globalização*, Coimbra: Imprensa da Universidade de Coimbra, 2005, págs.171-242.

CATROGA, Fernando, *Caminhos do Fim da História*. Coimbra: Quarteto, 2003.

CATROGA, Fernando, *Memória, História e Historiografia*. Coimbra: Quarteto, 2001.

CHOUQUER, Gérard, *L' étude des paysages. Essais sur leurs formes et leur histoire*. Paris: Éditions Errance, 2000.

CONNERTON, Paul, *How Societies Remember*. Cambridge: Cambridge University Press, 1989.

CORTEN, Olivier; DELCOURT, Barbara; KLEIN, Pierre; LEVRAT, Nicolas; *Démembrements d'États et Delimitations Territoriales: l'*uti possidetis *en question (s)*, Bruxelles: Bruylant, 1999.

COSTA, José de Faria, "A criminalidade em um mundo globalizado: ou *pladoyer* por um direito penal não-securitário", *Revista de Legislação e Jurisprudência*, nº 3934, Set-Out 2005, págs. 26-33.

CRARY, Jonathan, *Suspentions of Perception. Attention, Spectacle, and Modern Culture*. Cambridge: The MIT Press, 1999.

CRONON, William; MILES, George; GETLIN, Jay, eds., *Under an Open Sky. Rethinking America's Western Past*. New York-London: W.W. Nortor Company, 1992.

DE CERTEAU, Michel, *L' invention du quotidien. vol. 1: Arts de faire*. Paris: Gallimard, 1990.

DE KERCHOVE, Derrick, *A Pele da Cultura. Uma investigação sobre a nova realidade electrónica*.Lisboa: Relógio D'Água, 1997.

DELEUZE, Gilles, *Différence et Répétition*, Paris, Presses Universitaires de France, 1997.

DERRIDA, Jacques, "Living On: Border Lines", in Harold Bloom *et al*, eds., *Deconstruction and Criticism*. New York: Continuum, 1978, págs. 75-176.

DIRLIK, Arif, *Postmodernity's Histories. The Past as legacy and Project*, Lanham, New York, Oxford: Rowman & Littlefield, 2000.

DOMINGUES, Ângela, *Quando os Índios eram Vassalos. Colonização e Relações de Poder no Norte do Brasil na Segunda Metade do Século XVIII*. Lisboa: Faculdade de Ciências Sociais e Humanas da Universidade Nova de Lisboa, 1998.

DOUGLAS, Mary, *De la souillure. Essai sur les notions de pollution et de tabou*. Paris: Maspero, 1971.

DULONG, Renaud, *Le témoin oculaire. Les conditions sociales de l' attestation personnelle*. Paris: École des Hautes études en Sciences Sociales, 1998.

FERNÁNDEZ-SANTAMARÍA, J. A., *La formación de la sociedad y el origen del Estado. Ensayos sobre el pensamiento político español del siglo de oro*, Madrid: Centro de Estudios Constitucionales, 1997.

FERRAJOLI, Luigi, *A Soberania no Mundo Moderno*. São Paulo: Martins Fontes, 2002.

FERREIRA, Maria do Rosário, "Outros mundos, outras fronteiras. Ramiro, Tristão e a divisão da terra de Espanha", *Revista da Faculdade de Letras – Universidade do Porto*, XV-2 (1998), págs. 1567-1579.

FERRER, Diogo, "Subjectividade e método crítico em Kant", in Leonel Ribeiro dos Santos, coord., *Kant: Posteridade e Actualidade*. Lisboa. Centro de Filosofia da Universidade de Lisboa, 2007, págs. 193-206.

FICHTE, Johan Gottlieb, *Fundamentos da Doutrina da Ciência Completa: como sebenta para os seus ouvintes*, Lisboa: Edições Colibri, 1997.

FLYNN, Donna K., ""We are the border": identity, exchange, and the state along the Bénin-Nigeria border", *American Ethnologist*, 24-2 (1997), págs. 311-330.

FONSECA, Ângelo Sebastião de Almeida, *As origens da Região Demarcada do Dão: Política Administrativa e Ordenamento Territorial do Espaço*

Beirão (1907-1912). Porto: Universidade Portucalense Infante D. Henrique, 2004.

FORTE, Maria João Figueiredo, *As casas regionais em Lisboa. A Casa das Beiras: regionalismo e associativismo urbano*. Lisboa: Universidade Nova de Lisboa, 1996.

FOUCAULT, Michel, *Dits et Écrits (1954-1998)*, vol. I, II, III, IV. Paris: Gallimard, 1994.

FOUCHER, Michel, *Fronts et Frontières. Un tour du monde géopolitique*. Paris: Fayard, 1998.

FREITAS, Serafim de, *Do Justo Império Asiático dos Portugueses (De iusto imperio Lusitanorum Asiatico)*, Lisboa: Instituto Nacional de Investigação Científica, 1983.

FREYRE, Gilberto, *O Luso e o Trópico*. Lisboa: Comissão Executiva das Comemorações do Quinto Centenário da Morte do Infante D. Henrique, 1961.

FRISBY, David, *Fragments of Modernity in the Work of Simmel, Kracauer and Benjamin*. Cambridge: MIT Press, 1988.

FUKUYAMA, Francis, *State-Building. Governance and World Order in the Twenty-First Century*, London: Profile Books, 2005.

GALISON, Peter, "Computer Simulations and the Trading Zone", en Peter Galison, David J. Stump, eds., *The Disunity of Science. Boundaries, Contexts, and Power*. Stanford: Stanford University Press, 1996, págs. 118-157.

GAUER, Ruth Maria Chittó, *A construção do Estado-Nação no Brasil. A contribuição dos Egressos de Coimbra*. Curitiba: Juruá, 2001.

GAUER, Ruth Maria Chittó, "A contribuição portuguesa para a construção da sociedade brasileira", *Revista de História das Ideias*, 19 (1997), págs. 567-591.

GERHOLM, Thomas, "On ritual: a postmodernist view", *Ethnos*, 3-4 (1988), págs.190-203.

GIL, Fernando, *Mediações*, Lisboa: Imprensa Nacional – Casa da Moeda, 2001.

GIL, Fernando, *La conviction*. Paris: Flammarion, 2000.

GIL, Fernando, "A operação da evidência", *Análise*, 17 (1994), págs. 9-23.

GIL, Fernando, *Provas*, Lisboa: Imprensa Nacional – Casa da Moeda, 1986.

GIL, Fernando; MACEDO, Hélder, *Viagens do Olhar. Retrospecção, Visão e Profecia no Renascimento Português*. Porto: Campo das Letras, 1998.

GIL, José, *A Imagem-Nua e as Pequenas Percepções. Estética e Metafenomenologia*. Lisboa: Relógio D'Água, 1996.

GILLINGHAM, John, *European Integration (1950-2003)*, Cmbridge: Cambridge University Press, 2003.

GOODY, Jack, "Inheritance, Social Change and the Boundary Problem", in Jean Pouillon, Pierre Maranda, eds., *Échanges et Communications. Mélanges offerts à Claude Lévi-Strauss*, I. Paris - The Hague: Mouton, 1970, págs. 437-461.

GRIBAUDI, Maurizio, "Échelle, pertinence, configuration", in Jacques Revel, dir., *Jeux d'échelles. La micro-analyse à la expérience*. Paris: Gallimard/Le Seuil, 1996, págs. 113-139.

GROSSBERG, Lawrence, "On postmodernism and articulation: an interview with Stuart Hall", in David Morley; Kuan-Hsing Chen, org., *Stuart Hall. Critical Dialogues in Cultural Studies*. London-New York: Routledge, 1996.

GROTIUS, Hugo, *De jure belli ac pacis (Le droit de la guerre et de la paix)*, ed. D. Alland y S. Goyard-Fabre, Paris: Presses Universitaires de France, 1999.

GUSDORF, Georges, *Les Sciences Humaines et la Pensée Occidentale*. t. V - *Dieu, la Nature, l' Homme au Siècle des Lumières*. Paris: Payot, 1972.

HABERMAS, Jurgen, *La paix perpétuelle: le bicentenaire d'une idée kantienne*, Paris: Éditions du Cerf, 1996.

HALL, Stuart; DU GAY, Paul, eds., *Questions of Identity*. London: Sage, 1996

HALLBWACHS, Maurice, *Les cadres sociaux de la mémoire*. Paris: Albin Michel, 1994

HALLBWACHS, Maurice, *La mémoire collective*. Paris: PUF, 1950.

HANNERZ, Ulf, "Culture Between Center and Periphery: Toward a Macroanthropology", *Ethnos*, Stockholm, 3-4 (1989), págs. 200-221.

HARDT, Thomas; NEGRI, António, *Empire*. Cambridge-London: Harvard University Press, 2000.

HEIDEGGER, Martin, "Contribution à la question de l' être — De "La Ligne", in Martin Heidegger, *Questions I*. Paris: Gallimard, 1968, págs. 199-252.

HEIDEGGER, Martin, *Essais et Conférences*. Paris: Gallimard, 1958.

HEINICH, Nathalie, "L' aura de Walter Benjamin: note sur *l' oeuvre d' art à l' ère de sa reproductibilité technique*", *Actes de la Recherche en Sciences Sociales*, 49 (1983), págs. 107-109.

HESPANHA, António Manuel, "Les autres raisons de la politique. L'économie de la grâce", in Jean-François Schaub, ed., *Recherches sur l'histoire de l'État dans le monde ibérique (15éme-20éme siècles)*, Paris: École Normale Supérieure, 1993, pp. 67-85.

HESPANHA, António Manuel, "O Direito", in António Manuel Hespanha, coord., *História de Portugal*, IV: *O Antigo Regime (1620-1807)*, Lisboa, Estampa, 1993, págs.193-197.

HESPANHA, António Manuel, *Poder e Instituições na Europa do Antigo Regime*, Lisboa, Fundação Calouste Gulbenkian, 1984.

HOBBES, Thomas, *Leviatã*, ed. João Paulo Monteiro, Lisboa, Imprensa Nacional – Casa da Moeda, 2002.

HOMEM, Amadeu Carvalho, *Da Monarquia à República*, Viseu: Palimage, 2001.

HUERGA CRIADO, Pilar, *En la raya de Portugal: solidariedad y tensiones en la comunidad judeoconversa*, Salamanca: Ediciones Universidad de Salamanca, 1993.

HUYSSEN, Andreas, *After the Great Divide: Modernism, Mass Culture, Postmodernism*. Bloomington and Indianapolis: Indiana University Press, 1986.

INNERARITY, Daniel, *La Sociedad Invisible*, Madrid: Espasa Calpe, 2004.

INNERARITY, Daniel, *La Transformación de la Política*. Barcelona: Península, 2002.

JACINTO, Rui, *Entre Margens e Fronteiras Para uma geografia das ausências e das identidades raianas*, Porto: Campo das Letras, 2005.

JACINTO, Rui, "As Regiões Portuguesas de Fronteira: Perspectivas de Desenvolvimento e de Cooperação Transfronteiriça", *Cadernos de Geografia*, 14 (1995), págs. 37-54.

JIMÉNEZ REDONDO, Juan Carlos, *Franco e Salazar. As Relações Luso-Espanholas durante a Guerra Fria*. Lisboa: Assírio & Alvim, 1996.

KANT, Immanuel, *Crítica da Razão Pura*, ed. Alexandre Fradique Morujão, Lisboa: Fundação Calouste Gulbemkian, 1997.

KANTOROWICZ, Ernst, *Los dos cuerpos del rey. Un estudio de teología política medieval*. Madrid: Alianza Universidad, 1985.

KERN, Arno, org., *Sociedades Ibero-Americanas: reflexões e pesquisas recentes*, Porto Alegre: PUCRS, 1999.

KLEIN, Peter, "Les glissements sémantiques et fonctionnels de l'*uti possidetis*, en Olivier Corten; Barbara Delcourt; Pierre Klein; Nicolas Levrat, eds.; *Démembrements d'États et Délimitations Territoriales: l'*uti possidetis *en question (s)*, Bruxelles: Bruylant, 1999, págs. 299-324.

KNIGHT, John, "Questioning local boundaries. A critique of the *Anthropology of Locality*", *Ethnos*, 59, 3-4 (1994), págs. 213-231.

KOPYTOFF, Igor, "The Internal African Frontier: The Making of African Political Culture", in Igor Kopytoff, ed., *The African Frontier. The Reproduction of Traditional African Societies*. Bloomington and Indianapolis: Indiana University Press, 1987, págs. 3-84.

KOSELLECK, Reinhart, *The Practice of Conceptual History: Timing History, Spacing Concepts*, Stanford: Stanford University Press, 2002.

KOSELLECK, Reinhart, *Le Futur Passé. Contribution à la sémantique des temps historiques*. Paris: École des Hautes Études en Sciences Sociales, 1990.

KOSLOWSKI, Peter, ed., *The discovery of historicity in german idealism and historism*, Berlin: Springer, 2005.

KRUS, Luís, *A concepção nobiliárquica do espaço ibérico: geografia dos livros de linhagens medievais portugueses (1280-1380)*. Lisboa: Fundação Calouste Gulbenkian-Junta Nacional de Investigação Científica, 1994.

LASLETT, Peter; FISHKIN, James S., eds., *Justice Between Age Groups and Generations*, New Haven – London: Yale University Press, 1992.

LOFF, Manuel, "Espanha no historicismo salazarista: de António Sardinha ao Bloco Ibérico", in Hipólito de la Torre Gómez y António José Telo, *La mirada del outro. Percepciones luso-españolas desde la historia*, Mérida: Junta de Extremadura, 2001, págs. 81-120.

LOPES, Fernão, *Crónica de D. João I*, vol. I y II, ed. William J. Entwistle, Lisboa: Imprensa Nacional-Casa da Moeda, 1977.

LOURENÇO, Eduardo, *A nau de Ícaro, seguido de Imagem e Miragem da Lusofonia*. Lisboa: Gradiva, 1999.

LOURENÇO, Eduardo, *Nós e a Europa, ou as duas razões*, Lisboa: Imprensa Nacional-Casa da Moeda, 1988.

LOWY, Ilana, " The strenght of loose concepts: boundary objects, federative experimental strategies and disciplinary growth", *History of Science*, XXX (1992), págs. 371-396.

MACHADO, Jónatas, "Nós, o povo *português: comunidade intergeracional e princípios de justiça*", in *20 Anos da Constituição de 1976*, Coimbra: Coimbra Editora, 2000, págs. 55-84..

MAGALHÃES, Joaquim Romero de, "As novas fronteiras do Brasil", in Francisco Bethencourt y Kirti Chaudhuri, eds., *História da Expansão Portuguesa*, III: *O Brasil na Balança do Império (1697-1808)*, Lisboa: Círculo de Leitores, 1998, págs.10-42.

MARAVALL, Jose António, *Estado Moderno y Mentalidad Social*, Madrid: Ediciones de la Revista de Occidente, 1972.

MARAVALL, Jose António, *Carlos V y el Pensamiento Politico del Renacimiento*, Madrid: Instituto de Estúdios Políticos, 1960.

MARCHETTI, Paolo, *De Iuri Finium. Diritto e Confini Tra Tardo Medievo ed Età Moderna*, Milano: Dott. A. Giuffrè Editore, 2001.

MARCHUETA, Maria Regina, *O conceito de fronteira na época da mundialização*, Lisboa: Edições Cosmos – Instituto da Defesa naciona, 2002.

MARQUES, António, "Sujeito / Objecto", in *Enciclopédia Einaudi*, 37: *Conceito-Filosofia / Filosofias*. Lisboa: INCM, 1997.

MARQUES, Mário Reis, *Codificação e Paradigmas da Modernidade*, Coimbra: Faculdade de Direito da Universidade de Coimbra, 2003.

MARTÍN, José-Luís, *Castellano y libre. Mito y realidad*, Valladolid: Ámbito, 1982.

244 | O MÉTODO DA FRONTEIRA

MARTÍN DE LA GUARDIA, Ricardo; PÉREZ SÁNCHEZ, Guillermo A., coords., *História de la integración europea*. Barcelona: Ariel, 2001.

MARTÍNEZ-ECHAZÁBAL, Lourdes, "*Mestizaje* and the Discourse of National / Cultural Identity in Latin America, 1845-1959", *Latin American Perspectives*, Issue 100, 25 (3) (1998), págs. 21-42.

MARTINS, J. P. de Oliveira, *Política e História*, Lisboa. Guimarães Editores, 1957.

MARTINS, Rui Cunha, *A Dogmática do Limite*, Coimbra: Almedina, 2008 [no prelo].

MARTINS, Rui Cunha, "Frontière et fonction: le cas européen", *Cités: philosophie, politique, histoire*, 31 (2007), págs. 57-67.

MARTINS, Rui Cunha, "Estado, tempo e limite", *Revista de História das Ideias*, 26 (2005), págs. 307-342.

MARTINS, Rui Cunha, "A Arena da História ou o Labirinto do Estado? Delimitações Intermunicipais e Memórias Concorrenciais (inícios do século XX)", *Cadernos do Noroeste,* 15 (2001), págs. 37-56.

MARTINS, Rui Cunha, "O paradoxo da demarcação emancipatória. A fronteira na era da sua reprodutibilidade icónica", *Revista Crítica de Ciências Sociais*, 59 (2001), págs. 37-63.

MARTINS, Rui Cunha, *A fonteira antes da sua metáfora. Cinco teses sobre a fronteira hispano-portuguesa no século XV*. Coimbra: Faculdade de Letras da Universidade de Coimbra, 2000.

MARTÍNEZ PÉREZ, Enrique J., coord., *La Adaptación de los Organismos de Cooperación Transfronteriza por las Comunidades Autónomas*, Valladolid: Gabinete de Iniciativas Tranfronterizas – Junta de Castilla y León, 2006.

MATOS, Sérgio Campos, "Iberismo e Identidade Nacional (1851-1910)", *Clio*, 14 (2006), págs. 349-400.

MATOS, Sérgio Campos, "Portugal e Brasil: crónicas esquecidas de Oliveira Martins", in J. P. de Oliveira Martins, *Portugal e Brasil (1875)*, ed. Sérgio Campos Matos y Bruno Eiras, Lisboa: Universidade de Lisboa, 2005, págs. 7-39.

MATTOSO, José, "A realeza de Afonso Henriques", in *Fragmentos de uma composição medieval*. Lisboa: Estampa, 1987, págs. 213-232.

BIBLIOGRAFIA | 245

MAZLISH, Bruce, "Crossing Boundaries. Ecumenical, World and Global History", in Philip Pomper, Richard H. Elphick y Richard T. Vann, eds., *World History. Ideologies, Structures and Identities*, Oxford: Blackwell Publishers, 1998, págs. 41-52.

MELO, Daniel, *"Beiras e Pátria:* o regionalismo beirão e as suas relações com o Estado e a sociedade civil no século XX", *Ler História,* 51 (2006), págs. 195-224.

MENDES, Francisco Azevedo, *Crise e passividade na teoria contemporânea da história. A transformação do tópico da "coerência historiográfica,* Braga: Universidade do Minho, 2007.

MERÊA, Paulo, *Sobre a origem do poder civil. Estudos sobre o pensamento político e jurídico dos séculos XVI e XVII,* Salamanca: Tenacitas, 2003.

MIRANDA, José A. Bragança de, *Crítica das Ligações na Era da Técnica,* Lisboa: Tropismos, 2002.

MIRANDA, José A. Bragança de, "Fim da Mediação? De uma agitação na metafísica contemporânea", *Revista de Comunicação e Linguagens,* 25-26 (1999), págs. 293-330.

MIYOSHI, M., "Un monde sans frontières? Du colonialisme au transnacionalisme et au déclin de l'État-Nation", *Critical Inquiry,* 19, 1993.

MOLDER, Maria Filomena, "Limitação, limite, confim e limiar", in Leonel Ribeiro dos Santos, coord., *Kant: Posteridade e Actualidade.* Lisboa. Centro de Filosofia da Universidade de Lisboa, 2007, págs. 353-374.

MOLDER, Maria Filomena, "Aura e Vestígio", in Maria Filomena Molder, *Semear na Neve. Estudos sobre Walter Benjamin.* Lisboa: Relógio D'Água Editores, 1999, págs. 55-59.

MONTEIRO, João Gouveia, *Fernão Lopes: texto e contexto.* Coimbra: Minerva, 1988.

MONTEIRO, Paulo Filipe, *Os Outros da Arte.* Oeiras: Celta, 1996.

MONTENEGRO, Sílvia; GIMÉNEZ BÉLIVEAU, Verónica, *La Triple Frontera: Globalización y construcción social del espacio,* Buenos Aires: Miño y Dávila Editores, 2006.

MOREIRA, Adriano, "Fronteiras: do Império à União Europeia", in J. M. Brandão de Brito, *Do Marcelismo ao Fim do Império,* Lisboa: Editorial Notícias, 1999, págs. 269-289.

MOREIRA, Vital, *O governo de Baco: a organização institucional do Vinho do Porto*, Porto: Afrontamento, 1998.

MORGAN, Glyn, "What Europe owes the Turks", in Acílio Rocha, ed., *Europa, Cidadania e Multiculturalismo*, Braga: Universidade do Minho, 2004, págs. 55-78.

MORRISON, Bruce, ed., *Transnational Democracy: Critical and Comparative Perspectives*, Aldershot: Ashgate, 2003.

MOURA, Tatiana, "Novas institucionalidades e modelos de governação transfronteiriça", in Rui Jacinto e Virgílio Bento, coords., *Territórios e Culturas Ibéricas*, Porto: Campo das Letras, 2005.

NAMER, Gérard, *Mémoire et Société*. Paris: Méridiens Klincksieck, 1987.

NORDMAN, Daniel, *Frontières de France: de l' espace au territoire, XVI-XIX siècle*. Paris: Gallimard, 1998.

NUNES, João Arriscado, *A "Ciência dos Recursos Naturais" e a reconstrução da Economia: Zonas de transacção e objectos de fronteira*. Coimbra: Oficina do Centro de Estudos Sociais, 1998.

NUNES, João Arriscado, "Fronteiras, Hibridismo e Mediatização: os Novos Territórios da Cultura", *Revista Crítica de Ciências Sociais*, 45 (1996), págs. 35-71.

NUNES, João Arriscado, *Reportórios, Configurações e Fronteiras: Sobre Cultura, Identidade e Globalização*. Coimbra: Oficina do Centro de Estudos Sociais, 1995.

OLIVEIRA, António Resende de, "Poder e Sociedade: A Legislação Pombalina e a Antiga Sociedade Portuguesa", *Revista de História das Ideias*, 1982: págs. 51-90.

OLIVEIRA, António Resende de, "A cultura das cortes", in M. H. da Cruz Coelho, A. L. de Carvalho Homem, coords., *Portugal em definição de fronteiras*. Lisboa: Presença, 1996.

PALARD, Jacques, dir., *L'Europe aux frontières. La coopération transfrontalière entre régions d'Espagne et de France*, Paris: Presses Universitaires de France, 1997.

PAPADEMETRIOU, Demetrios, ed., *Europe and its Immigrants in the 21st Century: a New Deal or a Continuing Dialogue of the Deaf?*, Washington / Lisbon: Migration Policy Institute / Luso-American Foundation, 2006.

PAREDES, Marçal de Menezes, *Fronteiras Culturais Luso-Brasileiras: Demarcações da História e Escalas Identitárias (1870-1910)*. Coimbra: Faculdade de Letras da Universidade de Coimbra, 2007.

PEREIRA, Miguel Baptista, "Compreensão e Alteridade", *Biblos,* LII (1976), págs. 396-427.

PEREIRA CASTAÑARES, Juan Carlos; SANZ DÍAZ, Carlos, "La redefinición de las fronteras europeas: la integración en la Unión Europea de los países de la Europa Central y Oriental", *Documentación Social. Revista de Estúdios Sociales y de Sociologia Aplicada,* 123 (2001), págs. 33-57.

PINTO, António Costa; TEIXEIRA, Nuno Severiano, coords., *A Europa do Sul e a Construção da União Europeia, 1945-2000*, Lisboa: Instituto de Ciências Sociais, 2005.

POCOCK, J. G. A., *The Discovery of Islands*, Cambridge: Cambridge University Press, 2005.

POCOCK, J. G. A., *El momento maquiavélico. El pensamiento político florentino y la tradición republicana atlântica*, Madrid: Tecnos, 2002.

PORTOCARRERO, Maria Luísa, "Finitude e narração: o texto na perspectiva hermenêutica", *Comunicações,* 3 (1997), págs. 99-112.

PRESCOTT, J. R. V., *Political Frontiers and Boundaries*. London: Allen and Unwin, 1987.

PRIGOGINE, Ilya, "Limiar", en *Enciclopédia Einaudi*, v. 26, Lisboa: Imprensa Nacional – Casa da Moeda, 1993.

PRODI, Paolo, *Uma História da Justiça*, São Paulo: Martins Fontes, 2005.

PUREZA, José Manuel, *O Património Comum da Humanidade: rumo a um Direito Internacional da solidariedade?* Porto: Afrontamento, 1998.

PUREZA, José Manuel; FRADE, Catarina, *Direito do Ambiente. I parte: A ordem ambiental portuguesa*, Coimbra: Faculdade de Economia de Coimbra, 2001.

RAFFESTIN, Claude, "Autour de la fonction sociale de la frontière", *Espaces et Sociétés*, nº 70-71 (1992), págs. 157-164.

248 | O MÉTODO DA FRONTEIRA

RAMOS, Rui, *A Segunda Fundação: 1890-1926*. Lisboa: Estampa, 1994.

REBELO, Luís de Sousa, *A concepção do poder em Fernão Lopes*. Lisboa: Livros Horizonte, 1983.

REVEL, Jacques, dir, *Jeux d'échelles. La micro-analyse à la expérience*. Paris: Gallimard/ Le Seuil, 1996.

RIBEIRO, António Sousa, "A retórica dos limites. Notas sobre o conceito de fronteira", in Boaventura de Sousa Santos, org., *Globalização: Fatalidade ou Utopia?*, Porto: Afrontamento, 2001, págs. 463-488.

RIBEIRO, António Sousa, *Walter Benjamin, Pensador da Modernidade*. Coimbra: Oficina do Centro de Estudos Sociais, 41, 1994.

RIBEIRO, António Sousa; RAMALHO, Maria Irene, "Dos estudos literários aos estudos culturais?", *Revista Crítica de Ciências Sociais*, 52-53 (1999), págs. 61-83.

RIBEIRO, Maria Manuela Tavares, "Peuple, patrie et nation. Les mots et les idées dans le Discours parlementaire portugais du dix-neuvième siècle", *Parliaments, Estates and Representation*, 16 (1996), págs.107-113.

RIBEIRO, Maria Manuela Tavares, coord., *Ideias de Europa: que fronteiras?*, Coimbra: Quarteto, 2004.

RICHARD, Nelly, "Cultural Peripheries: Latin America and Postmodernist De-centering", *boundary 2*, 20 (3) (1993), págs. 156-161.

RICOEUR, Paul, "Entre mémoire et histoire", *Projet*, 248 (1996-1997), págs. 7-16.

RICOEUR, Paul, "Vulnérabilité de la mémoire", in Jacques Le Goff, dir., *Patrimoine et passions identitaires*. Paris: Éditions Fayard, 1998, págs.17-31.

ROBINSON, William I., "Social Theory and Globalization: the rise of a transnational state", *Theory and Society*, 30 (2001), págs. 157-200.

ROSAS, Fernando, *O Estado Novo (1926-1974)*, Lisboa: Estampa, 1994.

ROYO, Sebastián, org., *Portugal, Espanha e a Integração Europeia: um balanço*. Lisboa: Instituto de Ciências Sociais, 2005.

RUIVO, Fernando, *O Estado Labiríntico. O Poder Relacional Entre os Poderes Central e Local em Portugal*. Porto: Afrontamento, 2000.

RUSEN, Jorn, ed., *Western Historical Thinking. An Intercultural Debate*, New York: Berghahn Books, 2002.

BIBLIOGRAFIA | 249

SAHLINS, Marshall, *Islas de la Historia*. Barcelona: Ed. Gedisa, 1988.

SAHLINS, Peter, *Boundaries. The Making of France and Spain in the Pyrenees*. Berkeley, Los Angeles, Oxford: University of California Press, 1989.

SÁNCHEZ CERVELLÓ, Josep, *A revolução Portuguesa e a sua Influência na Transição Espanhola (1961-1976)*, Lisboa: Assírio & Alvim, 1993.

SANTOS, Boaventura de Sousa, *A crítica da razão indolente. Contra o desperdício da experiência*. Porto: Afrontamento, 2000.

SANTOS, Boaventura de Sousa, *Reinventar a Democracia*. Lisboa: Gradiva, 1998.

SANTOS, Boaventura de Sousa, *Toward a New Common Sense: Law, Science, and Politics in the Paradigmatic Transition*. Nova Iorque: Routledge, 1995.

SANTOS, Leonel Ribeiro dos, coord., *Kant: Posteridade e Actualidade*. Lisboa. Centro de Filosofia da Universidade de Lisboa, 2007.

SANTOS, Leonel Ribeiro dos, *Metáforas da Razão, ou economia poética do pensar kantiano*. Lisboa: Fundação Calouste Gulbenkian - Junta Nacional de Investigação Científica, 1994.

SARDINHA, António, *A epopeia da planície*. Lisboa: Editorial Restauração, 1960.

SILVA, António Martins da, *Portugal e a Europa: distanciamento e reencontro*, Viseu: Palimage, 2005.

SILVA, Mozart Linhares da *O Império dos Bacharéis. O pensamento jurídico e a organização do Estado-Nação no Brasil*. Curitiba: Juruá, 2003.

SILVANO, Filomena, *Territórios da Identidade*. Oeiras: Celta, 1997.

SIMMEL, Georg, "Pont et Porte", in Georg Simmel, *La tragédie de la culture et autres essais*. Paris: Éditions Rivages, 1988, págs. 161-168.

SIMMEL, Georg, "Digresión sobre el extranjero", in G. Simmel, *Sociología. Estudios sobre las formas de socialización*. Madrid: Espasa-Calpe, 1939.

SIMÕES, Pedro Jorge Coutinho dos Santos, *As Fronteiras Internas da Nação. A imagem da Beira no Estado Novo (a Casa das Beiras: 1939-1959)*. Porto: Universidade Portucalense Infante D. Henrique, 2005.

SOBRAL, José Manuel, "A formação das nações e o nacionalismo: os paradigmas explicativos e o caso português", *Análise Social*, 37 (165) (2003), pp. 1093-1126.

SOBRAL, José Manuel; ALMEIDA, Pedro Tavares de, "Caciquismo e poder político. Reflexões em torno das eleições municipais de 1901", *Análise Social*, 18 (71, 72 y 73) (1982), págs. 649-671.

STEINER, George, "Una Breve Comunicazione su *Limes* e *Translatio*", in Carlo Ossola, Claude Raffestin, Mario Ricciardi, orgs., *La Frontiera da Stato a nazione. Il Caso Piemonte*. Roma: Bulzoni Edittore, 1987, págs. 331-339.

STRAUSS, Anselm, "A social world perspective", in Norman K. Denzin, ed., *Studies in Symbolic Interaction*, I. Greenwich: JAI Press, 1978, págs. 119-128.

SUÁREZ, Francisco, *De Legibus*, ed. bilíngue Luciano Perena, V. Abril y P. Suner, Madrid: Consejo Superior de Investigaciones Científicas, 1971-1981.

TAUSSIG, Michael, *Mimesis and Alterity. A particulary history of the senses*. New York – London: Routledge, 1993.

TEIXEIRA, António Braz, *História da Filosofia do Direito Portuguesa*, Lisboa: Caminho, 2005.

TELO, António José; TORRE GÓMEZ, Hipólito de la, *Portugal e Espanha nos Sistemas Internacionais Contemporâneos*, Lisboa: Edições cosmos, 2000.

TERREL, Jean, *Les théories du pacte social. Droit naturel, souveraineté et contrat de Bodin à Rousseau*, Paris: Seuil, 2001.

THOMAS, Brook, "Turner's "Frontier Thesis" as a Narrative of Reconstruction", in Robert Newman, ed., *Centuries' Ends, Narrative Means*. Stanford: Stanford University Press, 1996, págs. 117-137.

TORGAL, Luís dos Reis, *Ideologia Política e Teoria do Estado na Restauração*, Coimbra: Universidade de Coimbra, 1981-1982.

TORRE GOMEZ, Hipólito de la, *Do "Perigo Espanhol" à Amizade Peninsular*, Lisboa: Estampa, 1985.

TRUYOL SERRA, António; FORIERS, Paul, *La concepcion de la paix chez Vitoria*. Paris: Vrin, 2002.

TRUYOL SERRA, Antonio; MECHOULAN, Henry, coords., *Actualité de la pensée juridique de Francisco de Vitoria*. Bruxelles: Bruylant, 1988.

TUNHAS, Paulo, "Sistema e Mundo. Kant e os Estóicos", in Leonel Ribeiro dos Santos, coord., *Kant: Posteridade e Actualidade*. Lisboa. Centro de Filosofia da Universidade de Lisboa, 2007, págs. 129-150.

TURNER, Frederick Jackson, *The frontier in american history*, Tucson: The University of Arizona Press, 1986.

TURNER, Frederick Jackson, "The significance of history", in Fritz Stern, ed., *The varieties of history. From Voltaire to the present*, New York: Vintage Books, 1973, págs. 197-208.

TURNER, Victor W., *O Processo Ritual: Estrutura e Antiestrutura*. Petrópolis: Editora Vozes, 1974

VELHO, Gilberto, *Projecto e Metamorfose. Antropologia das Sociedades Complexas*. Rio de Janeiro: Jorge Zahar Editor, 1994.

VITORIA, Francisco de, *Relecciones Teologicas*, ed. Teófilo Urdanoz O. P., Madrid: Biblioteca de Autores Cristianos, 1960.

VOBRUBA, Georg, "The limits of borders", in Abram de Swaan, ed., *Social Policy Beyond Borders. The Social Question in Transnacional Perspective*. Amsterdam: Amesterdam University Press, 1994.

WALLERSTEIN, Immanuel, "What Are We Bounding, and Whom, When We Bound Social Research", *Social Research*, vol. 62-4 (1995), págs. 839-856.

WERNER, Michael; ZIMMERMANN, Bénédicte, "Penser l'histoire crisée: entre empirie et réfléxivité", *Annales. Histoire. Sciences Sociales*, 1 (2003), págs. 7-36.

WHITE, Hayden, "El valor de la narrativa en la representación de la realidad", in Hayden White, *El contenido de la forma. Narrativa, discurso y representación histórica*. Barcelona - Buenos Aires – México, 1992

WILLKE, Helmut, *Supervision des Saates*, Frankfurt: Suurkamp, 1997.

YATES, Frances A., *L' art de la mémoire*. Paris: Gallimard, 1975.

ZAFFARONI, Eugenio Raul, *El enemigo en Derecho Penal*, Buenos Aires: Dykinson S. L., 2007.

ZARKA, Yves-Charles, "Carl Schmitt: la pathologie de l'autorité", *Cités. Philosophie, politique, histoire*, 6 (2001), págs. 3-7.

ZARKA, Yves-Charles, *Hobbes et la pensée politique moderne*, Paris: Presses Universitaires de France, 1995.

ZUMTHOR, Paul, *A letra e a voz*. São Paulo: Companhia das Letras, 1993.

ZURARA, Gomes Eanes de, *Crónica da Tomada de Ceuta*, ed. Francisco Maria Esteves Pereira, Lisboa: Academia das Ciências de Lisboa, 1915.

ZURKIN, Sharon, *Landscapes of power*, Berkeley: California University Press, 1991.